내 인생의 플렉스는 지금부터

내 인생의 플렉스는 지금부터

초판 1쇄 인쇄 | 2024년 12월 05일
초판 1쇄 발행 | 2024년 12월 20일

지은이 | 김은미 · 김원배 · 박춘이 · 송숙영 · 김수연 · 이명희 · 이시현
펴낸이 | 황인욱
펴낸곳 | 도서출판 오래
　　　 04091　서울시 마포구 토정로 222, 406호(신수동, 한국출판콘텐츠센터)
　　　 전화　02-797-8786, 8787
　　　 팩스　02-797-9911
　　　 이메일　orebook@naver.com
　　　 홈페이지　www.orebook.com
　　　 출판신고번호　제2016-000355호

ISBN 979-11-5829-222-5　03190

값 18,000원

멋지게 나이 들고 멋지게 행복 하자

내 **인생**의 **플렉스**는 **지금부터**

차례

6장 자아실현 성취와 삶의 여정

중요한 것은 삶의 길이가 아니라 삶의 깊이이다.

- 랠프 월도 에머슨, 불멸, 1885 -

나이의 무게에 짓눌린 나

인생의 여러 단계에서 '나이를 먹는다는 것'에 대한 생각이 점차 바뀌고 있음을 느낀다. 10대에는 빨리 '나이'를 먹고 무엇이든 스스로 결정하는 자유로운 삶을 살고 싶다는 소망을 품었다. 20대에는 내가 가는 길이 맞는지, 빨리 자리를 잡을 수 있을지 마음이 흔들리느라 정신이 없었다. 그래서 '나이'라는 단어를 떠올리면 언제쯤이면 내가 원하는 자리에 도달할 수 있을지 고민하느라 마음이 무거웠다. 30대가 되어 그토록 원하던 교직에서 자리를 잡고 일하게 되었지만 '나이'를 먹고 있다는 사실이 두려웠다. 결혼, 임신, 육아라는 새로운 세계로의 진입은 심리적으로 미성숙한 내가 감당하기 어려운 과제였기 때문이다. 그리고 어느 역할도 제대로 하지 못한다는 죄책감에 사로잡혀 마음 한구석에 우울이 찾아왔다. 40대가 되어 '나이'를 먹고 있다는 것이 신체적으로 느껴지기 시작했다. 이전과는 다른 체력, 얼굴에서 나타나는 나이의 흔적들이 하나 둘 보이기 시작하면서 허무한 삶을 위해 왜 하루하루 살아 나가야 하는지 도통 이유를 알 수 없었다. 세상일에 정신을 빼앗겨 판단을 흐리는 일이 없게 된다는 불혹의 나이에 나는 왜 흔들리고 있는지 알 수 없었다. 이리저리 흔들리는 40대의 방황기에 우울감이 더해지며 나이를 먹어가는 과정이 대체 무슨 의미가 있는지 뒤늦은 사춘기를 겪었다. 어느 날 문득 '이렇게 살다가 죽기도 싫고, 자살하기는 더 싫으니, 인생의 버튼이 갑자기 off로 눌러져 버렸으면 좋겠다.' 라는 생각이 들었다.

인생의 허무가 가득찬 그때

우울로 가득 찬 어느 날 '내가 죽더라도 가족들은 다 알아서 잘 살겠지'라는 생각이 들었다. 내가 없어서 슬픈 건 잠시뿐이고, 인생의 고난쯤이야 다들 하나씩 있으니 나 하나만 그냥 사라져 버리고 싶었다. 그러나 한편으로 우리 둘째 아이는 아직 어린데 엄마가 없으면 조금 애처롭겠다는 생각이 들었다. 죽고 싶으면서도 아직 한글도 모르는 아이가 걱정되었는지 '도대체 내가 왜 죽고 싶은 건지 이유라도 찾아보자.'라는 마음이 생겼다.

나는 언제 제일 신이 났는지, 스트레스는 받지만 언제 제일 뿌듯한 마음이 들었는지 생각해 보니 무엇인가 배우러 다닐 때, 무엇인가 주도해서 만들어 낼 때 재미를 느꼈다는 것이 떠올랐다. 자존감이 높지 않아 무엇인가 결과물이 나오면 '나도 해냈다.' 라는 생각에 매우 기뻤다. 그리고 이러한 경험이 쌓이면서 '그래도 내가 뭐라도 할 수 있는 사람이구나.'라는 것을 깨닫고 힘든 시간을 버텨내 왔다는 것을 인식하게 되었다.

예민하다라는 단어에 대해 부정적 인식이 가득했다. '예민하다'를 '남들에게 피해를 주다, 자기 마음대로 하다'의 동의어로 받아들였기에 나는 예민한 사람이 결코 아니라고 부정하곤 했다. 하지만 예민한 것이 나쁜 것이 아니라 '나'에 대해 민감하게 받아들일 필요가 있었는데 나는 나에 대해 예민하지 못했다는 생각이 들었다. 나라는 사람은 엄마, 직장인으로 불리기보다 나로서 무엇인가 결과물을 만들어 내고 싶어 하는 사람이었는데 엄마, 아내라는 이유로 내 안의 욕구를 애써 잊으며 우울하게 살고 있었다는 것을 알게 되었다. 그리고 이러한 짜증 섞인 감정 속에서 매일 다른 사람을 위해 일하고, 다른 사람의 눈치만 살피는 고단한 삶을 살고 있었다는 것을 깨달았다. 스스로 알지 못했던 나의 모습을 발견하면서 안쓰러운 나를 위해 해주고 싶은 일들에 대해 생각해 보았다.

나를 안아주다

'나를 위해 해 줄 수 있는 일은 무엇일까?'라는 질문을 해보았다. 그때부터 '나는 무엇을 해야 한다'라는 사고의 전환이 일어났다. 그리고 어떻게 하면 나를 즐겁게 해줄 수 있을지 고민하고 탐색하는 과정에서 이것을 꾸준히 하면 몇 년 후에 나는 이렇게 변화되겠구나라는 미래의 모습이 그려졌다. 그리고 인생이라는 길고 긴 여정이 죽음을 향해 달려가는 끝이 아닌 지속적인 성장의 과정이라면 더 이상 인생을 허무하게 바라보지 않아도 되겠다는 생각이 들었다. 이러한 성장의 개념으로 인생을 바라보니 내가 지금 잘하지 못해도, 내가 지금 만족할 만한 상태가 아니더라도 시간이 조금 더 지나면 나아지겠지라고 위안이 되었다. 그리고 내 안에 화로 쌓인 거대한 탑이 스르르 무너지는 기분이 들었다. 짜증은 많지만 성장하고 싶었던 나, 짜증을 내면서도 가정에 충실하지 못했던 나, 짜증 내는 나 자신이 싫었던 나를 있는 그대로 안아주기로 했다. 앞으로의 인생은 지금의 부족함을 인정하고 안아주며 삶의 긴 여정 속에서 '나'를 완성해야겠다는 생각이 들었다.

나이를 먹는 것이 아닌 나이 들기를 결심하다

내 안에 화로 쌓인 거대한 탑이 조금씩 무너지면서 매일 나를 잘 돌봐주어야겠다고 다짐했다. 그리고 매일 할 수 있는 아주 작은 도전을 찾아 실행하고 성취감을 얻어 하루를 살아가는 에너지로 나를 가득 채우고 싶었다. 그리고 단순히 '나이만 먹어가는 것'이 아니라 성장하고 꽃 피우며 열매를 맺고 씨앗을 다시 땅에 남기는 과정으로서 '나이 들기'를 즐겁게 완수해 나가야겠다고 다짐했다. 무심히 흘러가는 시간에 따라 나를 맡기는 것이 아닌 지금 이후의 삶에 대해 목표를 세우고, 어떤 노후를 맞이할 것인지 그림을 그리며 삶의 길이가 아닌 삶의 깊이로 나를 증명하는 삶을 살고 싶다는 소망을 가지게 되었다.

내가 꿈꾸는 소망은 단순히 혼자만의 생각으로 스쳐 지나가서는 안 된다는 생각이 들었다. 순간의 생각은 찰나에 흩어지고, 흩어진 생각들을 다시 모으기에는 더 많은 시간을 소비해야만 한다는 것을 알기 때문이다. 그래서 나의 소망인 '아름답게 나이 들기'를 위해 앞으로 어떻게 이 과정들을 즐겁게 해내고 싶은지를 글로써 선언하고자 한다.

송숙영

중년의 나이, 행복의 시작이다.

인생의 오후는 아침만큼 의미가 가득합니다. 다만, 그 의미와 목적이 다를 뿐입니다. 오십이 넘으면서 내 꿈을 구체적으로 만들어 가기 시작했습니다. 인생에서 중년은 경험, 지혜, 새로 발견한 취미활동 등이 혼합되어 개인적인 성취와 즐거움을 누리기에 가장 좋은 시기라고 생각이 됩니다.

지금, 이 순간까지 우리는 풍부한 경험과 지식을 축적해 왔습니다. 성공과 실패를 통해 배워온 수년간의 경험들이 지금의 삶을 윤택하게 만들어 주고 있습니다. 자녀들이 성장해 모두 독립하면서 새로운 관심사와 취미활동에 눈을 돌리게 되고 열정적으로 배우며 건강한 삶을 살아가고 있습니다.

〈내 인생의 플렉스는 지금부터〉 이 책은 중년 이후의 삶을 어떻게 유익하고 즐겁게 살아갈 것인가의 방향성을 제시해 주고자 합니다. 어떻게 사는 것이 행복이고 즐거움일까요? 사람마다 다르겠지만 각각이 추구하는 행복의 기준을 충족하기 위해 부단히 노력하고 애쓰고 있을 것입니다. 이 책의 저자들 또한 자신들의 삶 속에서 건강하고 행복하게 누리면서 나이 먹는 것이 무엇을 의미하는지에 대한 이야기를 전해주고자 했습니다.

'1장. 우아하게 나이 들기'에서는 중년이 나이를 먹는다는 것은 지혜를 받아들이고, 삶의 균형을 찾고, 재정적 안정을 누리고, 개인적 성장을 촉진할 수 있는 새로운 세상을 만들어 가는 시작이라는 것으로 포문을 열었습니다. 불편함을 정면으로 맞서고, 늙음이 피할 수 없는 것임에 굴복하는 것이 아니라 용기 있게 변화를 받아들이는 것임을 보여줍니다. 나이가 든다는 것이 쇠퇴가 아니라 매 순간을 아름답게 살며 기쁨을 찾을 기회임을 깨닫게 해줍니다.

'2장. 행복한 미래를 위한 건강한 삶'에서는 행복한 미래를 위해 건강한 삶을 유지하는 것이 중요함을 강조했습니다. 건강한 삶의 여정에 대한 성찰과 주치의 아내 덕분에 건강을 찾은 가슴 뭉클한 이야기들이 우리 삶에서 건강이 얼마나 중요한지를 알려줍니다. 우리의 웰빙과 즐거움을 책 속에서 찾아 떠나는 여정과 배움을 통해 지적이고 창의적인 성취를 이루면서 정신건강이 신체 활동에 활력있는 삶의 열쇠임을 일깨워 주고 있습니다.

'3장. 정서적이고 안정적인 삶'에서는 정신건강과 안정적인 생활에 대해 다루었습니다. 작가들 나름대로 현명한 계획과 투자 원칙이 가정의 평화와 경제적 자유를 가져올 수 있음을 보여줍니다. 우리의 태도와 습관이 노화 과정에 큰 영향을 미친다는 것을 작가들의 경험 속에서 알 수 있습니다. 중년의 삶의 원리는 충만한 삶의 기반을 이루게 됩니다. 건강한 정서와 경제적 안정을 갖기 위해서는 저축에 대한 지혜와 투자에 대한 신중함과 미래를 바라보는 안목의 중요성을 강조합니다.

'4장. 사회적 연결망 구축'에서는 주변 사람들과의 관계를 통해 공동체의 가치를 강조합니다. '인간은 사회적 동물이다'라는 말의 의미는 사회 속에서 혼자서는 살아갈 수 없음을 뜻합니다. 주변 사람들과 연결을 통해 개인 또한 성장하게 됩니다. 온라인이든 오프라인이든 원만한 사회적 연결은 고립에서 벗어나 더 넓은 세상을 품는 계기가 됩니다.

'5장. 안전한 미래를 위한 계획'에서는 중년 이후의 미래 삶을 안전하게 계획하는 방향성을 제시해 줍니다. 개개인의 전문 영역 확장과 소통하는 삶, 독서 활동, 여가 및 취미활동 등을 통해 꿈과 현실이 적극적으로 이루어져야 함을 일깨워 주고 있습니다.

'6장. 자아실현 성취와 삶의 여정' 에서는 자아실현을 통해 더욱더 나은 세상을 만들어 가는 것을 알려주고 있습니다. '미래의 삶을 어떻게 살아갈 것인가?'라는 질문에 각자의 경험담으로 이야기를 풀어가고 있습니다. 배움을 통해 세상을 이해하고 끊임없는 성장을 해야 합니다. 두려움 없는 도전으로 펼쳐진 새로운 삶에 대한 모습을 보여줍니다. 삶은 언제나 지금부터 시작된다는 것을 상기시키고 끊임없는 열정과 용기의 필요성을 강조하고 있습니다.

우아하고 멋지게 나이 들어간다는 것은 단순히 시간의 흐름에 관한 것이 아닙니다. 열린 마음, 건강한 몸, 안정된 마음, 활발한 사회적 연결망을 통해 삶의 모든 단계를 이해하고 실행에 옮기는 것입니다. 현재에 충실하면서 미래를 현명하게 계획하는 것입니다. 가장 중요한 것은 지속적인 자기 발견과 실현입니다. 기쁨과 회복력, 그리고 매일 아름답고 행복하게 살겠다는 결심을 하고 이 미래의 삶을 시작하시길 바랍니다.

북랜드 공저 1기 김은미, 박춘이, 송숙영, 김수연, 이명희, 이시현 작가님들 정말 고생 많으셨습니다. 멋진 글을 나눠주심에 다시 한번 감사드립니다.

2024년 7월
작가 김원배

제1장

우아하게 나이들기

01

불편함을 참지 않기로 했다

– 김은미

띵 띠로리리로리~~

여느 때처럼 저녁 식사를 준비하던 중 전화벨 소리가 울렸다.
몇 년 동안 연락이 뜸했던 친구의 전화이다. 반가운 마음에 안부
인사를 나누고, 근황을 물었다.

"요즘 직장 생활은 괜찮아?"

"아휴 말도 마. 김과장 ○○ 때문에 죽을 지경이야. 그 ○○은
날마다 ○○○야.
별○○○○ 아휴 짜증나!"
친구는 차마 입에 담을 수 없는 욕설을 하며 한참 동안 함께

일하는 동료들에 대해 험담을 했다. 친구는 한 시간 가량 자신의 이야기를 쏟아내고 전화를 끊었다. 그 이후로 언제 연락이 뜸했나 싶게 시도 때도 없이 전화가 왔다. 친구는 주로 업무 중이나 식사 시간, 밤늦은 시간에 전화를 했다. 간단한 안부 인사로 시작된 대화는 매번 사람들이 자신을 얼마나 힘들게 하는지에 대한 불평과 불만, 욕설이 주를 이루었다.

평온했던 일상이 답답한 일상이 되었다. 타인에 대한 험담을 들을 때마다 매우 불쾌했다. 친구가 했던 욕설들은 오랫동안 뇌리에 남아 마음을 어지럽혔다. 친구의 번호가 뜨면 일부러 전화를 피하기도 했지만 받을 때까지 계속 왔다. 나를 감정 쓰레기통으로 이용하는 친구에게 화가 났지만 특별한 대응 없이 받아주는 나 자신이 가장 답답했다. 나는 그동안 외면해왔던 나의 대응 태도를 다시 되돌아보았다.

나는 천성적으로 수줍음이 많았다. 대부분의 상황에서 거의 말을 하지 않고 항상 조용히 지냈다. 사람들 앞에서 말하려고 할 때마다 쑥스럽고 긴장된 마음에 안절부절 못하고 목소리가 떨리기 일쑤였기 때문이다. 그래서 학창 시절에 스스로 손을 들고 의견을 내거나 발표를 한 적도 없었다. 나는 누군가에게 불만이 생겨도 얘기하지 않고 꾹 참았다. 친구들과 모여 무언가를 선택할 때에도 의견을 낼 줄을 몰랐다. 어디로 갈지, 무엇을 먹을지 결정할 때마다 나는 항상 친구들의 취향에 맞춰주었다. 친구들의 선택에 이견을 달지 않았고 항상 친구들이 먹자는 메뉴에 맞추었다.

대화할 때에는 친구들이 하는 말을 주의 깊게 듣고 그에 맞게 반응했다. 시간이 지나면서 나는 친구들 사이에서 이야기를 잘 들어주는 아이가 되었다. 연애 한번 해본 적 없는 내가 어느새 연애 이론에 빠삭해 질 정도로 연애 상담도 많이 해줬다. 특별히 어떤 의견을 낸다기보다는 잘 듣고 맞장구 쳐주다 보니 어느새 그렇게 되어 있었다. 내 삶은 친구의 이직에 관한 이야기, 직장 동료들의 불평, 불만, 동생의 친구에 대한 이야기, 아는 언니들의 시댁과 남편 이야기, 주변인들의 사춘기 자녀 이야기 등 타인의 이야기들로 채워져 갔다. 오랜 시간 동안 이런 행동이 친구나 주변인에 대한 배려라고 생각했다. 힘들어하는 친구들에 대한 애정으로 묵묵히 버텨내고 어떻게 하면 도움이 될까? 고민하면서 내놓는 몇 마디의 조언에 울고, 웃는 사람들을 보며 내가 그들에게 도움이 됐다는 안도감을 느끼곤 했다.

그러나 친구의 과도한 불평과 욕설이 괴로워지면서 이러한 생활 방식이 문제를 만들어낸다는 것을 깨닫게 되었다. 이제는 내 대응 태도의 문제점을 개선하고 싶어졌다. 그래서 나의 어떤 점이 이런 대응 태도를 만들어 낸 것일까 고민해보기 시작했다.

매슬로우의 인간 욕구 5단계 이론을 통해 내가 왜 그렇게 친구들 앞에서 아무것도 말하지 못하고, 요구하지 못했는지, 무슨 일이든 그저 듣기만 했는지를 알게 되었다. 인정 욕구에 메말라 있었던 나는 스스로가 정말 쓸모 있는 사람인지에 대한 확신이 없었던 것이다. 그래서 끊임없이 가족이나 친구 등 중요한 타인에게서 인정받고자 참고 견뎠다. 타인에게는 한없이 여유롭고 너그럽게 대하면서 요구를 들어주려 했다. 그러나 나 자신에게는 엄정하게 대하며 조금만 실수해도 자책했기에, 나의 자존감은 계속 곤두박질쳤다. 그래서 남들이 쉽게 선을 넘어오거나 과도한 요구를 해도 괜찮다고 하면서 맞춰주려고 고군분투 했다.

1차적으로는 타인을 배려하지 않는 친구가 나쁘다고 할 수 있지만 그녀만 무조건 나쁘다고 할 수는 없다. 이렇게 관계가 단절되기까지는 내 책임이 크다고 할 수 있다. 우리 속담에 누울 자리를 보고 다리를 뻗는다고 하지 않는가? 친구는 거친 언사에도 묵묵히 들으며 추임새 넣어주고 위로해주는 내가 만만했을 것이다. 스스로 불편함이나 부당함을 느꼈을 때 내가 바로 이야기했다면 이렇게까지 불편한 관계가 되지는 않았을 텐데 하는 후회가 들었다.

내가 타인에게 거절하는 것이 불편했던 이유는 타인에게 인정받고 싶고, 칭찬받고 싶었던 마음이 컸기 때문이다. 친구와의 통화 역시 마찬가지다. 한참의 통화 끝에 "역시 내 얘기를 들어 주는 네가 최고야." "너랑 얘기하고 나니 시원하다." "또 전화해 도 되지?"와 같은 말에 휘둘려 그녀에게는 내가 필요하다고 생각 해서 나의 소중한 일상과 바꾼 것이다.

며칠 후 친구의 전화가 걸려 왔다. 지금까지와 비슷한 불평과 욕설이 시작될 때 조마조마한 마음으로 용기를 짜내어 말했다.

"○○아, 네가 다른 사람들 욕하는 것을 듣는 것이 너무 괴로 워. 너는 늘 다른 사람을 욕하지만 실제로 그 욕을 듣고 있는 건 나야. 이제 나에게 다른 사람 욕은 그만했으면 좋겠어."

"뭐? 야! 내가 뭘 얼마나 욕을 했다고 그래? 그렇게 듣기 싫었 으면 진작 얘기하지. 너 그럼 지금까지 나랑 통화하면서 속으로 내 욕하고 있었어?
야, 은미 너 진짜 무서운 애구나!"

친구는 매우 화를 냈다. 그동안 다른 사람을 대상으로 했던 욕설이 나에게 퍼부어졌다. 한참 실갱이를 하다 겨우 전화를 끊 었다. 그간 쌓은 정이 있으니 나의 진심을 말하면 통할 것이라고 생각한 것이 무색하게도 나 역시 친구를 화나게 하는 수많은 사 람 중의 하나였음을 확인했을 뿐이다. 그간 친구라서 참고 맞춰

주었는데 이렇게 쉽게 어긋나니 허탈했지만 드디어 말했다는 홀가분함이 더 컸다. 그 후 친구의 전화는 다시 걸려오지 않았다.

'목마른 사람이 우물 판다'는 우리 속담이 있다. 자신의 필요나 문제를 해결하기 위해 스스로 노력하고 적극적으로 대처해야 함을 비유적으로 나타낸 말이다. 상대는 나와의 관계에서 큰 불편함을 느끼지 않는다. 상대는 지금 이대로도 좋고 편한데 무엇이 아쉬워서 자신의 태도를 바꾸겠는가? 상황 속에서 불편함을 느끼는 스스로가 노력해야만 자신을 지킬 수 있다. 언젠가 알아주겠지 하는 마음으로 기다리기만 한다면, 언제까지고 상대에게 끌려다니는 삶만이 있을 뿐이다. 자신을 파악하며 살기도 바빠진 현대사회에서 타인의 상황과 형편을 깊이 고민하기는 쉽지 않기 때문이다. 이런 걸 굳이 말해야 아나? 싶은 의문이 들겠지만 말해야 안다. 듣고 난 후 어떤 행동을 할지는 상대의 몫이다. 배려한다는 명목으로 꾹 참고만 있다면 상대는 평생 알 수 없다. 언젠가 알아 줄 그날을 기다리며 참기만 하다보면 겉으로 괜찮다고 느껴도 속은 곪아들어간다. 결국에는 나도, 나를 사랑하는 사람들도 상처만 남게 될 것이다.

이 일이 있은 후 타인에게 인정받으려고 너무 애쓰지 말자고 결심했다. 다른 사람의 시선과 평가에서 자유로워지자고 다짐했다. 몇 십 년간 굳어진 습관은 쉬이 고쳐지지 않을 것이다. 특히 친밀한 관계에서는 불합리하고 불편한 상황에서 무언가 이야기하려 할 때마다 나도 모르게 '상대가 기분 나빠하지 않을까? 상처받지는 않을까?' 하면서 습관처럼 눈치를 보기도 했다. 상대의 표정이 굳어지면 불편하고 어색해서 풀려고 노력하는 나를 깨닫고 이제는 스스로에게 제동을 걸기도 한다.

지금까지 소소하다고 넘겼던 불편함, 내가 조금 더 참으면 된다며 맞춰주던 것 등 스스로의 가치를 떨어뜨리는 행동을 이제는 고쳐가고 있다. 무조건적인 배려는 관계의 저울추를 기울게 할 뿐이기 때문이다. 한 번도 해보지 않은 일을 한다는 것이 쉽지 않은 일이지만, 하루하루 용기를 내고 있다. 중요한 것은 조금 답답하더라도 나 자신을 먼저 수용하고 인정해 주는 것이다. 내가 나를 인정할 때 타인의 칭찬에 기대지 않고 타인으로부터 자유로워질 수 있을 것이다. 내가 자유로울 때 베푸는 배려가 진정한 배려이다. 지금부터 조금씩 꾸준히 실천하다 보면 관계 속에서 자유롭고 진정한 배려를 할 줄 아는 우아한 어른으로 성숙해질 것이다.

"우리는 타인의 기대를 충족시키기 위해 사는 존재가 아니다.
타인의 기대 같은 것은 충족시킬 필요 없다.
내가 나를 위해 인생을 살지 않으면 대체 누가 나를 위해 살아주는가"

– 기시미 이치로와 고가 후미타케 〈미움 받을 용기〉

02

오십 이후 다시 태어나다

— 김원배

"선생님, 학창시절로 돌아갈 수 있다면 어떤 활동을 하고 싶으세요?"

강의를 하다 보면 학생들이나 학부모님들이 가끔 이런 질문을 한다.

"글쎄요, 솔직히 저는 학창 시절로 돌아가고 싶지 않아요. 행복한 순간은 많지 않았고, 50세가 된 지금이 가장 행복해요. 하지만 만약 다시 돌아가게 된다면 어린 시절 집 마루 책꽂이에 있던 동화를 모두 읽어보고 싶어요. 서울에 계신 이모님이 100권 정도의 동화집을 사주셨는데, 서너 편 정도만 읽다가 구석에서 잊혀져 버렸어요. 그 책을 모두 읽었더라면 제가 다른 사람으로 변했을지, 어쩌면 요즘 완전히 다른 일을 하게 되었을지 종종 궁금합니다."

30대에서 40대로 넘어가면서 삶에 대한 불안감이 생기기 시작했다. 초, 중, 고등학교 동창들이 마흔이 되기 전에 세상을 떠나는 모습을 보니 걱정이 앞섰다. 우리나라 평균 수명이 80세인 상황에서 '이미 내 인생의 절반을 살았다', '남은 시간이 별로 없다'는 생각을 하지 않을 수 없었다.

40대 중반까지는 미래에 대한 뚜렷한 비전 없이 표류하며 살아왔다. 퇴근 후 나의 계획은 주로 술을 마시고 노는 것이었다. 그러다가 2012년 진로교사가 되면서 '내가 이렇게 살아도 괜찮은가?'라는 자문을 하기 시작했다.

진로교사로 일하면서 내가 하고 싶은 일이 너무 많다는 것을 깨달았다. 나의 불안은 설렘으로 바뀌기 시작했다. 나는 빨리 명예퇴직하고 제2의 인생을 시작하고 싶었다. 사람들은 종종 나에게 어린시절로 돌아갈 수 있다면 무엇을 공부할 것인지 묻는다. 솔직히 돌아가고 싶지 않다. 이제 50대 중반이 되니 해보고 싶은 일도 많아지고 그 어느 때보다 행복하다.

니체는 "인생의 목적은 끊임없는 전진이다. 배는 폭풍을 만나지 않고는 조용히 먼 곳까지 항해할 수 없다. 바람과 파도는 언제나 앞으로 나아가는 자의 친구이다"라고 말했다. 그의 말은 삶의 의미를 찾으려는 내게 소망과 용기를 주었다. 나는 항상 갈등을 피하고 조용히 살았지만 이제는 모험을 받아들일 준비가 되었다.

"작가님은 늘 뭔가 바쁜 것 같군요."

최근 한 모임에서 지인이 나에게 이런 말을 했다. 블로그, 인스타그램, 페이스북에서 내 일상을 팔로우하는 친구들은 내가 항상 뭔가를 하고 있다는 것을 발견하게 된 것이다. 사실, 나는 몇 년 동안 꾸준하게 SNS 활동을 해왔다. 그 전에는 한 가지 일에 집중하거나, 도전하거나, 많은 것을 성취한 적이 없었다.

1992년 결혼한 뒤 엄마는 나를 자주 걱정하셨다. 어머니는 아내에게 이렇게 말하곤 했다. "애야, 네 남편 직장 다니기 힘들다고 못 다니겠다고 하면 네가 잘 다독여서 다니게 해라" 내가 6남매 중 다섯째이자 남자로서 막내였기 때문에 부모님께서 걱정하셨던 것 같다. 그러나 지금 나는 바쁘게 지내며 도전하는 것을 좋아한다. 다들 눈치채셨으리라 생각이 든다.

새로운 일에는 용기와 도전이 필요한데, 나는 말을 많이 하지 않는 성향이라서 이것이 약점이 될 때가 꽤 있었다. 오랜만에 친구를 만나도 10여 분 대화를 하다 보면 이야기 소재가 바닥난다. 그러다 보니 사람 만나는 것을 별로 좋아하지 않았다. 내가 변하게 된 때는 진로진학상담교사 부전공 자격증을 취득하고 진로교사로서의 삶을 시작하면서부터였다. 변화된 나는 보다 나은 삶을 살아가기 위해 몇 가지 원칙을 정해서 꾸준하게 실천하고 있다.

첫째, 삶을 설계하며 살기 시작했다.

50세가 되기 전에 다양한 직업 활동을 통해 미래를 계획하는 것이 중요하다. 평생 한 가지 일에만 집중하기 보다는 다양한 관심사를 수용하여 행복을 만들어가야 한다. 매년 1월1일 이면 일 년간 실천 해야 할 버킷리스트를 작성해서 책상 앞 정면에 붙여 둔다. '1년에 1권 책 출간하기', '역사, 청소년 문학 등 일주일에 책 1권 읽기', '매일 새벽 대학노트 한 페이지 글쓰기', '1일1포 블로그에 글 올리기', '트레킹 해파랑길 완주하기', '골프 열심히 배우기', '1일 1만 보 이상 걷기', '4주 글쓰기 챌린지 운영하기', '영어공부', '진로분야 특강', '생활안전협의회 캠페인 활동하기' 등이 일 년간 해야 할 버킷리스트이다. 나는 매일 아침 이 목록을 검토하고 일년 내내 진행 상황을 확인한다. 이는 내가 계속 동기를 부여받고 시간을 관리하고 실천할 수 있는 길이 된다.

둘째, 일상에서 반복되는 습관을 바꾸며 살고 있다.

일상의 작은 변화가 우리의 삶을 변화시킬 수 있다. 계속되는 마음의 상처로 인해 인간관계에서 어려움을 겪고 있다면 이제 상황을 정리하고 놓아버릴 때이다. 과감하게 시도해야 한다. 기분이 얼마나 좋아질지 놀라운 경험을 하게 될 것이다.

과거의 불안과 좌절감들을 떠올려 보면서 반복되는 습관들이

나 감정들이 남아 있는지 살펴보자. 학교에 근무하다 보니 일반 회사보다 일찍 출근하고 일찍 퇴근한다. 2012년 경, 약수역 하나은행 건물 지하에는 하이트 광장이라는 호프집이 있었는데 이곳은 우리들의 아지트였다. 모든 만남과 회식은 이곳에서 시작에서 이곳에서 종료되었다. 일주일에 서너번은 하이트 광장 호프집을 들렀던 것 같다. 맥주를 많이 마시다 보니 한 잔만 마셔보아도 어느 회사 제품인지 구별할 정도였다. 고지혈증 약을 먹으면서도 참석하는 잦은 술자리는 아내와 항상 갈등을 빚게 하는 원인이었다. 퇴근 즈음이 되면 뇌에서 맥주의 향이 떠오를 정도로 그 당시 나는 맥주광이었다. 그러나 삶을 재설계하면서 퇴근 후의 생활을 바꾸기 시작했다.

셋째, 노후를 멋지게 보내고 있는 롤모델을 만들었다.

자신의 성향과 목표가 비슷한 사람들과 관계를 형성하고 그 속에서 닮고 싶은 사람을 만드는 것도 50대 이후 새로운 삶을 살아가는 더 힘이 된다. 2017년 10월 미준사(미래를 준비하는 사람들)에서 함께 활동했던 이○○대표님이 나의 성향과 비슷한 친구를 소개해 주겠다고 해서 충무로에서 함께 저녁 식사를 했다. 이 만남이 지금의 나로 성장하는데 엄청난 파급효과를 가져오게 된다. 소개 받은 분은 맥아더스쿨 정은상 교장님이다. 첫 만남의 인상부터 남달랐고, 말씀 한 마디 한 마디가 나의 마음을 움직였다. 평소 내가 생각하고 있던 것들을 속 시원하게 풀어주셨다.

그리고 2018년 3월부터 장충중학교 자유학기 창직반 선생님으로 5년 간 활동해 주셨다. 일주일에 한 번 학교에 오셔서 강의를 하시고 끝나면 나와 항상 많은 대화를 나누셨다. 2020년 2월에는 제주 올레길을 함께 걸으면서 줌(zoom)을 배우게 되었다. 코로나로 학교가 문을 닫고 재택 수업으로 바뀌면서 이때 배운 줌으로 수업도 하고 강연도 다니고 줌 관련 책도 2권이나 집필했다. 줌 관련 책을 집필하면서 동화작가 고정욱 작가님, 대한민국 K1 모바일 화가이신 정병길 화백님을 만나게 되었다. 이 세 분들을 알게 되면서 생각하고 실행하는 영역들이 확장되기 시작했다. 인생을 멋지게 보내고 있는 롤모델은 나의 성장에 많은 도움과 자극을 선사했다.

넷째, 내 삶을 위한 공부를 하기 시작했다.
사십대까지 교육분야 공부를 했다면 오십 이후부터는 내 삶의 행복을 위한 공부를 시작했다. 오십 이후가 누구 눈치 보면서 하고 싶은 것을 해야 할지 말아야 할지 고민할 나이는 아니지 않은가? 하고 싶은 공부가 있다면 도전하고 자신을 리모델링 해야 한다. 2008년 3월 교사로 임용되고, 아이들을 가르치기 위해 공부가 필요했다. 대학을 졸업하고 공부는 거의 손을 놓은 상태였는데 새벽에 일찍 일어나서 다시 책을 읽고 수업 자료를 만들기 시작했다. 진로교사를 하면서는 주변 진로샘들이 책을 출간하는 모습을 보면서 나도 책을 써보고 싶다는 욕심이 생겼다. 어떻게 책을 써야할까? 정보를 수집하고 여러 기관을 탐색했지만 직장 생활과 수강료 문제로 쉽게 결정하지 못했다. 직장 생활에 지장을 주지 않으면서 글쓰기 공부방법을 찾던 중 학교 도서관에서 송숙희 작가님의 〈책쓰기의 모든 것〉 책을 만나게 된다. 이 책을 완전히 분석하면서 글쓰기를 독학으로 훈련했다. 각 신문사들의 칼럼 베껴쓰기를 2년 간 진행하면서 필력이 향상됐고, 책 쓰기 과정도 나만의 방법으로 정리했다. 학생들을 제대로 가르치기 시작한 공부가 결국에는 나 자신의 삶을 위한 공부로 발전하게 된 것이다.

다섯째, 독서와 글쓰기를 생활화 했다.

2016년 〈진로와 직업〉 교과서 집필에 참여하게 되었다. 교과서를 만드는 과정에서 독서와 필력이 중요함을 깨닫게 되었다. 한 달에 두 번 정도 아이디어 회의에 참여하기 위해서는 관련 분야 책을 읽어야 했다. 평소 생각 없이 살았던 나에게 생각이라는 것을 하게 된 계기였다. 1년 넘게 이 프로젝트에 참여하면서 글을 쓰려면 독서가 중요하다는 것을 깨닫게 되었고, 나만의 책을 출간하기 위해서는 집중적으로 꾸준히 읽어야 하는 필요성을 느끼게 됐다. 필력을 향상시키기 위해 네이버 블로그에 매일 한 편씩 글을 올리고 일주일에 한 두 권의 책을 읽으면서 독서와 글쓰기의 삶을 살기 시작한 것이다.

오십이 넘은 지금, 나는 새로운 미래를 설계하고 있다. 매일 독서를 하며, 내 삶을 기록으로 남기고 있다. 평소 일상생활에서 순간순간 떠오르는 생각들은 스마트폰을 열어 구글 문서에 작성하고 있다.

이제 나는 내가 하고 싶은 일을 하면서 즐겁게 살아가려고 한다. 내가 좋아하는 독서와 글쓰기를 통해 내 삶을 더 풍요롭게 만들고자 한다. 과거의 불안과 두려움을 벗어나, 나만의 길을 찾아가는 이 과정이 참으로 기대된다.

오십 중반의 나이는 직장에서 퇴직을 고민해야 하는 나이이다. 수많은 사람들이 직장 퇴직 후의 삶을 준비하지 못하고 있다. 내가 살아가는 오십 중반은 가장 하고 싶은 것들을 도전 해 보고 싶은 나이라는 생각이 든다. 지금 내가 하고 있는 일들을 점검해 보고 오십 이후의 인생 2막을 도전해 보는 것도 삶의 활력을 주는 것이다.

"왜 굳이 의미를 찾으려 하는가?
인생은 욕망이지, 의미가 아니다."

– 찰리 채플린

03

코로나 이후 새로운 인생 2막을 열다

— 박춘이

전 세계를 휩쓴 코로나 19로 많은 사람들이 고통을 겪고 목숨을 잃었다. 그러나 이런 불행한 상황 속에서도 나는 새로운 삶을 찾을 수 있었고 그것이 내 인생의 새로운 장을 여는 계기가 되었다.

2020년 2월, 코로나 19가 대대적으로 확산된 곳은 내가 사는 곳과 가까운 대구였다. 당시 나는 남편이 운영하는 학원에서 보조 강사로 일하며 이 상황이 곧 끝나리라는 희망을 갖고 있었다. 교육청에서는 학원을 운영하는 사람들에게 수업 중단을 권고했지만 우리 가족의 생계가 학원에 달려 있는 상황이어서 최대한으로 버텨나가는 중이었다. 그러나 학교의 수업이 중단되면서 학원도 더는 운영할 수가 없었다. 학생들이 오지 않아서 기약없는 휴강을 할 수밖에 없었고 그로 인해 생계를 위협받게 되었다.

남편과 나는 어린 시절부터 바쁜 부모님들로 인해 스스로 일을 해나가며 자라야 했다. 그렇지만 사회생활을 잘하거나 성공한 것은 아니었다. 우리 부부는 단지 배고프지 않도록 살아가기 위해 현재 할 수 있는 것을 하면서 운명에 순응하며 살아가는 것이 최선이라고 생각했다. 그러나 코로나 19 사태를 겪으면서 이렇게 살아가는 것이 우리 아이들의 성장과 미래 우리 부부의 노후를 위해 옳지 않다는 것을 깨닫게 되었다. 현재의 상황을 직시하니 겁이 났고 무언가 새로운 것을 시도해야겠다는 생각이 들었다.

주위를 둘러보니 모두가 힘들어하고 있었지만 그 속에서도 살아남은 사람들이 있었다. 교육은 대면으로 이루어지는 것이 일반적이지만 온라인에서도 충분히 가능하다는 것을 깨닫고 그 방향으로 전환하기로 결심했다. 남편과 이에 대해 이야기를 나누어 봤지만 그는 10년 넘게 오프라인으로 학원 일을 해온 사람이라 쉽게 동의하지 않았다.

"한국 교육이 그렇게 쉽게 변하지 않아. 이 고비만 넘기면 원래대로 돌아올 거야."

변화를 싫어하는 나지만 이번에는 남편의 의견에 동의할 수 없었다. 나도 변화가 필요했고 또다시 이런 상황이 발생할 것을 대비해 온라인으로 전환해야겠다는 생각이 컸다. 당시 나는 컴퓨터로 워드 작업이나 온라인 쇼핑 정도만 할 줄 아는 정도여서 어디서부터 시작해야 할지 막막했다. 다행히 배우는 것을 좋아했기에 배움을 통해 낯선 온라인 세계를 개척해 나가보기로 결심했다.

2020년 8월, 나는 단호한 결심을 가지고 어떤 한 온라인 카페에 가입했다. 그로부터 나의 온라인 세계 여행이 시작되었다. 카페에서는 MKYU 온라인 대학과 관련된 정보를 많이 얻을 수 있었고, 카페 내 활동들을 통해서 내가 부정적으로 생각했던 여러 가지 점들을 다시 생각해 볼 수 있는 계기가 되었다. 계획적이고 규칙적인 것을 좋아하는 성격 덕분에 카페 활동을 꾸준히 했더니 어느 날, 카페 대표로부터 스텝 제안을 받았다.

스텝으로 일하면서 온라인 카페 관리, 줌 활용법, 오픈단톡방 관리 등 여러 기술을 배웠다. 모임 운영을 직접 해보면서 부족한 부분을 보충하기 위해 더 열심히 온라인 공부를 했다. 그 결과 MKYU 온라인 대학의 수석장학생이 되는 쾌거도 이뤄냈다.

오프라인에서 학원 강사로 일하고는 있었지만 사람들과의 소통이 원활하지는 않았다. 그런데 온라인에서는 오히려 그 어려웠던 소통이 더 쉽게 느껴졌다. 카페 스텝으로 활동하면서 나 자신에 대한 새로운 사실을 알게 된 것이다.

'온라인이 내 성격에 더 맞는 환경이구나. 나는 사람들과의 관계를 형성하는 것이 어려운 사람이 아니라 단지 방법을 몰랐을 뿐이었구나.'

2021년 8월, 카페 대표가 개인 사정으로 카페 운영을 계속할 수 없다고 했다. 잠시 카페를 맡아달라는 제안을 받았지만 400명이 넘는 카페를 혼자서 이끌 자신이 없어서 거절했다. 아쉽게도 1년동안 열심히 참여했던 온라인 세상을 접어야만 하는 상황에 놓이게 되었다. 그러나 그냥 포기하고 싶지 않았다. 그래서 2021년 8월, '공투맘의 북랜드'라는 나의 첫 커뮤니티 카페를 개설했다. 처음에는 소통을 하고자 하는 작은 목표로 시작했지만 점점 다양한 프로그램을 개발하면서 더 큰 목표를 꿈꿀 수 있는 커뮤니티로 성장해 갔다. 습관 관련 챌린지와 독서 모임 등 다양한 프로그램들을 지금까지도 진행하고 있다.

2023년 3월, 다른 오픈단톡방 방장님으로부터 무료 특강 제의를 받았다. 처음 진행해보는 온라인 강의라 많이 떨렸지만 준비하는 과정에서 전자책도 만들어보는 등 새로운 도전을 해 볼 수 있는 계기가 되었다. 무료 특강 후에는 새로 오픈한 온라인 수업도 진행해보았다. 온라인 수업은 챌린지나 독서 모임과는 또 다른 희열을 주었고 그 이후로도 다양한 강의를 만들어 진행해 나가고 있다.

어릴 때부터 교육자가 되는 꿈을 꾸었다. 처음에는 수학 강사로 아이들을 가르쳤고 둘째를 낳은 후에는 보육교사 자격증을 취득해 어린이집 교사로 일했다. 지금은 성인들을 대상으로 수업을 하는 강사로 활동하고 있다. 계획한 것은 아니었지만 여러 방면에서 부족한 점을 채워가며 성장하다보니 현재의 내 모습이 되었다. 이런 내 모습을 바라보면서 묘한 성취감을 느낀다. 무엇보다 꿈을 포기하지 않고 변화와 성장을 이어나가려고 노력한 내 자신이 무척 기특하다.

초반에는 컴퓨터에 대한 두려움도 있었지만 열심히 노력한 결과 2년 만에 온라인 강사로서 자리를 잡게 되었다. 2023년부터는 학원을 그만두고 온라인 지식 창업자로서의 새로운 길을 걷게 되었다. 그동안 운영하던 온라인 카페도 하나에서 두 개로 늘렸고 팀원들도 점점 늘어나게 되었다. 예전에는 생각만 하던 사람이었지만 지금은 아이디어가 떠오르면 바로 행동으로 옮기는 사람이 되었다.

지금의 나는 도전과 변화를 두려워하지 않는 사람이다. 이런 나로 변할 수 있었던 그동안의 과정을 통해 나 역시도 변화할 수 있는 사람이라는 것을 스스로 깨닫게 되었고, 이 사실은 내가 인생을 180도 다르게 살아갈 수 있게 해주는 원동력이 되었다.

이제까지 내가 온라인에서 걸어온 길을 되돌아보면 그 과정은 결코 쉽지 않았다. 하지만 그 어려움을 극복하며 얻은 것들은 계산할 수 없을 만큼 큰 가치가 있는 것들이다. 이 모든 과정을 통해 나의 능력을 확신하게 되었다. 어떤 어려움도 극복할 수 있고 어떤 도전도 받아들일 수 있는 용기가 생겼다. 그리고 이 모든 것은 나 자신을 믿는 것에서부터 시작된다는 사실을 깨닫게 되었다. 나의 능력을 믿고 새롭게 배우는 것을 두려워하지 않게 되면서 나는 전에 해보지 못한 경험에 도전을 하고 그로 인해 새로운 내 자신을 하나씩 발견해 나가고 있다. 앞으로도 나의 능력을 믿고 꿈을 이뤄나가는 과정을 멈추지 않을 것이다.

나는 계속해서 성장하고 배우는 것을 즐기고 있다. 매일 새로운 도전을 받아들이고 그 결과로 얻은 지식과 경험을 다른 사람들과 공유하는 것이 나의 열정이다. 나의 지식을 널리 퍼트리는 것이 다른 사람들에게 도움이 될 수 있다는 것을 알고 있다. 그래서 계속해서 나의 지식을 공유하고 다른 사람들이 그 지식을 잘 활용할 수 있도록 돕는 것이 목표이다.

나는 이제 더 많은 사람들에게 도움이 되고자 한다. 내가 배운 것들을 공유하고 나와 같은 변화를 통해 그들이 성장해 나갈 수 있도록 돕고 싶다. 그래서 교육자로서의 역할을 계속해 나가려 한다. 나의 이야기가 누군가에게 희망이 될 수 있다면 그것은 나에게 가장 큰 보람이 될 것이다.

    나를 믿고 지지해주는 사람들 덕분에 앞으로의 성장이 더욱 기대되며 그들에게 감사하는 마음을 가지고 있다. 공저에 참여하게 된 이유도 온라인에 대해 무지했던 내가 현재의 위치까지 올 수 있었던 과정이 담긴 내 성장 이야기를 통해 다른 사람들에게 도움을 주고 싶었기 때문이다. 이런 변화를 이루는 과정과 그 이유를 이 책을 통해 공유하게 되어 매우 설렌다.

    노력하면 누구나 변화할 수 있다는 것을 보여주고 싶다. 나이가 많아도, 컴퓨터를 잘 다루지 못해도 주저하지 말고 나와 같이 용기를 내어 꼭 한 발짝 내딛어 보기를 바란다. 변화는 언제나 가능하다는 것을 잊지 말자!!

"인생은 폭풍이 지나가기를 기다리는 것이 아니라,
비 속에서 춤추는 법을 배우는 것이다."

– 비비안 그린

04

아버지를 통해 우아하게
나이 들기를 배우다

- 송숙영

20대 후반, 드디어 꿈에 그리던 교사가 됐다. 직장에서 자리를 잡으니 주변 선생님께서 좋은 사람을 소개시켜 주신다며 나가보라고 권하셨다. 일에만 열중하느라 연애도 제대로 못 해봤기에 '청춘이 다 가기 전에 연애라도 해보자'라는 생각으로 소개팅 장소에 나갔다.

저 멀리서 담배를 물고 오는 사람이 보였다. 소개팅하는데 상대 남자가 담배를 피우며 오지는 않겠지 하고 뒤돌아 지나가는 사람들을 쳐다봤다. 그런데 이게 웬일인가. 그 담배 피우던 사람이 바로 나와 소개팅하는 남자였다. 남자는 곧바로 밥을 먹으러 가자고 했다. 식사를 주문하고 기다리는데 남자의 핸드폰이 시끄럽게 울렸다. 남자는 전화를 받으며 "알겠어. 내가 다 알아서 해"

라며 잔소리하는 상대방에게 빨리 전화 좀 끊으라는 신호를 보냈다. 무슨 이야기인지 관심없는 척 통화 소리에 귀를 기울였다. 나는 당연히 남자의 어머니가 오늘 소개팅이니 잘하고 들어오라는 당부 전화겠지라고 예상했는데 남자 목소리였다. 바로 남자의 아버지였다.

소개팅하는 날 아버지가 아들에게 전화을 하다니! 아버지와 아들이 대화를 자주하고 또 관심이 많은 자상하신 분인 것 같다라는 생각이 들었다. 평소 '화목한 가정에서 어려운 것 알고 자란 사람'이 배우자였으면 좋겠다고 기도했는데 딱 이 사람인 것 같았다. 결혼을 결정할 때 가장 크게 작용했던 것이 시아버지였다. 이런 가정에서 자랐으면 아들은 볼 것도 없지라고 생각했고, 만난지 3개월 만에 결혼을 결정했다.

결혼한 뒤 아버님은 나에게 한없는 사랑을 베풀어 주셨다. 부족한 며느리였지만 늘 칭찬해주셨고 고생한다고 말씀해주셨다. 특히 여행지에서 쇼핑센터에 가면 아버님께서는 늘 '숙영이 것 좀 골라보자'라고 말씀하시면서 물건을 둘러보셨다. 그 말을 들은 시어머님이 '나는?'이라고 물어본 후에야 아버님께서는 '아차! 미안해'라며 어머님께 종종 사과하시곤 하셨다. 남편과 싸우고 힘들 때에도 늘 아버님은 나의 편이 되어 주셨고, 손주들에게도 사랑을 듬뿍 주는 자상한 할아버지였다. 그래서 어버이날에 아버님께 "아버님 제가 다음 생에 다시 태어나면 이 집의 딸로 태어 나고 싶습니다"라고 편지를 썼을 정도였다.

아버님은 가정에서도 훌륭한 아버지였고, 일에서도 탁월하셨다. 평생 목회 일을 하며 기도하는 일에 힘쓰고 교회의 성장을 위해 노력하셨다. 교회에 필요한 일이라면 법, 세금, 행정 등 다양한 분야를 모두 공부하셨고, 발 벗고 뛰어다니며 어떤 문제가 닥쳐와도 척척 해결해 내셨다. 이런 시아버지를 보면서 나도 우리 아이들에게 아버님 같은 어른이 되어야겠다고 생각했다. 늘 사랑을 나눠주고, 열심히 사는 모습을 보여주신 분이다.

어느날 아버님께서 병원에 다녀오신 후 우리 가족을 부르셨다. 몇 개월 전부터 턱에 멍울이 만져졌는데 그게 바로 침샘암이었다. 희귀암이고 림프로 이어진 부위가 넓기 때문에 조직 전체를 떼어내는 큰 수술을 해야만 했다. 침샘의 윗 부분인 어금니 두 개를 빼고 볼살까지 떼어 내어 아버님의 얼굴이 변했다. 림프가 연결된 오른쪽 턱부터 어깨까지 모든 조직을 떼어냈기 때문에 통증이 극심해 잠을 잘 주무시지도 못했다.

그렇게 큰 수술을 받으셨는데도 아버님은 약해지지 않으셨다. 수술 후 일 년은 모든 일을 중단하고 요양을 해야한다는 의사의 권유에도 불구하고 수술 오 개월 후부터 다시 주일에 설교

를 시작하셨다. 어금니를 빼고 볼에 살점이 떨어져 발음이 예전
같지 않았음에도 연습을 거듭해 발음을 교정하셨다. 체력적으로
힘든 상황에서도 최선을 다해 주일에 설교를 하셨다. 3년 후 다
시 암이 재발해 복수가 차 복부부터 다리까지 퉁퉁 부어 잠도 제
대로 주무시지 못하는 고난이 닥쳐왔다. 그럼에도 불구하고 아버
님은 끝까지 설교하시고 마지막까지 교회의 버스, 재정 등 자잘
한 일까지 마무리하며 교회의 비전과 해야 할 일들을 당부하시고
하나님의 품으로 가셨다.

아버님을 보며 삶의 마지막까지 열정을 다해 사는 삶, 소명을
다해 사는 삶이 얼마나 중요한가를 배웠다. 아버님은 본인의 삶
을 통해 '지혜로운 어른'이 되는 방법을 가르쳐 주신 것이다. 단
순히 나이만 먹는 것이 아닌 지혜를 쌓고 너그럽고 겸손한 태도
를 유지하며 '지혜로운 나이 듦'을 실현하기 위해서 부단히 노력
하셨다. 아버님께서 마지막 유언으로 나에게 하신 말씀이 있다.
"늘 하나님을 잘 믿으며 화목하게 살고 열심히 살거라." 그 유언
을 지키며 '지혜로운 나이 듦'을 실천하기 위한 나만의 원칙을 세
워 보았다.

첫째, 나이를 탓하지 말자.
학교에서 젊은 선생님들의 기발하고 반짝이는 수업 아이디어
와 활동들을 보며 나는 이제 머리가 안 돌아가 못하지라고 체념

했다. 나이가 들어 이해력도 떨어져 수업 아이디어도 잘 생각나지 않고, 컴퓨터 활용도 못하고, 기억력도 감퇴하는 퇴물이라는 자조적인 생각까지 들기 시작했다. 역시 나이 들면 다 그렇지 하면서 순응하려다가도 아버님의 모습을 생각해보면 나와는 정반대의 삶을 사셨다는 것을 다시 한번 깨닫게 되었다. 아버님은 늘 책을 가까이 하셨고, 무엇이든 적극적으로 도전하며 살기에 젊은 사람보다도 생각과 판단이 매우 빠르고 정확하기까지 했다. 모든 일에 소극적인 나의 태도를 탓해야 하는데 나는 미련하게도 나이가 들어가는 뇌를 탓하고 있었다.

나이를 탓하지 말아야 하는 데에는 과학적인 이유도 있다. 랫클리프 교수는 인지처리과정과 노화를 연구하며 나이가 들면서 뇌는 어떻게 퇴화하는 것인지를 실험했다. 실험 결과 노인의 인지처리 과정이 반드시 젊은 사람보다 느린 것은 아니며, 노인은 경험이 많이 축적되어 있기에 현재 자신이 가지고 있는 정보를 잘 사용한다는 것을 발견했다. 다만 노인들은 실수하는 것을 원치 않기 때문에 느린 것일 뿐, 노인들에게 같은 과제를 더 빨리 수행하도록 격려했을 때 반응시간의 차이가 크게 줄어들어 대학생들과 비교해 유의미한 차이가 나타나지 않았다. 즉, 신체적 노화가 반드시 뇌를 퇴화시키는 것이 아니며, 오히려 더 많은 경험과 지혜를 통해 주어진 일을 훨씬 훌륭하게 처리해 낼 수 있다는 것을 기억해야 한다. 뇌가 늙는 것이 아니라 마음이 늙고 있었다는 것, 뇌를 탓하지 말고 무엇이든 도전하고 배우고자하는 태도를 길러야 한다.

둘째, 나이 듦을 기대하고 비전을 세우자.

아버님은 늘 도전할 미션들을 매년 그리고 3년 단위로 계획하셨다. 아버님은 한평생 아프리카에 하나님의 복음을 전하는 비전을 그리셨다. 돌아가시기 1년 전 기금을 모아 아프리카에 모기장과 구급약을 보내 사람들이 치료를 받을 수 있도록 하였다. 이후 편지를 통해 마을의 소식이 전해졌는데 그 해 마을에서 단 한 명도 말라리아에 걸리지 않고 건강하게 지냈다고 한다. 아버님은 이 일을 무척이나 기뻐하시면서 만약 병이 나아지면 아프리카에 직접 다녀오겠다고 하셨다. 우리는 아버님께 연세가 많아 장거리 비행이 불가능하니 그런 생각은 하지도 말라고 만류했다. 안타깝게도 아버님은 결국 아프리카에 가지 못하고 하나님의 품으로 가셨다. 하지만 아버님의 비전은 어머님에게 이어져 지금까지 꿈은 실현되고 있다. 어머니께서는 아버님의 꿈을 이루기 위해 아프리카 아이들에게 내복과 학용품을 지속적으로 보내며 그곳에도 복음이 전해질 수 있도록 사명을 가지고 열정을 다하고 계신다. 아버님은 이 땅에 계시지 않지만 꿈은 계속해서 열매 맺고 자라나고 있는 것이다.

아버님의 모습을 통해 나 또한 꿈과 소망이 없는 아이들을 변화시키는 진로 교사라는 목표를 세웠다. 한 번의 삶 후회 없는 인생을 살기 위해서는 자신만의 비전과 목표를 세워야 하지만,

아이들에게 자신의 꿈이 무엇인지 물어보면 '모르겠다'라고 답변하는 경우가 태반이다. 그저 공부하는 기계로 살아가고 있기에 무엇을 원하고 왜 살아가는지 평생 알지 못한 채로 살아간다. 나는 아이들이 꿈을 발견하고 그것을 위해 달려가는 과정을 돕는 조력자가 되기를 소망한다. 남들이 보기에 대단한 성취를 쫓아가라고 가르치는 것이 아닌 자기 스스로 만족하는 삶, 자신이 만들어가는 삶에 대해 길잡이를 해주는 것이 교사의 사명이라 생각하기 때문이다. 이 사명을 실천하기 위해 매일 무엇을 아이들에게 남겨주어야 하는지 고민하며 살아가고 있다. 앞으로의 10년은 진로분야에 대한 공부와 독서교육, 지역사회와 연계한 진로교육에 대해 연구하고자 한다. 아버님에게서 배운 삶의 지혜가 나의 삶 속에서도 열매 맺고 꽃 피우기 위해 부단히 노력하고자 한다.

셋째, 오래도록 버틸 수 있는 나만의 무기를 만들자.

아버님이 삶의 마지막까지 존경을 받으며 살 수 있었던 이유는 늘 손에서 책을 놓지 않으셨기 때문이다. 아버님은 목회자로서 영과 육이 깨어있으려면 늘 독서를 통해 자신을 반성하고 성장시켜야 한다고 생각했기에 책을 손에서 떼지 않으셨다. 하나님을 섬기고 교회를 이끌어 가기 위해 평생을 공부와 독서를 하셨고, 그것이 사람들에게 존경을 받게 된 아버님만의 무기가 된 것이다.

나는 아버님의 모습을 떠올리며 공부와 독서를 놓지 않기로 다짐했다. 이미 대학원을 졸업했지만 더 많은 아이들과의 만남을 위해 현재 교육대학원에 다니며 진로진학상담을 배우고 있다. 그리고 단순히 배움에서 끝나는 것이 아니라 아이들이 살아가는 방법을 깨우치는데 도움을 주는 프로그램을 만들기 위해 노력하고 있다. 나는 나만의 무기를 만드는 공부를 통해 교사로서의 소명을 다하는 삶을 살 것이다.

아버님이 나에게 물려주신 '지혜로운 나이 듦'의 유산을 마지막까지 소명을 다하며 노력의 가치를 증명하는 삶으로 값지게 활용하고자 한다. 미래를 소망하며, 꿈꾸고 삶의 마지막이 다가오더라도 두려워하지 않고 비전을 실현시키기 위해 노력하고자 한다. 언젠가 하늘에서 아버님을 만날 때 그분이 물려주신 유산을 값지게 잘 사용했노라고 웃으며 말할 수 있기를 소망한다.

"삶이 어디서 끝나는지는 중요하지 않습니다. 삶의 가치는 길이가 아닌 쓸모에 의해 평가됩니다. 어떤 사람은 오래 살지만 어떤 사람은 일찍 죽습니다. 살아가는 동안 삶 자체에 마음을 쏟으십시오. 삶은 당신이 살아온 시간이 아닌 당신의 의지 속에 있습니다."

– 미셸 몽테뉴, 수상록, 1580

나이로 익어가는 날들

− 김수연

내 생일이다. 카톡이 울린다.

"○○도서관 대회가 있어요. 사전교육 수업 부탁드려요."
연이어 톡이 들어온다.
"○○고 수업 가능하세요. 화, 수 오후 7시입니다."
작년에 수업 갔던 ○○고등학교에서 수업의뢰를 받아 바쁠
예정이다.

쉰 살에 봉사를 위해 준비한 자격증 열 개가 나이로 익어가는
날들을 만든다. 통장에는 차곡차곡 수입이 쌓인다. 나는 지금 학
교에서 독서토론을 지도하고 있다. 10년째 아이들의 꿈통령이
되는 꿈을 꾼다. 눈 떠보니 남들은 은퇴할 나이에 학교에서 아이

들과 토론으로 즐거운 시간을 보낸다. 남들에게는 그냥 수업일지 모르나 나에겐 오랜 시간 나를 지탱해준 꿈이다. 아이들과 공부하는 게 제일 재미있기 때문이다.

지난 토요일 도서관에서 초등학생들과 첫 수업을 하였다. 주말에도 놀지 않고 공부하러 온 아이들이 기특했다. 14명의 4, 5, 6학년 아이들이 모였다. 그중 한 명이 죽상을 하며 들어왔다. 곧이어 이어진 수업에서

"못해요."

"모르겠어요."

"나는 잘 몰라요"를 기어들어가는 목소리로 연발했다.

안타까웠다. 4팀으로 나누어 자기소개를 마치고 서론, 본론, 결론으로 즉흥연설을 준비하도록 지도했다. 마지막에 "못해요"를 말했던 아이가 발표를 마치고

"선생님, 제가 이렇게 잘하는 줄 몰랐어요. 만족해요"라며 쑥스럽게 웃었다. 내가 세상에서 제일 행복했던 순간이다.

행복한 날들이 꼬리에 꼬리를 물고 나를 찾는다. 형편이 어려운 친구들에게 꿈을 찾아주고 싶다. 봉사로 하려던 수업이 수입을 만들었고 다시 그 돈이 아이들을 위해 쓰여 지는 순간을 기다린다. 삶이 늘 나에게 달콤할 수는 없다. 고통과 시련은 잔잔하게 때론 거대하게 방문하며 나를 흔든다. 그럼에도 좌절하지 않

는다. 매일 꿈과 사랑으로 나를 단련하기 때문이다.

10년 전 자원봉사로 지역 희망 케어 센터 아이들과 숲 놀이를 한 적이 있었다. 책과 함께 하면 봉사수업이 더 풍성할 거라 생각했다. 그래서 독서지도사 자격증에 도전했다. 자격증을 준비한 회사에서 봉사단체가 꾸려지면서 우연희 아이들을 가르쳤다. 그해에 내가 나보다 더 사랑한 엄마가 체했다고 병원을 가셨다가 갑자기 돌아가셨다. 일 년에 책 몇 권 읽지 않았던 삶을 살았던 내가 그때부터 책을 읽기 시작했다. 책을, 아니 활자를 읽는 동안만큼은 엄마를 잃은 슬픔이 감추어졌다. 난 지금 하루에 한 권 완독하는 삶을 살고 있다. 책을 읽으며 삶이 단단해졌다.

남편은 잘나가던 광고 감독이었다. 그러나 갑자기 퇴직하게 되면서 지금은 작은 식당을 차려 점주가 되었다. 하지만 코로나를 겪으며 힘든 날들을 보냈다. 지금 남편과 나는 5일 장사하고 번 돈으로 1박 2일 여행을 다닌다. 전국 어디든 떠난다. 산으로 바다로 떠나 쉼을 가진다. 떠나기 위해 일하고 돌아올 곳이 있어 떠난다. 다행히 남편도 나도 여행을 좋아한다. 남들은 명예와 부를 꿈꾸지만 나는 소소한 여행과 아이들의 꿈통령으로 살고 있으니 나이로 익어가는 게 분명하다.

며칠 전 딸과 아들이 와서 내 생일을 축하해 주었다. 배려와 사랑이 깊은 아이들은 만나면 언제나 천국을 만들어준다.

"수많은 날들을 SOO만을 위해" 내 이름의 '수'를 넣어 작은 아이가 케이크를 준비했다. 나는 꽃 선물을 제일 좋아한다. 딸이 꽃다발 한아름과 준비한 가방을 건네주었다. 우리는 영종도에서 조개구이와 회를 먹으며 하하호호 웃는 즐거운 시간을 보냈다.

서른 즈음에 기도했었다.

"주님, 사람들에게 꽃 한 송이 선물할 돈이 있는 삶이면 좋겠어요"

나는 이제 사람들에게 꽃을 선물하는 삶을 살고 있다.
어느 날 꿈이 살짝 바뀌었다.

"주님, 사람들에게 책 한 권 선물하는 삶이면 좋겠어요"

지인들에게 책을 선물하는 삶을 산다. 신은 언제나 내가 원하는 것을 선물로 주신다. 나는 나와 내 가족을 위한 기도는 인색하다. 주님께 드린 게 없기 때문에 나를 위해 무엇을 달라는 기도는 삼간다. 이만큼 살아보니 삶은 내게 마법이고 기적이었다. 아침에 일어나 수도를 틀면 따뜻한 물이 흐른다. 내 마음에도 감사가 흐른다. 돈이 없어 톨게이트를 통과할 수 없었던 삶을 살았던 나는 톨게이트를 통과할 때 "1200원이 결제되었습니다"라는 소리에 사무치게 행복하다. 행복은 만족이고 결핍이 행복의 근원이다. 10분 전의 나와 결별하며 어제보다 나은 사람이 되고 있다. 책과 여행과 사람이 나의 하루들을 함께 하기 때문이다.

나이로 익어가는 삶에서 절대 빠질 수 없는 두 글자가 있다. 바로 사랑이다. 사랑없이는 숨 쉴 수 없다. 시집 와서 형님과 함께 시집살이를 고되게 시켰던 시어머니를 사랑한다. 요양원에 계신 어머니를 이틀 전 뵙고 왔다. 아들 셋을 둔 시어머니는 나만 찾는다. 시어머니 옷을 사고 고기를 사드릴 때 행복하다. 병원에 계신 시아버님도 나를 찾으신다. 괴팍한 시아버님에게 자식들은 지쳐간다. 나는 지치지 않는다. 시부모님이 자식을 키우시던 그 세월이 자꾸 상기되기 때문이다. 부모는 세 아들을 키워내셨는데 세 아들은 부모를 버겁다고 한다. 심지어 부자 큰아들은 부모님이 아프시기 시작하자 경조사에 부르지 말라며 몇 년 전 인연을 끊었다. 시집살이를 시키던 형님은 사라지고 눈 떠보니 맏며느리가 되어 있었다. 일곱 살 장손 조카의 생일을 챙기지 않았다며 나를 불러 형님 옆에서 호되게 불호령을 내리시던 시어머니에게 우리 아들은 장손이 되었다. 나에게 미움은 없다. 그래서 용서라는 낱말도 없다. 내 행복의 비결이다. 미움은 누구보다 내 살 깎아 나를 고통스럽게 한다는 것을 알고 있다. 나는 섣불리 남을 미워하지 않기로 했다.

내 인생의 플렉스는 지금부터

아침에 양평에서 출발해 내가 사는 인천 송도로 왔다. 어제는 동동주와 녹두전을 먹으며 남편과 도란도란 이야기를 나누었다. 나이로 익어가는 하루들이 즐겁다. 꿈이 있는 나는 계속 꿈을 꾼다. 공부방을 숲 속에 만들어 힘들고 지친 아이들에게 행복의 씨앗을 심어주는 것이다. 도서관에서 책과 함께 아이들과 꿈 놀이를 하고 있으니 이미 꿈은 이루어졌다. 대통령도 부럽지 않은 하루들이 계속 된다. 나의 시작은 미미했으나 5년 뒤, 10년 뒤는 창대할 것이다. 2000권의 책을 앞으로 더 완독하며 풍성해진 3650일의 기도로 얻은 사랑은 풍선을 달고 방방곡곡에 전해질 것이다. 나의 한 그루의 사과나무가 과수원을 만들어 숲과 숲으로 번져갈 것이다. 온 세상이 무지개로 수놓아질 즈음 나이로 익다가 미소로 잠들어 태어난 대지로 돌아갈 것이다. 익어간다는 건 숭고한 일이다.

"작은 변화가 일어날 때 진정한 삶을 살게 된다."

– 레프 톨스토이

아름답게 살자

−이명희

사람들은 세상을 살아가면서 저마다 마음속에 닮고 싶은 사람을 품고 살아간다.

누구나 세상을 우아하고 품위 있게 살고 싶어하고, 그러기 위해 노력하기도 한다.

"어떻게 하면 우아하게 나이 들어가는 삶을 살 수 있을까?"

"우아하게 산다는 것은 어떤 삶일까?"

우아하다는 사전적 의미 속에는 '고상하게 보이는 품위나 품격을 가지고 아름답게 살아간다'는 의미가 들어있다. 누구나 일생을 살아가면서 많은 사람을 만나게 된다. 그러면서 각자가 어떤 사람을 닮고 싶고, 또 그 사람처럼 되겠다는 생각을 하게 되는 것이다. 많은 사람을 만나면서 꿈도 변하고, 되고 싶고 닮고 싶은 사람도 여러 번 변하면서 말이다. 그래서인지 나도 어렸을 때부터 꿈도 많았고, 되고 싶은 것도 많은 아이였다.

10대에는 세계일주를 하는 여행가가 되고 싶었다. 그때는 막연히 세계를 돌아다니는 그런 자유로운 사람이 되고 싶다는 생각을 하면서 자랐다. 책에서 하와이를 배우면 하와이에 가겠다는 생각을 했고, 누가 에베레스트를 등정했다는 뉴스를 들으면 나도 나중에 산을 오르는 등산가가 되어야겠다고 생각했다. 그러다가 중학교에 다닐 때는 국어 선생님과 수학 선생님을 놓고 어떤 길을 갈 것인지 고민하기도 했다. 우리 선생님 같은 사람이 되면 좋겠다는 생각을 하면서 말이다.

고등학교를 졸업할 무렵에는 진학을 놓고 어머니와 갈등하기도 했다. 어려운 살림에다 1남 5녀의 넷째딸로 태어난 내가 당시에는 대학을 간다는 것은 언감생심 꿈도 못 꾸는 상황이었다. 이미 우리 집안은 가난함을 이겨내는 방법으로 딸들을 일찍 시집보내기로 한 모양이었다. 큰언니는 입 하나를 덜어야 한다는 집안 어른들의 결정으로 결혼을 했고, 공부를 아주 잘했던 둘째 언니는 그렇게 가고 싶었던 교육대학을 동생들 때문에 포기해야 했다. 줄줄이 자라는 딸들이 중등교육은 마쳐야 한다는 부모님들 생각 덕분에 그 시절에도 중등교육을 받은 것에 감사해야 했다.

그러나 나는 언니들처럼 내 꿈을 포기하고 싶지 않았다. 인문계 고등학교를 졸업했으니 당연히 진학을 할 수 있으리라 생각했다. 그런데 나는 결국 어머니의 반대로 졸업하던 그해에 대학에 갈 수 없었다. 나는 집을 나와 마산에 있는 한국중공업이라는 곳에 취업을 하기로 했다. 친구 이모부님 덕분에 인문계 출신인 내가 취업을 한 것은 참 운이 좋은 케이스였다. 물론 한국중공업 내의 하청기업이었지만 회사에 다니는 데는 문제가 없었다.

그렇게 들어간 회사는 퇴근 시간인 오후 다섯 시가 되면 대형 버스가 정문 앞에 줄을 섰다. 당시 회사에 다니는 젊은 직원들이 야간대학을 다닐 수 있는 통근버스였다. 나는 그때 그 버스를 보면서 야간대학이 아닌 일반대학에 다닐 것이란 야무진 꿈을 꾸었다. 점심시간이 되면 끼니를 거르고 누가 볼세라 책상 서랍에 책을 넣어놓고 공부했다. 가끔 남자 동료들이 놀리며 공순이(당시 회사에 다니는 사람을 놀리는 말)가 공부한다고 괴롭히기도 했지만 참아냈다. 짧은 직장생활을 경험한 덕분에 꿈에 그리던 대학을 졸업하고 오늘에 이르렀다.

지금 돌아보면 그 시절이 참 소중했던 때였다. 그렇게 시간이 흘렀고, 내가 철이 들면서 '세상은 생각하는 대로 이루어진다'는 것을 체험하며 살아가고 있다. 어른이 되고 사회생활을 하면서 만나는 사람들이 늘어가고, 어떤 사람이 될 것인지, 어떻게 사는 것이 행복한 삶인지 사람들과의 관계를 통해서 알게 되었다.

"아이구, 도대체 뭐가 되려고 저렇게 고집이 센지 모르겠다."

"도대체 너는 누굴 닮았는지, 원."

자라면서 나는 어머니로부터 이런 말을 참 많이 들어왔다. 그렇지만 나에게는 닮고 싶은 사람이 있었다. 어렸을 때부터 딸부잣집이지만 딸과 아들을 차별하지 않았던 아버지와 내가 터를 잘 팔아 남동생을 봤다고 뭐든지 내 편을 들어주고 칭찬을 아끼지 않으셨던 우리 할머니, 그리고 기차 안에서 만났던 주름마저도 인자한 얼굴을 한 어느 할머니가 그랬다. 그래서 나도 이런 어른이 되고 싶었다.

먼저, 나는 내 아버지를 닮은 어른이 되고 싶었다.

아버지는 지난 2016년 12월 18일에 세상을 떠나셨다. 그러나 친정아버지는 내가 세상에서 가장 존경하는 사람 가운데 한 분이셨다. 어릴 때는 위인을 존경해야 하는 줄 알았다. 그래서 늘 이순신 장군을 가장 존경하는 사람으로 생각해 왔다. 이순신 장군은 우리나라가 풍전등화에 빠졌을 때 나라를 구한 인물이었고, 온갖 고난과 역경 속에서도 자기 자신의 길을 갔던 인물이었으니 많은 사람들이 존경의 대상으로 꼽는 인물이었다. 특히 이순신 장군은 내가 초등학교 3학년 때 고전 읽기를 하면서 만났던 첫 번째 위인이었기 때문에 늘 존경하는 인물로 꼽았었다.

그런데 나이가 들고, 세상을 알아가면서 위인으로서의 이순신 장군을 존경하는 마음은 여전히 변함이 없지만, 내 주변으로 시선이 옮겨지고 주변에서 볼 수 있는 인물에 눈길이 가면서 존경의 대상이 자연스럽게 바뀌었다. 그때 내 아버지에 대해 생각하게 되었고, 아버지는 정말 내가 존경하는 분 가운데 그 첫 번째라는 것을 알게 되었다.

아버지는 가난한 집안의 6남매 가운데 장남이셨다. 할아버지가 일찍 돌아가셔서 우리 집안의 모든 책임은 아버지의 몫이었다. 그런 아버지는 할머니를 모시고 6남매의 맏이로서 정말 힘든 살림을 지켜내셨고, 마을 사람들에게 칭찬을 받는 사람이었다. 늘 어려운 일은 솔선수범하셨고, 동생들에게도 존경받는 형이고 오빠였다. 가난한 집안을 건사하다 보면 힘든 일은 말로 다 할 수 없었다. 특히 6, 70년대의 우리나라 농촌은 전쟁 후라 더욱 살기가 어려웠다.

그 시기를 아버지는 가까운 집안의 일을 거들며 끼니를 이었고, 술도 드시지 않았으며 담뱃값을 아껴서 농사를 지을 땅을 장만하셨다. 당시의 어른들은 엄격하고 권위적인 그런 분들이 많았다. 그러나 아버지는 인자하고 너그러운 분이셨다.

아버지는 우리들에게 우리 역사 이야기를 들려주시며 어떻게 사는 것이 긍정적이고 행복한 삶인지 일깨워주셨다. 아버지가 들려주시던 오래된 역사 이야기는 지금도 귀에 생생하게 살아있다. 내가 지금도 우리 역사에 관심을 갖고 역사 인문학을 강의할 수 있게 된 밑바탕에는 아버지가 들려주셨던 역사 이야기가 큰 힘이

내 인생의 플렉스는 지금부터

아니었나 생각한다. 또 남녀차별이 심한 시대였음에도 딸과 아들을 차별하지 않았고, 자식들이 인정할 수 있는 대우를 해 주셨다.

가끔 우리가 잘못을 하면 바로 혼을 내는 것이 아니라 생각할 시간을 주셨다. 무슨 일을 잘못했는지 깨닫는 시간을 주려고 했던 것 같다. 그리고 여러 일을 모아 한 번에 혼을 내셨기 때문에 우리는 지난 일에 대해 생각하는 시간을 가질 수 있었다.

나는 1남 5녀 가운데 넷째 딸로 태어났다. 예전에는 딸이 많으면 마을에서 늘 관심의 대상이었나 보다. 그래서 행동거지 하나도 조심하지 않으면 안 되었다. 담장을 사이에 두고 있었지만 옆집에서 일어나는 일은 자연히 알려지게 되었기 때문이었다.

지금도 아버지를 생각하면 가장 공정하게 우리들을 대해주셨던 기억이 떠오른다.

어려운 살림이었지만 용돈도, 세뱃돈도 늘 차별 없이 주셨다. 때로는 공책을 사고 남은 돈으로 군것질을 하고, 사 가지고 간 빵을 몰래 가져다 드리면 같이 드시고 나서 '나도 공범으로 네 엄마한테 같이 혼나겠구나!'라고 하시던 아버지의 모습이 그리워진다.

지금처럼 빠르게 변하는 세상에 아버지처럼 기다려주고, 생각하게 하면서 자신을 돌아볼 수 있도록 도와주는 어른이 그립다.

그리고 다음으로는 주름이 고왔던 두 분의 할머니를 닮고 싶다.

우리 할머니는 내 밑에 남동생이 태어나서 그랬는지 유난히

날 사랑해 주셨다. 늘 내 편이셨던 할머니였다. 그래서 나는 더욱 할머니를 좋아했다. 그런 할머니가 내가 고등학교 3학년 때 돌아가셨다. 그런데 기차 안에서 만난 할머니가 돌아가신 우리 할머니를 닮아서 더욱 눈길이 갔다.

1980년대 대학에 다녔던 나에게는 가끔 공강(空講) 시간이 길어지는 날이면 열차를 타고 근처로 여행을 떠나던 습관이 있었다. 한창 시위가 있던 어느 날이었다. 그전부터 최루탄 가스로 힘들었던 한 주가 지나가고 새로운 한 주가 시작되었다. 그런데도 여전히 정상적인 수업이 진행될 것 같아 보이지 않았다. 그때 생각한 것이 가까운 산에라도 다녀오자는 것이었다. 그래서 발길 닿는 곳으로 가 보자고 탄 열차가 비둘기호였다. 지금은 사라진 열차지만 당시 비둘기호는 완행열차로 간이역마다 쉬어가는 서민들의 발이었다.

각 역마다 오르는 사람들은 그 지역 특산물을 싣고 가까운 장으로 팔러 다니는 보따리장수가 대부분이었다. 그래서 그 열차를 타면 그 지역의 말투와 억양이 아주 재미있게 섞이는 그런 묘미가 있어 좋았다.

"학생, 이거 하나 먹어 봐."
"참 좋을 때다. 나도 저런 시절이 있었지."
하시며 나눠주던 딸기며, 자두, 복숭아가 그렇게 달고 맛있을 수가 없었다.

　그런 정겨움이 있어서 자주 그 시간대의 열차를 이용하다 보니 한 할머니를 알게 되었다. 그분은 일찍 남편을 여의고 어린 자식들을 위해 농산물을 이고 이곳저곳을 돌아다니는 장돌뱅이가 되었다고 했다. 그렇게 고단한 삶을 살아가시는 할머니셨지만 얼굴에는 그늘을 찾아볼 수 없었다. 깊게 패인 주름이 있긴 했지만 나는 주름이 그렇게 고울 수 있다는 것을 그때 깨달았다. 주름이 새겨진 얼굴에는 자연스럽게 미소가 지어졌고, 그 미소는 정말 당시의 명화 이름처럼 백만불 짜리 미소로 보였다. 그저 상대방을 쳐다보는 모습조차 아름다운 미소를 띤 주름에서 그 할머니의 인품이 고스란히 드러나는 것 같았다. 그때 그 주름진 할머니의 모습을 보면서 나도 나이 들면 우리 할머니처럼, 또 그런 인자한 웃음을 간직한 그 할머니 같은 고운 주름을 가진 사람이 되고 싶다는 생각을 했다.

　요즘도 가끔 열차를 탈 때가 있다. 그러면 나도 모르게 학창 시절 만났던 할머니의 미소를 떠올리며 열차 안을 두리번거릴 때가 있다.

　이제 거울 속에 있는 나 자신이 그 할머니의 모습으로 변해가는 나이가 되었다. 나는 어떤 얼굴로 상대방에게 비춰질지 생각하면서 미소를 지어보기도 한다.

　마지막으로, 언제 어디서나 지난 삶을 돌아보며 내 얼굴에 책임을 지는 그런 사람이 되고 싶다.

요즘 들어 친구들과 함께 우리나라의 아름다운 산과 자연을 찾아다니는 시간이 많아졌다. 지난 2월에도 중학교 동창 몇 명과 함께 전라남도 강진에 있는 다산초당에 다녀왔다.

아침 일찍 출발해서 강진으로 가는 길에 눈이 내리기 시작하면서 우리들은 어린 시절로 돌아갔다. 눈이 쌓인 아름다운 모습에 반해 우리가 다닐 길이 불편할 거라는 생각은 아무도 하지 않았다. 즐거운 시간을 수다로 채우던 우리는 세 시간 이상을 가야 할 거리라는 것을 떠올리며 자연스럽게 음악을 듣게 되었다.

한동안 전국이 트로트 열풍으로 떠들썩했다. 그런 덕분인지 트로트를 아주 좋아하는 친구가 추천해 준 '여백'이라는 제목의 노래를 처음 듣게 되었다. 그런데 그 노래 가사가 그날따라 내 마음에 들어와 박혔다.

"손등에 있는 주름은 인생의 훈장이고 마음에 있는 주름은 욕심의 흔적이다."
"청춘은 아름답지 않을 때도 있고, 사랑도 늘 핑크빛일 수만은 없다."
"그저 마음에 따라서 변하는 욕심 속 물감의 장난 같은 것이 인생이다."
"사람들은 전화기 충전은 잘하면서 삶을 제대로 충전하지 못하고 살아갈 때가 많다……."
대략 이런 가사였는데 그 가사가 강하게 기억에 박혀 그 가사를 곱씹으며 강진에 도착했다. 그곳에서 나와 친구들은 다산박물관을 둘러보며 정약용 선생(1762~1836)의 삶을 돌아보고 다산초당으로 올라갔다. 250년 전, 유배지에서 다산 선생이 걸었던 그 길을 걸으며 차 안에서 들었던 노래 가사를 떠올렸다.

다산 정약용 선생은 19년의 유배 기간에도 자신을 돌아보며 한치의 흐트러짐 없이 세월을 견딘 분이다. 억울한 유배 생활을 하면서도 누구를 원망하거나 후회하는 삶을 살지 않았으며 오히려 백성을 위해 조선의 유학자가 가야 할 길을 담담히 걸어갔다. 그래서 남겨진 책이 〈목민심서〉를 비롯한 〈여유당 전서〉등 500여 권이 아니었던가?

유행가 가사 한 편이 가져온 놀라운 힘은 다산초당에서 백련사로 이어진 숲길을 걸으며 많은 울림을 주었다. 사의재(四宜齋)를 돌아 나올 때는 행동과 말과 태도와 용모까지 자기 자신을 성찰하고 살펴서 결코 후회하지 않는 선비의 삶을 살아간 다산 선생의 모습이 긴 여운을 남기며 뇌리에 박혔다.

며칠 전에는 라디오에서 한 유학생이 전해주던 멘트도 떠올랐다. 서울 강남 한복판에 성형외과가 즐비한 모습을 보고 놀랐다는 유럽 유학생의 인터뷰였다. 우리나라 미인들이 모두 예쁘긴 한데 특징이 없이 비슷해서 이해하기가 힘들다고도 했다.

"어떻게 사는 것이 우아하게 사는 것일까?"

얼굴의 주름을 없애고 젊게 살기 위해 의술의 힘을 빌리는 것도 나쁘다고 생각할 수는 없다. 그러나 자연스럽게 생긴 주름도 사랑하며, 내면의 아름다움을 위해 욕심을 버리고 자기를 성찰해 나가는 것이 더 우아한 삶을 살아가는 방법이 아닐까?

문득 거울 속에 비친 자신의 얼굴을 바라보며 그 얼굴에 새겨진 모든 것에 스스로 책임질 줄 아는 사람이 더 삶을 아름답게 살아가는 사람이 아닐까라는 생각이 들었다.

요즘 내 모습은 이 시대를 사는 젊은이들에게 어떤 모습으로 비춰질 지 사뭇 걱정스러울 때가 있다. 그때마다 아름다운 어른, 아름다운 사람으로 살아가야겠다는 생각을 한다.

어른이지만 젊은이들과 어울리며 그 세대를 이해하는 어른, 그리고 그 세대와 함께 이야기해도 말이 통하는 그런 사람이 되고 싶다. '아름답게 잘 산다는 것은 어떤 삶일까?'

나는 오늘도 '잘 살아간다'는 의미를 새기며 사는 그런 하루이고 싶다.

"만약 당신이 감사하는 마음을 가지게 된다면 당신은 알게 될 것이다. 삶이 얼마나 아름다운지를 말이다."

— 미국 작가, 로이 베넷(Roy T. Bennett)의 말

07

늘그막에 찾은 행복한 작업

– 이시현

어린 시절, 우리 부모님의 삶은 참 고달팠다. 어려운 형편에 줄줄이 달린 다섯 자녀를 키우기 위해 노년까지 쉬지 않고 일을 하셨으나 경제적인 사정은 좀처럼 나아지지 않았다. 거기에 더해진 오빠들의 말썽은 안 그래도 빠듯한 집안에 잦은 피해보상을 일으키는 일로 부부가 싸우는 주원인이 되었고 그로 인해 집안은 하루도 편할 날 없이 시끄러웠다.

나는 4남 1녀의 외동딸이자, 순번으로는 넷째이다.

남들은 외동딸이라고 사랑과 귀여움을 독차지했을 거라며 부러워했으나 조용할 날 없는 집안 분위기로 실상은 그렇지 못했다.

큰오빠는 나와 꽤 많은 나이 차이로 일찍이 분가하여 나갔지만 둘째와 셋째 오빠는 결혼하기 직전까지 함께 살았다.

두 오빠는 네 살의 나이 차이로 성격과 취향이 많이 닮아 있는 탓에 함께 행동하는 일이 많았으며 서로의 친구들과도 허물없이 지냈다.

한번은, 셋째 오빠의 친구가 다른 동네에서 맞고 오는 사건이 있었다. 평소 의리와 정의를 강조했던 두 오빠가 그 소식에 가만히 있을 리 없었다. 그들이 '독수리 5형제'가 된 양, 두 팔을 걷고 나서는 통에 동네가 발칵 뒤집혔다.

이가 나가고, 유리창이 깨지고, 팔이 부러지고......

속속히 늘어나는 피해자들로 우리 집 대문은 남아나질 않았다. 그 당시 나로서는 그들의 행동이 누구를 위한 의리인지 무엇을 위한 정의인지 도무지 이해할 수 없었으며 알다가도 모를 그 신념 때문에 매번 비슷한 일로 집안을 쑥대밭으로 만드는 오빠들이 나는 싫었다.

이처럼 혼란스럽고 경제적으로 어려운 환경에서 자란 나는 부모님의 뒷모습을 통해 어른이 되어 부모로 살아가는 일이 얼마나 고된지를 보았기에 앞으로 어른이 되는 것이 두려웠다.

그러나 삶은 내가 허락할 마음의 준비도 없이 흘러 어느새 나도 부모가 되어 용케 살아가고 있다.

인생은 부모님의 삶처럼 어느 것 하나 호락호락한 것이 없었으며 누구처럼 자식이 속을 썩이는 것도 아닌데 바닷가의 자갈밭

위를 걷는 양 조용할 날 없이 사부작거리며 흘러갔다.

"나는 네가 빨리 나이 들고 싶다고 말할 때마다 늙는 것이 뭐가 좋다고 그런 말을 하는지 이해 못 했어. 그런데 이제는 알겠더라"

이십 년 전 여러모로 가장 힘들 때 빨리 나이 들어 이 힘든 과정을 다 마쳤으면 좋겠다고 한 내 푸념을 자식들이 장성하여 홀가분해진 친구가 이제야 그 말뜻을 이해한 것 같다. 뒤돌아보면 거의 모든 문제가 해결되어 있음을 알듯이 어떤 문제에 직면해 있든 간에 시간이 해결해 준다는 것을 좀 더 일찍 알았더라면 '이 또한 지나가리라'는 믿음으로 조급해하지도 초조해하지도 않았을 것이다.

부모로서 해야 할 책임과 의무로 무거웠던 어깨가 자식들의 혼례로 가벼워졌다.

짝을 만난 아이들 사이에 우리가 낄 자리가 없고 간혹 섭섭한 일로 속도 상하기도 하고 옹기종기 모여 살던 집이 휑하니 넓어져서 적막이 흐른다 해도 나는 모든 걸 끝낸 지금이 좋다.

세월이 묻어난 내 얼굴은 누가 그려 놓은 건지 깊은 내천자(川)가 새겨져 고달픔이 녹아 있고 곱던 손등은 나무의 뿌리처럼 울퉁불퉁 튀어나온 핏줄로 살아 온 날들을 대변한다.

그리고 웃을 줄 모르는 표정 없는 내 얼굴에서 친정어머니의 모습이 투영되어 전혀 닮지 않았던 모녀의 얼굴이 어느새 닮아가고 있다. 나도 친정어머니처럼 열심히 살았나 보다.

"엄마! 이제 우리 걱정은 하지 말고 엄마를 위해 하고 싶은 것도 하고 여행도 다녀."

두 딸이 독립한다고 집을 떠나자 그 허전함과 공허로 몇 날 며칠을 우는 내게 딸들은 말한다.

어쩌면 자식들이 부모를 의지한 것이 아니고 부모가 아이들을 의지해 온 것임을 씩씩하게 떠나는 아이들의 뒷모습에서 우리가 자식으로부터 독립해야 하는 것임을 깨닫는다.

맡은 바 의무와 책임만이 끝내는 것이 아닌 마음의 독립까지 마쳐야 하는 것이 부모와 자식 간의 관계인 것이다. 나는 '품 안의 자식'이라는 말을 그렇게 많이 듣고 살았어도 정작 내 품을 떠나는 아이들로 인해 오랫동안 슬퍼했다.

'인생은 60부터라지.'

자식이 부모로부터 떠날 나이, 책임으로부터 가벼워질 나이, 그리고 홀로서야 할 시점에서 마음을 추스르고 씩씩하게 살자는 말처럼 다가온다.

'그래! 홀로서야지 그동안 못해본 것도 해보고 나도 멋지게 우

아하게 한번 살아보자.'

20대부터 지금까지 생각에만 그쳤던 꿈들이 떠오르며 무엇부터 시작해야 할지 머릿속이 복잡해졌다. '생각을 정리하고 싶을 때는 글로 써보는 것만큼 효과적인 방법은 없다'라는 워런 버핏의 말이 떠올라 노트와 펜을 준비한 후 정성껏 '나를 위한 행복 프로젝트'라고 써본다.

그런데 무엇을 어떻게 시작할 것인가를 한참 고민하며 먹먹히 흰 종이를 바라보는데 엉뚱하게도 살면서 섭섭했던 일, 힘들게 한 사람에 대한 미움, 나의 고초를 외면한 이들에 대한 원망과 분노들이 지면 위로 떠 올랐다. 마음 한구석에 아직도 끓고 있는 화들이 나를 바라보고 있었다. 그동안 용서하지 못한 상처들이다.

순간, 이 무거운 짐들을 내려놓지 않고서는 도저히 평온한 미래를 맞이할 수 없으며 계속 끌어안고 살다 가는 건강도 마음도 해칠 것이란 생각이 들었다.

그렇다. 내가 해야 할 일은 어떤 일을 멋들어지게 시작하는 것이 아닌 나를 위한 치유와 내려놓음이 가장 먼저였다.

나는 오랜 세월이 지났음에도 아직도 느껴지는 아픔들을 가만히 들여다보았다.

마음을 다한 일들이 원망과 미움으로 돌아와 상처로 남아있는 것들을 어떻게 치유할 수 있을까? 상식이 통하지 않는 세상에서 약자이기에 어쩔 수 없이 대응하지 못한 채 억울한 마음으로 묻어야 했던 일들로 사회를 곱게 바라볼 수 없게 된 닫힌 마음을 어떻게 열 것인가?

거센 폭풍을 만난 나무는 쓰라린 아픔을 바람에 날려버리고 비바람을 맞은 숲들은 얼룩을 비로 씻겨 보내듯이 나도 치유와 내려놓는 방법을 찾아야 한다.

그러던 어느 날 '글자에는 치유와 파괴의 힘이 있다'라는 글귀를 보게 되면서 글쓰기를 통한 치유 방법을 찾다가 심리상담자 박미라 작가님의 〈상처 입은 당신에게 글쓰기를 권합니다〉라는 책을 알게 되었다.

책의 표지에는 '누구든 작은 노트와 펜만 있으면 지상에서 가장 듣고 싶은 위로의 말을 자신에게 해줄 수 있으며 뿔뿔이 흩어져 혼란스럽던 생각들을 조금씩 글로 옮기면 생각지 못한 해답이, 자기 이해가, 통찰이 종이 위에 펼쳐진다'라고 쓰여 있었다. 나는 이 책이 나의 문제를 해결해 줄 거라는 확신에 방법을 찾고자 단숨에 읽어 내려갔다.

책에서는 주변에 긍정적인 반응을 해줄 상대가 없다면 글쓰기를 통해 정리되지 않는 마음의 문제를 종이 위에 털어놓으라고 이야기한다. 단 한마디의 말, 혹은 말이 되지 못한 괴성이라도 입을 열어 그동안 내면에 꾹꾹 눌러놓았던 소리를 글쓰기로 풀어

내는 순간, 고통은 서서히 줄어들며 누군가에게 말하지 않아도 발설을 위한 글쓰기가 충분한 치유의 힘을 가진다고 했다.

또한, 치유를 위한 글쓰기의 기능은 생각을 단순화하기 위한 기록이며 내면과의 대화로 자기 자신을 아주 솔직하게 만들며 글을 통한 나의 문제가 어느 순간 그 일에서 초연해지는 자신을 발견할 것이라고 말한다. 그리고 글로 옮기는 과정에서 이전에 생각하지 못했던 앎, 즉 통찰이 또 다른 나를 보는 체험을 할 것이라고 했다.

작가는 글쓰기를 통해 충분한 위로를 받을 수 있으며 치유로 접근하는 다양한 방법을 제시하면서 마음의 상처가 있는 분들에게 글쓰기를 해볼 것을 권고하였다.

'그래! 글쓰기를 통해 치유를 받자.'

나는 좋은 처방전을 만난 듯 가슴이 뛰었다. 글로 쌓여있는 묵은 짐들을 풀어 내려놓음을 연습하면 치유 받는 날도, 남은 인생을 새털처럼 가볍게 출발할 수 있는 희망도 올 것이다.

사실 내게 글쓰기는 오랜 짝사랑의 대상이다.

소질이 있어 그런 것도 아니고 글을 많이 써본 적도 없다. 하지만 그 묘한 끌림으로 많은 나이가 되어도 짝사랑을 떠나보내지 못하고 끌어안고 있었는데 마침, 두 가지의 목적을 이룰 수 있는 좋은 계기가 될 것이란 믿음이 왔다.

'글쓰기로 치유 받자'라고 결심하던 차에 지인으로부터 '글쓰기 챌린지' 카페를 추천받게 되었다.

매일 매일 정해진 하나의 주제에 맞게 글을 써서 보내면 부지런한 작가 선생님의 피드백을 다음 날 아침에 받아 볼 수 있어서 좋다. 어느 날은 글 전체에 틀린 부분이 체크 되어 오기도 하고 어느 때는 잘 읽었다는 선생님의 답글이 오기도 한다. 그런 날이면 100점을 맞은 아이와 같이 기쁘다.

글쓰기 챌린지는 글의 틀이 잡히지 않은 사람들에게는 좋은 배움터이다. 그러나 무엇보다 나에게는 마음의 응어리를 풀 수 있는 좋은 작업이며 다양한 주제를 통해 지난 삶을 돌아볼 수 있는 추억의 황금마차가 되어주었다.

나는 여러 가지 경로를 통해 글쓰기 연습을 한다. 그리고 서서히 나를 찾고 지난날의 얽힌 사연들을 하나하나 풀어가고 있다.

응어리진 일들을 지면에 놓고 객관적인 시야에서 바라보면 그 일들이 내가 생각한 고정된 사고가 꼭 정답이 아닐 수 있다는 새로운 해석으로 그들을 이해하려는 틈이 생기기 시작한다.

그러다 보면 딱딱한 각설탕이 물에 서서히 녹듯 내 마음도 풀리는 것을 느끼게 된다.

그리고 모든 원인은 나로부터 시작된 것임을 깨닫게 된다.

결국, 내가 내린 선택과 결정이었다.

아직도 남아있는 일들을 하나하나 풀어가며 마음속 응어리를 재해석 중이다.

늘그막에 만난 글쓰기 작업은 나를 살리는 작업이며 자기 성찰을 할 수 있는 좋은 기회이자 생각의 정리와 잡념을 버리는데 최고의 시간이 되어주었다.

또한, 문제가 생겼을 때 다각적인 면에서 바라보는 힘을 길러줄 뿐만 아니라 상대가 쉽게 이해할 수 있게 올바른 대화를 구사하려고 노력을 하게 된다.

참 얻는 것이 많은 작업이다.

시인 정지용 선생님은 글은 인간의 마음을 담아 전하는 그릇이라 하셨다.

글쓰기를 통해 지난날의 아픔을 치유 받고 삶에서 배운 지혜와 깨달음 그리고 세상의 아름다움을 글로 담아보고 싶은 욕심도 생겼다.

분명 그 욕심이 내게 즐거운 일이 될 것이며 남은 삶을 멋지고 우아하게 나이 들고 싶은 소망에 큰 선물이 될 것이라 믿는다.

나이 든다는 것은 육체의 노화로 인해 행동의 한계는 있겠으나 모든 걸 다 잃는 것은 아닐 것이다. 우리는 늙어가는 것에 슬퍼할 것이 아니라 늙음이 주는 선물도 있음을 알아야 한다.

자식으로부터의 독립에서 오는 평안함, 그동안 가족에게 빼앗긴 시간을 오롯이 나를 위해 쓸 수 있게 된 것이다. 지금까지 해보지 못한 것에 대한 도전과 성취감을 얻을 수 있는 기회를 잘 활용하여 나만의 소소한 즐거움을 찾아보자.

멋지고 아름답게 나이 드는 방법에 정답이 있는 건 아닐 것이다. 그저 내가 해서 즐거운 일, 내가 해서 보람된 일, 내가 해서 흥이 나는 일을 하고 지낸다면 이것이 우리가 원하는 행복이 아닐까?

나처럼 마음의 상처가 있는 분들에게 글을 써보라고 권하고 싶다. 후회만 가득한 과거의 일로 어리석은 삶을 살지 않길 바라기 때문이다. 글은 마술사다. 새로운 세상을 바라보는 마음과 시선을 가져다주며 그로 인해 분명 무거운 마음에서 어느새 해방되어 있음을 느낄 것이다. 그리고 모든 것을 포용하고 조용한 조언을 주는 변치 않을 영원한 친구가 되어줄 것이다.

어느덧 우리의 아픈 생채기는 폭풍으로 성난 파도가 서서히 고요하게 보석처럼 반짝이며 출렁이듯 언젠가는 글을 통해 슬픔이 사라지고 분노가 가라앉는 평온을 체험하게 될 것이다. 그리고 행복하게 살고자 하는 우리에게 좋은 방향성을 제시해줄 것이다.

나는 오늘도 내게 주어진 밀린 숙제를 다 마치고 아름답게 나이 닮을 생각하며 끄적인다.

늘그막에 찾은 작업으로 인해 마음의 굴레에서 벗어나 자유를 맞이한다.

'나는 글을 쓰는 것을 통해 모든 것을 떨쳐버릴 수 있다.

그리고 글을 쓰는 것을 통해 슬픔이 사라지고 용기가 다시 태어나게 된다'

– 안네 프랑크

제2장

행복한 미래를 위한 건강한 삶

01

건강한 삶의 여정

– 김은미

"이쁜이 일어나. 학교 갈 시간이야."

"학교 가기 너무 싫어. 학교는 대체 누가 만든 거야?"

아이가 사춘기에 접어들자 부쩍 잠이 늘었다. 게다가 밤늦게까지 핸드폰을 친구삼아 놀다 보니 아침에 일어날 때마다 볼멘소리로 투덜거린다.

"아유, 우리 딸 오늘은 정말 피곤한가 보구나?"

"엄마, 사람의 끝은 결국 죽는 거잖아요.
그럼 사는 건 하루하루 죽음을 향해 가는 거 아니에요?

내 인생의 플렉스는 지금부터

어차피 죽을 건데 꼭 열심히 살아야 해요?

먹고 싶은 것 먹고, 하고 싶은 것 하면서 좀 편하게 살면 안 돼요?"

"오! 그렇기도 하네. 엄마는 미처 생각해 보지 못했는데 말이야. 흠……. 그래도 일단 건강은 좀 챙겨가면서 살아야 하지 않을까?

언젠가 정말 이루고 싶은 꿈이 생길 수도 있잖아."

아이는 잠이 가득 든 눈으로 몇 번의 투정을 더 부리다가 일어났다. 화장실로 들어가는 딸의 뒷모습을 보면서 딸의 질문에 대한 내 대답이 생뚱맞다고 생각했다. 나는 왜 갑자기 건강에 관한 이야기를 했을까? 핸드폰을 하느라 늦게 잠드는 아이의 생활 습관이 걱정되었기 때문이리라. 아이가 초등학생까지는 일정한 생활 습관을 유지했고, 핸드폰도 꼭 필요할 때만 잠깐씩 썼다. 가족들이 함께하는 시간을 늘리기 위해 체험을 다니거나 운동, 보드게임을 하고, 시간을 정해 같이 책을 읽고, 대화도 나누며 재미있게 보냈다. 그런데 아이들이 중학교에 진학한 후로는 함께할 수 있는 시간이 급격히 줄어들었다. 부부의 퇴근 시간과 아이들의 하원 시간이 달라 식사도 각자 한다. 아이에게 핸드폰은 제3의 팔이 되어 버려서 식사할 때도, 화장실에 갈 때도, 잠자리에서도 늘 함께한다. 그로 인해 수면량과 수면의 질이 현저히 줄어들고, 매사에 시큰둥하다. 틈만 나면 누워서 핸드폰을 하는 아이의 모습에 혹여 건강이 약화 될까 염려가 되었다.

그런데 아이만 그럴까? 나는 과연 건강하게 살고 있나? 내 삶에서 건강을 해치는 요소는 무엇일까? 나는 유독 잠이 많은 사람이었다. 머리만 대면 잠이 들었고, 하루 8시간 이상을 자야만 피로가 풀렸다.

그러나 결혼 후 아내, 며느리로 살면서 8시간 수면은 사치였다. 엄마가 되고부터는 4시간 만이라도 깨지 않고, 아무런 일 없이 편하게 푹 자보는 것이 소원이었다. 늘 잠이 부족해서 피곤했지만 엄마라면 당연히 감수해야 하는 일이니 잠을 줄여서라도 해야 할 일을 완수하려고 열심히 살았다. 간혹 늦잠이나 낮잠을 자게 되면 게으르게 인생을 낭비했다는 생각에 자신을 더욱 채찍질하며 시간을 쪼개서 살아왔다.

그토록 좋아하는 잠을 줄여서라도 열심히 사는 것이 당연했던 나에게 딸의 질문은 매우 대답하기 어려운 논제이다. 내 삶의 기준을 아이한테 들이대자니 가혹하다. 그리고 사회의 가치가 변해서 더 이상 통하지 않는다. 하지만 아이의 말에 동의하자니 아이가 너무 설렁설렁 살게 될까 걱정이 앞섰다. 한편으로는 아이가 이런 고민을 할 만큼 많이 컸구나 싶어서 대견하다. 아이를 학교에 보낸 후 아이의 말을 곱씹어 보았다.

　과연 우리의 삶은 죽음을 향해 한 발 한 발 걸어가는 삶인 걸까? 결과론적으로 보면 아주 틀린 말은 아니다. 그러나 삶이 과연 결과로만 이야기할 수 있는 것일까? 어릴 때 학교에서는 좋은 결과를 내는 것이 중요하며, 반드시 세상에 쓸모 있는 사람이 되어야 한다고 배웠다. 하지만 나의 지난날을 되돌아보면 순간순간이 그 자체로 빛나고 있다. 무심하게 흘려보내는 것 같은 하루하루에는 나의 모든 가치관과 신념, 열정이 녹아있었다. 삶이 과정일 때 우리는 꿈을 꿀 수 있고, 꿈을 향해 걸어갈 수 있으며, 기필코 꿈을 이루어낼 수 있을 것이다.

　우리가 꿈을 이루는데 건강한 정신과 신체는 큰 도움이 된다. 나는 작년에 건강을 유지하지 못해서 큰 곤욕을 치렀다. 잠이 부족해도 버틸 수 있었던 예전과 달리 5~6년 전부터 유독 피로가 자주 쌓이더니, 평생 유지했던 날렵한 몸에 군살이 붙기 시작했다. 특히 배부터 종아리까지 둥글게 살이 붙으면서 몸에 점점 힘이 빠졌다. 살이 찌니 무거워서 움직임이 둔해지고 식사량도 줄고, 틈만 나면 더욱 간절히 자고 싶어졌다. 밤에 잠이 들면 악몽에 시달리면서 수면의 질이 하락하니 식사량이 줄었음에도 몇 달만에 급속히 살이 붙기 시작했다. 작년부터는 여기저기 아프기 시작하면서 신경은 점점 날카로워져 짜증도 늘었다.

이대로는 안 되겠다는 생각에 건강검진을 받았다. 검진 후 의사 선생님께 내장 지방률 38%라는 충격적인 결과를 들었다. 한 번도 올라가 본 적 없는 콜레스테롤 수치가 올라갔고, 지방간도 시작됐다고 하셨다. 의사 선생님께서 근육이 현저히 줄어들었으니 지방은 15kg 감량하고, 근육은 3kg 증량하라는 처방을 내려 주셨다. 세상에, 내가 비만이라니! 너무나 충격이었다.

다음 날부터 바로 식단을 조절했다. 누구나 알고 있는 바로 그 방법 말이다. 방법은 알지만 시도하지 않았던 것들을 시도했다. 아침은 과일과 채소로 가볍게 먹고, 점심에는 가리지 않고 음식을 먹되 절반만 먹었다. 저녁은 샐러드와 고기를 먹고 8시 이후의 야식도 끊었다. 국물요리는 건더기만 건져 먹었다. 목이 마르지 않아도 수시로 물을 마시려고 노력했다. 간식을 끊고 공복시간을 늘리면서 위장을 쉬게 했다.

식단 조절과 함께 걷기 운동부터 시작했다. 근처에 하천 산책로가 있는데 횡단보도 없이 죽 이어져 있어 빠른 속도로 걷기 운동을 하기에 제격이었다. 처음 일주일은 발목이 아팠지만 발목 스트레칭을 하면서 풀어주고 속도를 줄이니 큰 무리가 없어서 계속 걸을 수 있었다. 다음 일주일은 골반이 아팠다. 안 하던 운동을 해서 온몸이 비명을 지르는 것 같았다. 여기서 그만둘까 더 할까 고민이 됐다. 하지만 며칠만 더 해보자는 심정으로 천천히 운동량을 늘려나갔다. 3주차가 되었을 때는 발목도, 골반도 부드러워져서 하천의 산책로 끝까지 걸어갔다가 되돌아올 수 있었다. 어느새 하루에 8km는 거뜬히 걸을 수 있는 체력이 되었다.

그즈음 한의원에서 약을 처방받아 같이 먹으면서 식단과 운동을 꾸준히 병행한 덕에 서서히 살이 빠지기 시작했다. 살이 빠지니 몸이 덜 아프고, 근육이 붙으니 덜 피곤했다. 운동 전에는 외출 한번 하고 오면 무조건 기대서 쉬거나 잠깐이라도 눈을 붙여야 했다. 그런데 운동을 시작한 이후로는 낮잠을 자거나 늘어지는 일이 줄어들었다. 아침에 눈을 뜬 후 침대에서 버둥거리던 예전과 달리 거뜬하게 일어날 수 있었다. 가끔 너무 피곤할 때는 걷기 외에 근력운동을 추가로 했다. 잠시 짬을 내 헬스장에 들러 기구 운동을 가볍게 하면 다시 힘이 나서 남은 집안일을 마칠 수 있었다.

3개월여 만에 눈에 띄게 몸무게가 감소하면서 원래의 몸무게로 돌아왔다. 체지방 검사를 했을 때 근육이 증량되고 지방이 확연히 감소 되어 체지방률이 24%까지 내려갔다. 몸이 가벼워지자 자연스레 짜증이 줄고 감정의 기복도 낮아졌다. 맞지 않아 넣어뒀던 옷을 다시 꺼내 입고, 저녁 늦게까지 일해도 지치지 않았다. 무슨 일이든 할 수 있을 것 같은 자신감이 샘솟았다.

"이게 바로 근육의 힘이구나!"

감탄하면서 보낸 나날들이었다.

1년이 지난 후 일이 점점 늘어나면서 운동하는 날이 줄어들었다. 덩달아 가정의 달을 맞아 외식이 잦아지면서 애써 줄여놨던 위의 양이 서서히 늘기 시작했다. 늦은 퇴근으로 식사를 제때 챙기지 못해 밤늦게 식사하는 일이 다반사였다. 야금야금 살이 다시 찌기 시작하더니 1년 반 만에 다시 15kg이 늘어났다. 그토록 맞이하고 싶지 않았던 요요현상이 온 것이다.

한 번 맛본 날렵함은 너무 달콤했으나 요요는 더욱 집요했다. 바쁜 업무로 인해 운동할 시간을 확보하는 것이 난제인 지금은 주말 아침이라도 나가려고 노력한다. 새벽 일찍 눈을 뜬 남편과 함께 천천히 하천을 걸으며 한 주의 삶을 나눈다. 함께 행복한 노년을 맞기 위해 지금 한 번이라도 더 걸으려고 애쓰고 있다. 그래서 다시 가볍고 날렵할 때의 그 달콤함과 넘치는 힘을 되찾을 것이다. 남은 삶의 여정을 차곡차곡 채우기에 부족함이 없도록 말이다.

"우리가 할 수 있는 가장 기막힌 경험 중 하나는 아픈 뒤
건강해졌음을 느끼면서 잠에서 깨는 것이다."

– 랍비 해롤드 쿠쉬너

아내는 생명의 은인이다

— 김원배

쇼펜하우어는 "건강은 만사의 즐거움과 기쁨의 원천이 된다." 라고 말했다. 나는 어려서부터 신체적으로 약했고, 결혼하기 전까지는 자주 체해서 먹는 것을 제대로 소화하지 못했다. 그래서 크고 작은 병을 달고 살았다. 또 기름진 음식이나 라면 같은 면류를 먹으면 꼭 체해서 소화제를 먹고 바늘로 손가락 끝을 따기도 했다. 군대에 입대해서야 습관적으로 체했던 것이 조금 괜찮아졌다. 식사를 하고 몸을 많이 움직였기 때문일 것이다. 그러나 군대를 제대하고 다시 일상으로 돌아오면서 조금만 많이 먹거나 면류, 육류 등을 먹으면 다시 체하기를 반복했다.

결혼을 하고도 이런 상황은 반복적으로 발생했으며, 나름의 해결책으로 소화를 촉진시키기 위해 맥주를 자주 마셨다. 맥주를 마시면 속이 편해지고 소화가 되는 느낌이 들었기 때문이다. "당신 위 내시경 해봐야 하는거 아니야?"라며 아내가 걱정스럽게 말을 한다. 내시경이면 굵은 선이 목으로 들어가는거 아냐? 그걸 어떻게 해. 나는 덜컥 겁이 났다. 아내는 자주 체하는 나를 보면서 검사가 필요하다고 설득했다. 요즘 일반적으로 하는 수면 내시경이 아니라 일반 내시경으로 식도에 손가락보다 굵은 내시경 줄을 맨정신으로 넘겨야 했다.

큰 마음을 먹고 아내의 말대로 위 내시경을 하기로 했다. 검사실에 들어갔는데 내시경 장비가 눈에 들어왔다. '저 기구가 목으로 넘어간다고?' 나는 도저히 할 자신이 없었지만.. 이미 때는 늦었다.

의사 선생님의 지시대로 심호흡 하면서 태어나서 처음으로 굵은 줄을 식도로 넘겼다. 켁켁 거리면서 모든 걸 토해내며 힘들게 검사를 마쳤다. 정말 생전 처음 경험하는 검사였다.

일주일이 지난 후에 조직 검사 결과를 듣기 위해 다시 병원을 내원했다. 음식만 먹으면 자주 체했던 이유는 헬리코박테리아 때문이라고 원인을 찾아주셨다. 다른 사람들에 비해 헬리코박테리아가 많다 보니 자주 체했던 것이라는 의사의 말이다. 일단 원인을 알았으니 치료를 해야했다. 의사는 두 달치 약을 처방해주셨다. 아주 많은 약을 아침 점심 저녁으로 먹어야했고, 나를 괴롭혔던 헬리코박테리아가 죽어서 변으로 배출되는 것을 바라보면서 내 몸이 변하는 것을 느꼈다.

위장장애의 원인을 제거하자 기름진 음식과 라면을 먹어도 체하지 않고 소화가 잘 됐다. 잘 먹고 소화도 잘 되자 체중이 늘면서 뱃살이 나오기 시작했다. 58키로그램이었던 체중이 65키로그램을 넘어 옷도 새로 구입 해야 했다.

위장 문제는 해결됐는데 또 하나의 문제가 턱하니 나타났다. 직장에서 건강검진을 할 때마다 콜레스테롤 수치가 높게 나온 것이다. 남들은 검진 전날 술을 마시고 검사를 해도 정상인데, 나는 1주일 전부터 금주하고 검사를 해도 수치가 높게 나왔다. 아내는 매의 눈으로 검사결과를 분석하더니 병원 가서 다시 검사해보고 원인을 찾자고 했다. 주사 바늘로 피를 채혈하는 것이니 나도 은쾌히 수락했다. 병원 진료 예약을 한 후, 전날 부터 금식을 하고 아침 일찍 병원을 방문했다. 일주일 후 검사결과를 들으러 병원에 갔다.

"콜레스테롤 수치가 높습니다. 약을 복용하셔야 합니다, 유전적으로 높을 수 있습니다. "의사선생님의 말씀이다. 가끔 헌혈도 했는데 내 피는 콜레스테롤이 높아서 사용할 수 없다고 말을 한다. 그 이후로 헌혈을 하지 않았다.

40대 초반 부터 지금까지 콜레스테롤 약을 복용중이다. 운동을 하고 금주를 하면 정상으로 돌아온다. 금주와 운동만이 유전적 콜레스테롤을 치유할 수 있다고 한다.

2020년 2월 제주도 올레길을 걸었다. 정은상님과 5일 동안 매일 걷고 저녁에는 반주로 막걸리를 마셨다. 제주도 여행을 마치고 피검사를 했다. 정기검사를 받았는데 콜레스테롤이 정상으로 나왔다. 올레길 걸으면서 땀으로 중성지방과 피에 섞인 기름진 성분들이 배출된 것이다.

이때 비로소 깨달았다. 술을 마시더라도 꾸준히 운동하는 자만이 건강을 지킬 수 있다는 사실을 말이다. 술을 마시지 않고 운동해야만 나이를 먹어도 건강을 유지할 수 있다는 것이 진리였다.

아내는 나의 검진 결과를 분석하고 나의 몸 상태를 항상 체크해 준다. 아내 덕분에 결혼 후 32년을 아주 건강하게 살고 있다. '돈을 잃으면 조금 잃는 것이요, 명예를 잃으면 반을 잃은 것이요, 건강을 잃으면 전부를 잃은 것이다'라는 명언이 있다.

오십 중반을 살아오면서 행복한 미래를 구상하는 데 가장 중요한 것은 육체적 건강과 정신적인 건강이라는 것을 절실히 느끼고 있다. 우리가 건강을 유지하는 것은 단순히 질병이 없는 상태를 넘어서, 신체적, 정신적, 사회적으로 완전한 상태를 이루는 것을 의미한다. 건강한 삶이 어떻게 행복한 미래로 이끌 수 있는지에 대해 생각해 봐야 한다.

2020년 아내는 쉰 살이 넘었으니 뇌 MRI 촬영을 해보자고 했다. 평소 별 증상이 없었기 때문에 가벼운 마음으로 겨울방학이던 2월에 아내가 근무하는 병원에서 촬영했다. 결과는 예상과 달리 아주 작은 검은 점이 발견됐다. 의사의 소견으로는 평소 아무 증상이 없었다면 태어날 때부터 검은 점이 있었을 것이라고 했다. 아내는 큰 병원으로 가서 다시 검사받자고 제안했다. MRI 촬영 자료를 가지고 S병원에 예약 신청을 했다. 2020년 12월 S병원에서 진료를 받으면서 충격적인 얘기를 듣게 된다. 나에게 알게 모르게 뇌경색이 다녀갔다는 것이다. 아내는 아무 반응이 없었는지 계속 물었지만 나는 전혀 인지하지 못한 부분이다. 나에게 뇌경색이 찾아왔다니, 나도 충격이었다. 이때부터 혈전용해제를 먹고 있다. 지금 생각해 보니 한창 술을 많이 마시고 다녔을 때 가끔 한쪽으로 몸이 기우는 듯한 느낌이 있었는데, 아마도 그때 뇌경색 증상이 있었던 것 같다.

아내가 병원에 근무하면서 매년 복부 초음파도 촬영하고 있다. 담낭에 조금한 돌들이 있는 것을 알게 됐지만 크기가 변하지 않아서 지켜만 봤다. 2020년 아내가 퇴직을 한 후에는 여의도에 있는 내과에서 관리를 받고 있었다. 2022년 2월 정기적인 복부 초음파 검진을 했는데 담낭에 돌들이 많아졌다. 의사는 제거 수술을 받는 것이 좋겠다는 의견이다. 담낭 전문병원을 검색하고 전화해 보면서 8월에 청담동에 있는 병원에 검진 예약을 했다. 청담동에 있는 병원에서 진료를 받고 지금 복용하고 있는 약들과 뇌경색이 있었다는 것까지 얘기를 하고 상담을 받았는데 의사 선생님이 수술을 할 수 없다는 것이다. 의사선생님 말씀은 뇌경색 증세가 있었기 때문에 수술중 잘 못 될 수 있다는 것이다. 수술할 수 있는 시스템이 잘 갖춰진 대형병원이나 대학병원에서 받는 것이 좋겠다는 소견이다. 우리는 어쩔 수 없이 병원문을 나서면서 고지혈증을 관리하고 있는 서울대 병원에 담낭 담당 선생님을 찾아서 수술 예약을 했다. 2022년 12월 서울대 병원을 방문하여 진료를 받고 2023년 2월 13일 월요일에 수술 날짜가 잡혔다. 수술한지 1년이 지났다. 지금 나는 '쓸개 없는 남자'로 살고 있다. 음식을 먹으면 가끔 설사를 하기도 한다. 그런데 생활 하는데 불편함은 없다.

나에게 아내가 없었다면 나의 삶은 어땠을까? 라는 생각을 해 본다. 얼마전 군대 동기 모임에서 38년 만에 처음 만난 군대 선임이 "군대 시절 저 아이가 군대생활을 제대로 할까?"라고 생각했단다. 아내를 만나면서 몸이 변하기 시작했고 체중도 늘면서 건강을 찾은 것 같다. 아내는 평생 내 생명의 은인이다.

오십 중반이 되다 보니 신체 건강이 중요함을 새삼 느끼고 있다. 규칙적인 운동, 균형 잡힌 식사, 충분한 수면은 신체 건강의 삼대 요소라고 생각한다. 이러한 습관들은 체중 관리와 만성적인 질환을 예방해 주는 것 같다.

건강한 삶은 단순히 장기적인 생존을 넘어서, 풍요롭고 만족스러운 삶을 영위하는 데 필수적이다. 우리가 신체적, 정신적,

사회적 건강을 돌보고 투자할 때, 우리는 더 밝고 행복한 미래를 향해 한 걸음 더 나아갈 수 있다. 이러한 건강한 습관들은 우리 개개인뿐만 아니라 사회 전체의 복지를 증진시키는 데에도 중요한 역할을 한다. 따라서 건강한 삶을 추구하는 것은 모든 사람의 책임이며 동시에 권리라고 할 수 있다.

우리 각자가 스스로의 건강을 소중히 여기고 관리하는 것이 중요하다. 건강한 식습관을 유지하고, 정기적으로 운동을 하며, 충분한 휴식을 취하는 것은 우리 모두가 행복한 미래를 향해 나아가는 첫걸음이다.

"자신의 몸, 정신, 영혼에 대한 자신감이야말로 새로운 모험, 새로운 성장 방향, 새로운 교훈을 계속 찾아나서게 하는 원동력이며, 바로 이것이 인생이다."

– 오프라 윈프리

마음이 건강해야 몸이 건강하다

— 박춘이

몸이 아픈 사람들을 보면 안쓰럽다는 생각이 들었다. 하지만 온라인에서 다양한 사람들을 만나면서 몸보다 마음이 건강해야 한다는 것을 깨달았다.

나는 깡마르고 작았던 체구 때문에 남들이 보기엔 가녀려 보였을지 몰라도 힘이 센 아이였다. 웃음도 많아서 사람들이 내 웃는 모습이 참 보기 좋다고 말했다. 그렇지만 사실 나는 그런 말들이 그리 반갑지 않았다.

어린 시절, 맞벌이로 바빴던 부모님의 늦둥이로 태어난 나는 형제들과 생활 패턴이 달라서 늘 혼자 지내야 했다. 그 외로움을 달래기 위해 집 밖으로 나가 있는 시간이 많았다. 어릴 때는 친구들과 노는 것이 좋았지만 성장하면서 오히려 이런 생활이 나를 더 외롭게 만들었다.

나는 당시 5층짜리 단층 아파트 대단지에 살고 있었다. 지금과는 달리 초등학교 시절엔 놀 곳이 마땅치 않았기에 아파트 사이사이 공간이 우리들의 최고 놀이터였다. 그곳에서 고무줄 놀이도 하고, 이어달리기 놀이도 하면서 많은 시간을 보냈다. 그렇게 놀다 보면 내가 제일 싫어하는 저녁 시간이 찾아왔다. 해가 저물 무렵이면 집집마다 엄마들이 창문을 열고 아이들에게 밥 먹으러 들어오라고 소리쳤다. 나도 5층 우리 집을 바라보았지만 늘 깜깜하게 불이 꺼져 있었다. 그런 집에서 내 이름을 부를 리가 없었다.

처음에는 친구 집에 따라가서 저녁을 많이 얻어먹었다. 하지만 어느 날 친구의 오빠가 "쟤는 엄마가 없어? 왜 맨날 우리 집에서 저녁을 먹어?"라고 말하는 소리를 들었다. 그 자리에서 일어나 집으로 뛰어갔다. 집으로 들어가면서 괜히 벨을 눌렀다. 다른 사람들에게 나도 집에 엄마가 있는 아이처럼 보이고 싶어서 일부러 "엄마!!"하며 외쳤다. 쓸쓸히 열쇠로 문을 열고 들어가 신발을 벗기 전에 깜깜한 집 안을 향해 소리쳤다.

"엄마!! 오늘 저녁은 뭐야?

○○이랑 달리기 놀이했는데 우리 팀이 이겼어…

…

…

나도!!
엄마가 창문 밖으로 밥 먹으러 오라고 소리쳐 줬으면 좋겠어!!!"

아무리 소리쳐도 적막만 흐르는 깜깜한 집 안을 바라보며 나는 그 자리에 주저앉아 엉엉 울어 버렸다.

부모님과 집에 같이 있어도 평화롭게 대화할 수 있는 환경은 아니었다. 성향이 정반대였던 두 분은 부부싸움을 많이 했다. 성인이 되어 바깥 활동이 많아진 다른 형제들과는 달리 나는 온전히 집에서 그 상황을 맞닥뜨려야 했다. 부부싸움의 소리도 컸고 한 동네에서 오래 살아서 다른 사람들이 이 사실을 알게 될까 봐 늘 노심초사했다. 부모님의 싸움 뒤에 나에게 닥치는 후폭풍은 나를 더 괴롭게 만들었다.

나의 외롭고 내성적인 성격과 불안했던 가정 환경이 친구들에게 알려지는 것이 싫었다. 자존심이 강해서 이런 부정적인 부분을 들키고 싶지 않았기 때문이다. 그래서 일부러 더 활발하게 행동하고 웃음이 많은 척 연기했다. 그렇게 애써 만든 가짜 모습을 다른 사람에게 인정받는 것은 좋았지만 한편으로는 인정을 받을수록 내 자신이 더 비참하게 느껴졌다. 점점 내 자신을 속이고 살고 있다는 자괴감이 커지면서 사람들과 어울리는 것을 좋아했던 나는 점점 집 안으로 숨어들기 시작했다.

가족들에게조차도 속마음을 제대로 표현하지 못했던 나는 내 이야기를 잘 들어주고 이해해 주는 지금의 남편을 만나 결혼까지 하게 되었다. 결혼을 하고 나서야 내가 가지고 있던 불안감이 많이 해소되었다.

우리는 젊어서 건강에 크게 신경 쓰지 않고 지냈다. 그러던 중 둘째 아이가 100일 정도 되었을 무렵, 친정아버지께서 뇌경색으로 쓰러지셨다. 아버지는 이미 5년 전 첫째 아이가 어렸을 때 심근경색으로 쓰러지신 적이 있었다. 하지만 시간이 지나면서 아버지 본인도, 가족들도 모두 그가 아프다는 것을 잊고 지냈다. 그렇게 간과하던 사이에 딱딱하게 굳어진 혈전은 아버지의 뇌로 향하고 있었다. 아버지는 시술 도중에 뇌출혈이 발생하여 언어와 오른쪽 신체 기능을 잃게 되셨다. 그 후 5년 동안 병원에 누워만 계시다가 말씀 한 마디도 못하시고 결국 돌아가셨다.

투병 기간이 길어져 마음의 준비는 하고 있었지만 막상 돌아가시니 많이 힘들었다. 더군다나 아이들이 어려서 아이들을 챙기느라 온전한 슬픔을 느끼지 못한 나는 그로 인해 마음의 병이 생겼다.

최근에는 시어머님께서 유방암 진단을 받고 수술과 항암치료를 받으셨다. 더 큰 문제는 당뇨병과 고혈압 등 기존에 가지고 있던 지병이 많아서 약을 먹거나 건강을 회복하는데 많은 제약이 있다는 점이었다.

가족들의 건강에 문제가 생기면서 나도 내 건강을 돌아보게 되었다. 가족들에게 생긴 병의 원인은 모두 마음의 아픔에서 비롯된 것이었다. 이를 깨닫고 나서부터는 몸 건강보다는 마음의 건강을 챙기기 시작했다. 마침 사춘기를 맞은 큰 아이와의 트러블로 힘들었기에 마음과 심리에 관한 책을 많이 읽기 시작했다. 그 덕분에 몰랐던 부분을 많이 알게 되었고 아이와 남편의 이해되지 않았던 부분을 이해할 수 있게 되었다. 하지만 안타깝게도 이러한 노력은 현실적으로 나를 변화시키지는 못했다.

그러다 평소 알고 지내던 분이 NLP 과정(인간이 어떻게 보고 듣고 느끼는지를 알아내어 조직화하며 또 감각을 통하여 외부세계를 어떻게 편집하고 여과해 내는지를 다루는 심리 인지 과정)을 오픈한다는 소식을 듣고 바로 신청하여 마음 공부를 시작했다. 현실적으로 적용할 수 있는 부분을 배울 수 있어서 좋았고 무엇보다 내 생각의 틀을 깨는 데 큰 도움이 되었다.

어린 시절의 외로움과 사랑하는 가족들과의 이별 등 큰 아픔을 경험하면서 나를 힘들게 했던 것은 다름 아닌 내 자신이라는 사실을 알게 되었다. 주변 환경과 사람들 때문에 힘들었던 것이 아니라 내가 스스로 그렇게 만든 것이었다.

내 자신에게 사랑과 격려를 해줄 마음의 여유가 없었기에 남들을 돌아볼 여유도 없었다. 매번 불평불만을 하기에 바빴고 스스로를 불행한 사람이라고 생각하며 살았다. NLP를 공부하면서 단지 의식의 방향만 바꾸었을 뿐인데 세상이 다르게 보였다. 내 자신을 믿고 사랑하고 응원하게 되니 다른 사람들에게도 자연스럽게 그런 마음이 생겼다.

마음이 편해지자 하고 싶은 일이 잘 풀리기 시작했다. 욕심이 생겨서 잠을 줄여가며 열심히 일했다. 하지만 모든 일에는 균형이 필요한 법. 몸을 돌보지 않으니 조금씩 문제가 생겼다. 컴퓨터 앞에 앉아 일하는 시간이 많아지면서 일주일 내내 집 밖에 나가지 않는 경우도 생겼고 급격히 살이 쪄서 무릎과 허리가 아파오기 시작했다. 몸이 불편하니 멘탈까지도 흔들리게 되었다.

다행히 마음 공부를 해둔 덕분에 힘든 상황에서 빠르게 회복할 수 있었다. 하지만 이런 식으로 한쪽에만 치우친 건강을 유지하다가는 그동안 공들인 마음 건강마저도 무너질 수 있겠다는 생각이 들었다. 그래서 남편과 함께 아침 운동을 시작했다. 남편과 함께였기에 시작할 마음을 먹을 수 있었다. 아이들을 학교에 보내고 난 후 집에서 좀 떨어진 공원까지 걸어가서 본격적으로 뛰기와 걷기 운동을 했다. 아침 시간에 운동하는 사람들이 참 많았다. 온라인 세상에 처음 들어왔을 때처럼 운동장에서 걷는 것도 낯설고 어색했다. 하지만 옆에서 함께 걷는 남편 덕분에 그런 기분도 금방 사라졌다.

트랙을 따라 돌다 보면 인생과 같다는 생각이 든다. 첫 바퀴를 편하게 돌든, 5바퀴째 힘들게 돌든, 인생은 같은 자리를 맴돈다. 다만 그 자리를 어떻게 받아들이느냐에 따라 다르게 느껴질 뿐이다.

1인 지식 창업을 하다 보면 혼자라서 많은 것을 놓칠 때가 많다. 그저 앉아서 손가락으로 타자를 칠 수 있다고 해서 노후까지 이 일을 이어갈 수 있을지 장담할 수는 없다. 다른 사람을 돕기 전에 내 마음부터 헤아릴 수 있어야 한다. 내 마음을 편하게 바라보기 위해서는 땅에 두 발로 흔들림 없이 딱 서 있을 수 있어야 한다.

아기들이 걸음마를 떼고 나면 걷고 서는 것이 당연하게 여겨지게 된다. 하지만 나이를 먹어가면서 그 과정들이 결코 당연한 것이 아니었음을 느끼게 되었다. 쉽게 이루어진 것들을 당연하게 여겼었지만 세월이 흐르고 내가 변하면서 그것들이 당연한 것이 아님을 깨닫게 되었다. 너무나 당연하게 여겨지는 일들에 대해 감사할 줄 모르고, 아껴야 한다는 생각을 그동안은 하지 못했다.

한동안 거울 보는 것이 싫었다. 나이가 들어가는 모습이 마음에 들지 않아서 거울을 보지 않으면 시간이 지나가지 않을 것이라는 말도 안 되는 생각을 하며 살기도 했다. 하지만 지금은 다르다. 과거에 스스로 예쁘다고 생각했던 나도 나고, 당연하다고 여겼던 것들을 등한시한 결과 망가져버린 몸과 마음을 다시 회복하려고 노력하고 있는 현재의 나도 나다.

중요한 것은 내가 망가졌는지 아닌지가 아니라 그런 내 자신을 바라보고 있는지 아닌지의 차이다. 자신을 바라볼 수 있어야 수정할 방법을 찾을 수 있고 방법을 찾아야 시도해 볼 수 있다. 시도를 해 봐야 달라진 내 모습을 보며 용기를 낼 수 있다. 그런 과정의 반복을 통해 세월이 흘러가면서 변해가는 나를 데리고 살아갈 수 있는 것이 아닐까?

나는 내 마음을 알아보기 위해 매일 아침 자신과 대화하는 도구인 '모닝 페이지'를 쓴다. 모닝 페이지를 통해 느끼게 된 바를 오픈단톡방과 카페에서 사람들과 나누었다. 다행히 내 마음이 잘 전달되었는지 나의 아침 인사를 좋아해 주시는 분들이 늘어나고 있어서 행복한 요즘이다.

알아낸 내 자신을 더 사랑하기 위해 남편과 함께 힘들게 운동장을 걷고 뛴다. 그렇게 나는 몸과 마음의 균형을 맞추기 위해 노력하며 오늘도 살아간다.

북랜드모닝♥

여러분에게는 어떤 흉터가
있으신가요?

우리는 다양한 경험을 겪고,
때로는 그 경험들이 우리에게 상처
를 남기기도 합니다.

그 상처들은
우리가 얼마나 강하고,
얼마나 많은 것을 이겨냈는지를
보여주는
자랑스러운 증거예요.

그러니 어떤 어려움이 있더라도
부끄러워하지 마세요.

오히려 그 모든 것을 이겨낸 자신을
자랑스럽게 여기고,
더 나은 내일을 향해 나아가시는
여러분이 되시길 바랍니다.

내 인생의 플렉스는 지금부터

게으름과 헤어질 결심

— 송숙영

하루는 큰 딸이 내가 집에 들어오자마자 손에 흰 종이를 들고 웃으며 달려왔다. 초등학생이 들고오는 종이는 가정통신문과 시험 본 결과뿐인데, 흰 색인 것을 보니 시험지라고 짐작했다. 나는 큰 아이가 웃으며 종이를 들고 다가오니 내심 좋은 소식이겠구나 기대를 했다. 수행평가에서 백점을 맞았나보다 칭찬해 줘야지하고 종이를 건네받아 펼쳐 보았다. 종이에는 아이의 이름과 '비만'이라고 쓰여 있었다. 종이를 건넨 딸이 멋쩍게 웃으며 학교에서 건강검진을 받았는데 담임선생님께서 꼭 부모님께 보여드려야한다고 당부하셨다고 말했다. 아이는 비만이라는 결과를 보고 어쩔줄 몰라 웃음을 지은 것인데 나 혼자 김칫국을 마신 상황이다.

정신이 아찔했다. 떠올리고 싶지 않은 기억들이 다시 머리 속에 꽉 들어찬다. 나는 어릴적부터 외모에 대한 평가가 치가 떨리게 싫었다. 우리 가족은 나 빼고 모두 비만이었기에 우리 가족이 지나가면 사람들이 수군거리며 쳐다보는 일이 많았다. 외모에 대한 잣대는 여자인 언니에게 유독 엄격했다. 언니가 지나가면 동네 사람들이 "아니 살이 이렇게 쪄서 어떻게 해! 운동을 해"라며 들고 있던 우산으로 때리는 일도 있었고, 대중교통을 이용하면 자리가 좁다고 화를 내는 사람도 있었다. 그런 사람들의 경멸하는 표정, 혐오스러워하는 눈빛, 수군거림은 언니는 물론 내 마음도 아프게 했다. 그래서 '비만'은 내가 제일 싫어하는 단어가 되었다.

먹는 것이 세상에서 제일 좋다고 하는 예쁜 내 딸이 비만이라니. 인정하기는 싫었지만 떠올리고 싶지 않은 기억들이 생각나며 이 상황을 어떻게든 해결해 보고 싶었다. 하기 싫다고해도 아이에게 운동을 억지로라도 시켜야겠다고 생각했다. 그래서 아이에게 운동하는 학원에 다녀볼 것을 권유했지만 허무하게도 싫다는 답만 돌아왔다. 아이 혼자만 운동을 하라고 하니 싫어하는 것 같아 엄마와 같이 하면 재미있을 것이라고 겨우 설득했다.

사실 나는 운동을 정말 싫어한다. 얼굴이 빨개지고 땀을 많이 흘리면 기분이 좋지 않았다. 그래서 숨쉬기 운동과 하루에도 몇 번씩 학교 계단을 오르락 내리락 하는 것만으로도 충분하다고 스스로를 합리화했다. 하지만 이번에는 합리화할 수 있는 상황이 아니다. 억지로라도 아이와 함께 운동을 해야만 했다. 나 역시 운동이 따로 필요하지 않다고 스스로를 합리화하는 동안 하지정 맥이 생겨 다리가 흉측하게 변했고, 온 몸이 매일 퉁퉁 부어올랐기 때문에 더이상 운동을 피할 수는 없었다.

마침 동네에 점핑 다이어트 프로그램을 운영하는 곳이 있어 바로 등록했다. 둘이 함께 하기로 했지만 트렘폴린 위에서는 각자 뛰기 때문에 온전히 혼자 운동을 하는 시간이 되었다. 점핑을 시작한 첫 주에는 턱 끝까지 숨이 차고 땀이 비오듯 쏟아졌다. 어느 날은 두 발로 걸어 갔다가 네발로 기어오는 듯한 느낌이 들 정도였다. 땅이 요동치는 것 같고 다리가 후들거려 겨우겨우 집까지 걸어온 적도 있었다. 그렇게 한 달이 지나자 운동을 끝내고 돌아오는 길이 더 이상 힘들지 않았다. 두 달이 지나니 뱃살이 조금 들어가고 운동에 재미가 붙었다. 처음에는 트렘폴린 위에서 호흡하는 것도 힘들었지만 어느새 익숙해진다는 느낌이 들었다. 운동을 통해 변화하는 모습을 보면서 자신감이 생겼고 몸도 가벼워졌다. 단순히 신체적 건강은 물론 나도 할 수 있다라는 자신감이 생기며 정신적으로도 건강해졌다. 그간 나는 한 자리에서 뛰거나 운동하는 헬스에 재미를 못 느낀 것 뿐이지 신나는 음악에 맞춰 몸을 움직이는 점핑을 경험해보니 이게 나에게 맞는 운동이라는 것을 알았다. 점핑을 해보지 않았다면 나는 아마도 평생 운동을 싫어하는 사람이 되었을 것이다.

하지만 좋아하는 운동을 발견했다 하더라도 운동을 습관으로 만들기란 쉽지 않다. 오늘은 저녁에 둘째를 돌봐야 해서, 다음날은 퇴근 후 할 일이 있어서 등등 운동을 하려면 이상하게도 자꾸 일이 생겨났다. 이왕 이렇게 된 것 귀찮으니 다음에 하자라는 생각으로 운동을 가지 않는 날도 늘어났다. 어느새 운동에 대한 재미와 귀차니즘의 싸움에서 귀차니즘이 승리를 하게 되었고 나도 모르게 죄책감이 마음 속에 자리잡았다. 어떻게 하면 죄책감에서 벗어나 운동하는 습관을 지속적으로 유지할 수 있을까?

제임스 클리어는 '아주 작은 습관의 힘'에서 습관은 자동적으로 실행될 때까지 여러 번 반복한 행동이며, 차이를 만들어내는 것은 횟수라고 말했다. 즉, 아주 원대한 목표를 한 번 이루는 것이 아니라 매일 매일 꾸준히 실천할 수 있는 작은 행동의 단위가 쌓여야 목표를 이룰 수 있고 이러한 행위를 반복해 나갈수록 그 행위와 연관된 정체성이 강화되어 내가 어떤 사람이 되고 싶은지의 목표를 달성할 수 있다는 것이다. 나는 그가 제안한 4가지의 좋은 습관을 만드는 방법에 따라 귀차니즘과 헤어질 결심을 하고 운동하는 습관을 기르기 위해 다음과 같은 원칙을 세웠다.

첫째, 하기 쉽게 만들어라.

운동하는 습관을 기르기 위해 '매일 한 시간씩 점핑하기'라는 목표를 세웠지만, 이 목표는 너무 도달하기 어려운 장벽이었다. 퇴근 후 저녁을 준비하고 다음날 아이들 준비물을 챙기기만 해도 열시가 훌쩍 넘는데, 매일 저녁 한 시간을 내어 헬스장에 갔다 오기란 쉽지 않다. 그래서 이루지 못할 거창한 목표를 세우기보다는 '매일 집에서 5분 운동하기'라는 하기 쉬운 목표로 수정했다. 이렇게 목표의 허들을 낮게 수정하니 '해야만 한다'의 부담이 아닌 '할 수 있다'는 긍정적인 마음이 생겨 습관을 형성하기 더 수월했다.

둘째, 분명하게 만들어라.

'매일 집에서 5분간 운동하기'라는 하기 쉬운 목표를 만들었지만 운동하기를 지속하기 위해서는 쉽게 할 수 있는 환경을 만들 필요가 있었다. 운동 습관을 더 쉽게 꾸준히 반복하기 위해 집 안에 운동하는 방을 만들어 트램폴린을 설치했다. 그리고 시각적으로 매일 잘 실천하고 있다는 것을 인지하기 위해 '매일 트램폴린 5분 뛰기'라는 체크리스트를 만들어 실천하는 날마다 동그라미 표시를 했다. 계속 잘 실천하다가도 몸이 노곤한 날에는 그깟 5분을 뛰는 것도 귀찮았다. 그럴 때 마다 지금까지 쌓았던 동그라미를 보며 오늘 하루 안하면 그동안 가득 채웠던 동그라미가 하루 때문에 빈칸이 생기는 것이 아깝다라는 생각을 하며 실천하기를 반복했다. 이렇게 달성하기 쉬운 목표를 세우고 그 실천 과정을 눈에 보이도록 시각화하니 슬럼프가 올 때마다 더 쉽게 극복할 수 있었다.

셋째, 매력적으로 만들어라.

'건강을 위해 운동하는 것'이라는 목표가 있지만 이것이 매력적인 목표로 다가오지는 않았다. 운동을 매력적인 목표로 바꿔서 생각해보니 '건강한 나' 보다는 '운동을 통해 달라진 나'라는 목표가 더 와닿았다. 그래서 살이 쪄서 입지 못한 바지를 꺼내 운동하는 방에 걸어 두었다. 매일 바지를 보면서 '운동을 통해 바지를 입게 된 나'의 모습을 그려보았다. 운동을 통해 변화될 나의 모습이 동기부여가 되어 운동하는 습관을 만들기가 더욱 수월해졌다.

넷째, 과정을 재미있게 만들어라.

하루 5분간 트램폴린 뛰기를 결심했지만 제자리에서 방방 뛰기만 하는 것이 어느 순간 무료하게 느껴졌다. 운동 습관을 만들어 실천한 지 겨우 일주일이 지난 시점에서 무료함이 느껴지다니 '역시나 나는 인내심이 없는 사람이구나.'라고 좌절했다. 그러던 중 한 개그우먼이 하는 점핑 영상을 보고 '이걸 보면 덜 심심하겠네'라는 생각으로 따라하기 시작했다. 처음에는 영상이 길어도 딱 5분만 해야지 했지만 어느새 10분이 훌쩍 지나있었다. 쉽고, 단순한 원리이지만 재미가 없으면 습관을 지속하기가 매우 어렵다. 나만의 재미를 찾아 운동을 지속하는 것이 결국 귀차니즘과 이별하고 운동할 결심을 만들어주는 최고의 방법이라는 것을 알게 되었다.

운동에 대한 투자가 정신과 육체의 건강이라는 효과로 나타나는 것을 온몸으로 느끼면서 건강을 유지하는 것이 얼마나 중요하며 그것이 나에게 얼마나 가치있는 일인지 몸소 깨닫게 되었다.

운동과 건강 관리라는 좋은 습관을 형성해 우리 몸 안에 있는 생체시계의 노화를 늦춰 좀 더 오랫동안 사회 활동을 하고 나의 주변 사람들과 행복한 시간을 보내는 것을 돈으로 환산한다면 얼마의 가치일까?

내 몸과 건강을 소중히하는 것은 경제적으로 환산하기 어려울 정도로 어마어마한 투자 효과를 가져다 준다. 이것이 지금 당장 당신의 건강을 살피고 운동을 시작해야만하는 이유이다. 당신 또한 건강한 삶에 투자해 최대수익을 거두기를 소망한다.

"현명한 자는 건강을 인간의 가장 큰 축복으로 여기고
아플땐 병으로부터 혜택을 얻어낼 방법을 스스로 생각하여 배워야
한다."

– 히포크라테스

05

책이 맺어준 인연

― 김수연

    새벽 6시 기상이다. 작은 집에서 사는 나는 책을 챙겨 가게로 간다. 불을 켜면 남편이 곤히 잘 수 없기 때문이다. 방 네 개 있는 집에서 살다 경제적으로 위기를 겪으며 지금은 원룸 오피스텔에서 살고 있다. 노후를 위해 준비한 상가가 유령 상가가 되어 연일 뉴스를 장식했다. 식당을 열었으나 코로나로 인한 불황과 은행 이자는 우리의 숨통을 막았다. 이제 부모님까지 편찮으셔서 병원비 수 천 만원이 청구되고 있다. 당분간 원룸에서 탈출하기 어렵다는 걸 안다. 그 방에는 하루하루 책이 쌓여간다. 명품 책들이다. 명품 가방, 백화점 쇼핑이 부럽지 않은 보석 같은 하루를 쌓아주는 나의 책들이다. 가방에는 그날 내게 당첨된 세, 네 권의 책들이 들어있다. 블로그를 열고 새벽 독서 책들을 기록하며 읽기 시작한다. 기록이 쌓여간다.

"이제 책 좀 그만 사. 책 무너져 사람 깔려 죽겠다"

남편이 투덜거린다. 책꽂이를 둘 수 없는 작은 방 벽에는 책들이 도배되어 있다. 일 년에 200권 정도를 읽으니 방에 둘 수 없는 책들은 창고로 간다. 작은 숲속 공부방이 생기면 그곳을 장식할 책들이다. 책을 읽지 못한 날은 목구멍과 눈에 가시가 돋을 지경이다. 전에는 다독을 원해 쫓기듯 책을 읽었다. 지금은 정독을 병행하고 있다. 정독으로 문장과 단어를 음미하며 읽으니 책이 마음으로 스며드는 느낌이다. 독서 모임이 많아 정독을 방해받기도 한다. 사람을 좋아하는 나는 독서를 핑계로 사람을 만나러 간다. 온라인으로 만나 오프 모임 한 번에 자매를 맺어 강남에서 만나 책이야기를 나눈다. 나이와 직업은 다르지만 책이 매개가 되어 한 달에 한번 만난다. 강남에서 '씨스터 도서관'을 운영하는 자매가 장소를 제공하여 저녁 시간 국수, 김밥, 치킨을 시켜 인생이야기를 나눈다. 막차에 몸을 실어올 때도 있다. 그녀들과의 인연도 8년이 넘는다. 막내는 30대이고 나는 60대가 되었다. 늘 나를 '우리 막내'라 불러주며 나이와 세대를 초월한다. 동료들과의 책모임은 '책너미'라는 이름으로 주말에 하루 날을 잡아 모인다. 발제를 맡은 선생님이 꼼꼼하게 책을 풀어주고 발문을 하면 그 책은 우리들 마음속으로 들어와 아이들과 학교에서 수업할 때 풍성한 이야기의 든든한 주제와 소재가 된다. 이번 모임에서는 〈디어에반핸슨〉 뮤지컬을 보러 간다. 발제자가 요청했기 때문이다. 금액이 만만치 않다. 모임에서 간다니 반갑다. 모임이 아니면 스스로 선택해서 가기 어렵다. 무척 기다려진다. 동료 모두 마음도 곱고 뇌도 섹시해서 보고만 있어도 행복호르몬이 흘러넘친다. 내가 젤 나이가 많으니 모두 친동생 같다. 동생 없는 막내로 태어난 나에게 동생 7명이 생긴 것이다.

작년 동네 도서관에 가서 우연히 낭독대회가 있음을 알게 되었다. 내가 누군가? 자칭 '꼭껴 김수연' 아닌가! 낭독을 1도 모르는 나는 대회 신청서를 내고 까맣게 잊고 있었다. 어느 날 주체 측에서 보내온 낭독대회 문자를 받고 참여했다. 주제는 인천에 대한 책을 읽고 요약해서 발표하는 것이었다. 급하게 준비하려니 책을 구하지 못해서 원고를 직접 썼다. 인천으로 이사와 장사하며 지난날의 시련과 고통을 행복의 거름으로 만들어 삶을 숙성시키는 하루를 고스란히 낭독에 담았다. 눈물, 콧물 섞인 소리로 낭독을 마쳤다. 그때 낭독에 참여하였던 사회자는 우리 동네 멋진 〈송도나비〉독서모임을 이끄는 리더이다. 개인 연락을 받고 바로 동네 독서모임에 참여했다. 금요일 저녁에 만나는 모임은 갤러리에서 진행된다. 〈로아갤러리〉는 우리 동네 명소이다. 회원 중 한분이 갤러리 주인이다. 전원의 이층집에 자리한 〈로아갤러리〉는 귀한 예술작품이 전시되어 있다. 책으로 맺은 인연들이 나를 호강시킨다. 책으로 만난 사람들은 참 곱다. 생각도 미소도 마음도 아름답다.

최근 동네 독립서점에서 진행하는 서평쓰기, 글쓰기 모임에 참여했다. 도서관과 연계하여 책을 세 권이나 무료로 받았다. 〈나는 고양이로소이다〉, 〈야간비행〉, 〈자기만의 방〉 내가 좋아하는 책들이다. 〈나는 고양이로소이다〉는 꼭 사고 싶었던 책이었다. 서평 쓰는 법을 배우고 한 편, 한 편 쓰고 있다. 동네에서 모이는 사람들과의 친분은 포근하다. 가까운 거리가 주는 편안함과 안락함이 관계에도 묻어나온다는 사실이 신기하기만 했다. 글쓰기 모임에서의 고운 인연은 게스트하우스에 모여 일박을 하며 인생이야기를 나누기로 했다. 우리들의 리더 ○○님의 아파트는 1층에 게스트룸이 있어 신청하면 갈 수 있다고 했다. 이 얼마나 멋진 인생인가!

내가 소속되어 있는 협회 부대표님이 함께 전주국제영화제에 가자는 톡이 왔다. 내가 존경하는 선생님의 제안이니 덥석 물었다. 정읍에 계시는 멋진 동료선생님께 함께 가자고 하여 세 명이 뭉쳤다. 영화제의 영화도 좋았지만 행사가 열린 오월의 전북대학교는 잊지 못 할 추억을 선물했다. 끝나고 늦게까지 영업하는 곳을 찾아 정읍선생님이 예약을 하고 비싼 회를 사주었다. 평생 처음 먹어보는 환상의 맛이었다. 평소 좋아하지만 친할 기회를 많이 만들지 못했던 선생님들과 우정을 만들어가는 이 시간도 책이 선물해준 인연이다. 우리는 2년마다 전주국제영화제에서 만나기로 했다. 이박 삼일을 함께 영화를 보고 먹고 마시고 자며 즐기기로 약속했다. 오는 10월엔 부산국제영화제에서 만날 것이다. 매일이 가슴 뛰는 삶이다. 자기계발서를 보면 가슴 뛰는 삶을 살라고 한다. 나는 몇 년 째 가슴이 너무 뛰어서 진정하는 중이다. 더 이상 자기계발서는 필요치 않다.

책을 읽거나 글 쓰는 삶을 살고 있다. 쓰면 쓸수록 삶이 치유되어 건강해지는 경험을 한다. 읽은 책의 좋은 문장을 필사하고 내 느낌을 글로 쓴다. 저녁 손님이 없는 시간 남편과 둘이서 도란도란 밥을 먹으며 내 글을 읽어준다. 남편은 전업 작가보다 더 글을 잘 써서 본인이 쓴 시나리오로 광고를 찍어 프랑스에서 상을 받기도 했다. 그런 남편에게 내 글을 읽어주면 호의적인 평가를 받는다. 최근에는 글이 많이 담백해지고 좋아졌다고 칭찬해준다. 그게 뭐라고, 좋은 말을 들으면 신이 난다. 우리 둘의 삶과 노는 방식이 싫지 않다. 아니, 좋다.

10년 전 잠깐 다닌 회사의 지부장님은 이제 친동생 같은 친구가 되었다. 무척 고운 그녀가 내 동생이 되었다니 신기하다. 그녀와 나는 책이 있는 공간을 찾아다니며 머문다. 밤새도록 이야기를 나누다 잠이 들곤 한다. 그녀는 나에게 천상의 목소리로 그림책을 읽어 준다. 그녀 나름의 해석도 들려준다. 열흘 뒤에 동생과 남양주에 간다. 그녀의 이름은 연못의 꽃이 수려한 자태를 뽐내는 수련이다. 내가 슬프고 지쳐 있을 때 그녀의 톡이나 전화로 삶이 연명된다. 김치나 반찬이 집으로 배달되고, 섬세한 베품의 손길은 다정한 목소리와 함께 만날 때마다 이어진다.

우연히 알게 되어 힘들 때 만난 노아의 방주 〈아르카〉에서 근현대문학을 지기님이 강의하여 주실 때 얼마나 힐링이었는지 형언할 수 없다. 〈아르카〉는 평택에 있는 독립서점이다. 평택 댁들이 준비해 준 다과와 과일, 떡, 사랑의 멜로디는 지난 한해 나를 지탱하는 방주가 되었다. 나의 베프 천사를 위해 책을 고르고 있다. 힘든 시기 나의 원천이 되어 준 친구를 위해 책을 준비하는 이 시간이 참 좋다. 주변의 나를 에워싸는 천사들의 입김과 숨소리로 매일 거듭 태어나 꿈을 꾼다. 이제 비상한다. 그들의 메아리에 보답할 시간이다. 책으로 한 땀 한 땀 쌓아올린 눈물과 땀방울이 보석이 되어 집을 지을 시간이다. 소명과 사명이 건축되며 세상에 뿌려지는 찰라의 순간이 영원을 약속한다. 책이 흐르는 그 시간과 공간에 사랑과 사람이 함께 하기에 가능한 기적이고 마법이다. 난 오늘도 그 길을 간다. 걷고 또 걸으면 길이 되고 꽃이 피고 새가 울며 숲이 된다. 우리는 그곳에서 같이 '가치'를 가치롭게 누린다. 세대를 이어서.

"우리 육체는 그 안에 사는 우리가 부족한 지혜를 가지고 있다."

– 헨리 밀러

06

나만의 명작을 그리자

– 이명희

"사람이 일생을 살아가면서 중요하다고 생각하는 것은 무엇일까?"

사람마다 각자가 생각하는 중요한 것은 다 다를 수 있다. 그러나 우리는 예로부터 "돈을 잃으면 조금 잃는 것이고, 명예를 잃으면 많이 잃는 것이다. 그러나 건강을 잃으면 전부를 잃는 것이니 돈과 명예, 건강 가운데 가장 중요한 것은 건강이다."라는 말을 익히 들어왔다.

우리가 살아가는 요즘을 백세시대라 말한다. 그만큼 과학이 발달하고 세상이 살기 좋아지다 보니 인간의 수명도 덩달아 늘어난 것이 사실이다. 먹을거리가 풍부해서 과잉 영양 섭취로 비만인 사람들도 예전에 비해 많아졌다고 한다. 나 역시도 삼 년간의 코로나 기간에 체중이 갑자기 불어나 강제로라도 다이어트를 하지 않으면 안되었다. 그래서 시작한 것이 하루 만 보 걷기였다. 사실 만 보 걷기는 몇 년 전부터 알고 있었지만 일 년 전 친구들과 같이 강릉 여행을 하면서 숙소에서 이런저런 이야기 끝에 먼저 시작한 친구에게 추천받아 본격적으로 시작한 자가운동 방법이었다. 요즘도 가끔 친구들과 만나면 만 보 걷기로 안부 인사를 한다.

　"걷기는 잘하고 있니?"
　"요즘 넌 걷기가 좀 뜸 한 것 같더라?"
　"포인트는 얼마나 모았어?"
　"난 이걸로 선풍기도 샀다."
　"지금 내가 모아둔 포인트가 있으니 커피 마시러 가자."

　누적된 포인트로 가정 살림을 보태는 재미가 몸에 붙은 주부 9단 같은 프로 친구가 있는가 하면 지금까지 시간만 보낸 아마추어 주부인 나도 이 재미있는 이야기에 동참하곤 한다.
　우리 주변에는 건강을 위해 등산을 하거나 운동을 하는 사람을 심심찮게 볼 수 있다. 특히 인간의 수명이 늘어난 요즘은 건강하게 살기 위해 운동에 힘쓰는 사람들이 정말 많다. 다른 사람들도 행복하게 살기 위해서 가장 중요한 것은 건강이라고 생각하는가 보다. 아무리 사람의 생존 수명이 늘어나더라도 건강하지 못하면 자기 자신뿐만 아니라 주위 사람들에게도 영향을 주기 때문이다.

여행을 좋아하는 나는 10년 전부터 국내 여행을 시작했다. 제주도 일 년 살기가 유행처럼 번지던 때가 그 무렵이었다. 유산소 운동이 사람들 건강에 좋다는 이야기를 듣게 되면서 집 주위를 걷기 시작했다. 당시에는 제주도에 가서 백록담을 오르는 것이 목표였기 때문이었다. 하루 일을 마무리하고 나면 습관처럼 걷기를 했다. 하루 한 시간 정도를 걷고 나면 만 보 이상을 걷게 된다. 그렇게 시작한 걷기가 점점 늘어나게 되면서 기관지로 고생하던 나는 걷기 덕분에 호흡기도 좋아지고 있다는 느낌을 받았다. 늘 잦은 감기로 자질구레한 병치레를 했었는데 차츰 건강해졌고, 체중도 점점 줄어들게 되었다. 어느 정도 자신감이 생긴 나는 2018년 여름에 드디어 꿈에 그리던 백록담에 오를 수 있었다. 정말 꿈 같은 시간이었다.

그런데 코로나 19로 외출이 금지되고, 수업까지도 온라인으로 하게 되면서 다시 운동과는 거리가 멀어지게 되었다. 그렇게 삼 년이라는 시간이 지나고 일상생활로 돌아간 지도 어느새 2년이라는 시간이 흘렀지만 급격히 불어난 체중이 줄어들지 않았다. 그래서 다시 시작한 것이 집 가까이에 있는 맥도공원 둑방길을 걷는 것이었다. 전화기에 걷기 앱을 깔고 걷기를 하면 포인트를 주는 시스템을 이용해 매일 만 보 걷기에 도전장을 내밀었다. 동료들과 함께하는 걷기를 통해 나 자신의 건강을 알아보는 계기도 되기 때문이다. 그런데 요 며칠 학교 일이 늘어나면서 걷기를 제대로 못하고 지나갔다. 그래서인지 다시 몸이 둔해지고 점점 우울한 생각까지 들었다. 이래서는 안되겠다 싶어 지난 주말부터 날마다 하루 일과를 적기로 했다. 그리고 나와의 싸움을 시작하게 되었다. 행복한 미래를 위해서는 건강한 삶이 바탕이 되어야 하기 때문이다.

건강을 지키며 행복하게 살기 위해서는 다음 세 가지만은 지켜야 할 것 같다.

첫째, 매일 만 보 이상 걷기로 내 건강을 지켜야 한다.

이제 만 보 걷기를 하는 것은 나와의 싸움이 되었다.

코로나 이전에는 날마다 만 보 걷기가 체화되어 있었다. 그런데 그것도 코로나 19로 인해 깨어지고 지금까지 흐지부지 되었다. 지금부터 나는 나 자신과 싸워 매일 그 싸움에서 승자가 되어야 한다. 그리고 그 승리의 증표로 일기장에 적어나가야 겠다. 나와의 싸움에서 이기기 위해 인증 샷으로 남기는 것이다.

둘째, 행복한 미래를 위해서는 버킷리스트를 작성하고, 그것을 집 안 곳곳에 붙인다.

나는 해마다 연말이 되면 다가오는 새해를 위해 버킷리스트를 작성하는 버릇이 있다. 글로 쓰는 버킷리스트의 힘은 위대하다. 그동안 학생들과 함께 새해가 되면 각자의 버킷리스트 목록을 적어 붙이고 연말에 확인해 온 것이 여러 해이다. 처음에 시작할 때는 숙제같은 기분이 들어 소극적이던 아이들도 연말이 되면 이뤄낸 소원에 동그라미를 치며 즐거워한다. 그리고 글이 주는 마법 같은 힘에 놀라워할 때가 한 두 번이 아니다. 지금도 대학생이 된 아이들이 가끔 버킷리스트를 찍어 보내올 때가 있다. 지난 스승의 날에 서울과 부산에서 대학교에 다니던 학생들이 찾아왔다. 그때 한 학생이 들고 온 리스트 목록이 나를 감동시켰다. 이제 성인이 된 대학생들이 버킷리스트의 힘을 깨달아 여전히 그 목록들을 적어가고 있었기 때문이다. 나 역시도 글로 적는 힘을 알기에 지금도 날마다 해야 할 목록을 작성하고 그 리스트를 확인해 체크한다.

성공한 것에는 빨갛게 표시를 해서 그때의 자기 자신에게 칭찬을 해주는 것도 하나의 방법이다.

만약 제 시간에 성공하지 못하면 저녁 늦게라도 목표를 달성하도록 해야 한다.

셋째, 식단을 짜서 영양분을 골고루 섭취하고, 커피는 하루 두 잔을 넘기지 않는다.

바쁘게 일을 하다 보면 식사시간을 넘기는 경우가 많다. 그러면 폭식을 하게 되고 군것질도 자주 하게 된다. 또 피곤함을 이

기려고 커피를 지나치게 마시다 보면 자야 할 시간을 넘겨 밤을 꼴딱 새우기도 한다. 결국 불규칙한 수면과 식사시간이 건강을 위협하는 적신호로 나 자신을 괴롭히게 되었다.

지난번에 인기리에 방영된 드라마 '눈물의 여왕'의 주인공으로 등장했던 배우가 드라마가 끝난 뒤 한 인터뷰에서 했던 말이 생각났다.

"어떻게 그렇게 아름다운 모습을 유지할 수 있었나요?"
"일 년 동안 좋아하던 중식 요리를 끊었어요. 밀가루 음식을 먹지 않았습니다."

그 배우는 드라마를 찍으면서 일 년 동안이나 좋아하던 중식 요리를 끊었다고 했다.

중식 요리는 주로 밀가루로 된 음식이 많고, 기름에 튀긴 요리라 맛은 있지만 체중 관리에는 치명적이기 때문이라고 했다. 물론 직업이 배우니까 그럴 수 있다고 하겠지만 그날따라 그 배우의 인터뷰 기사가 뇌리에서 지워지지 않았다. 배우들도 자기 직업에서 프로가 되기 위해 그렇게 피나는 노력을 하는데 나는 내 인생의 주인공이 되기 위해 어떤 노력을 했는지 돌아보니 참 부끄러웠다.

지금부터라도 나의 행복하고 건강한 삶을 위해 밀가루 음식을 3개월만 끊어보기로 했다. 좋아하는 커피도 되도록 오후 세시 이전에 마시고, 하루 두잔 이상을 넘기지 않기로 했다. 당장 계획표를 짜고 매일 잠 들기 전에 그날의 일과를 체크하는 습관도 들이기로 했다.

그렇게 시작한 나의 건강 프로젝트가 지금 두 달을 향해 가고 있다. 그동안 탄수화물의 섭취를 줄이고, 아직 밀가루 음식은 멀리한다. 비록 내가 배우는 아니지만 내 건강한 삶을 위해 밀가루로 된 과자나 비스킷, 좋아하는 어묵도 아직은 삼가는 중이다. 매일 만 보 걷기를 실천하여 내년 6월에는 한라산 백록담에 다시 올라가 인증샷을 남기겠다는 야무진 꿈도 꾼다.

〈너만의 명작을 그려라〉로 우리나라에 알려진 마이클 린버그처럼 '나 자신의 명작'을 그리기 위해 지금부터 다시 운동화 끈을 조여 매고, 행복한 내일을 꿈꾸며 살기로 했다.

행복한 사람은 자기만이 가진 방향과 목표를 위해 나아간다. 그 목표를 이루었을 때의 희열을 알기 때문이다. 나 역시 진정한 행복을 위해 내가 원하는 대로 나아가야 한다. 그래야 나 자신의 건강한 삶을 누릴 수 있기 때문이다.

가장 아름다운 성형은 다이어트라는 말이 있다. 하지만 나는 단순히 아름다워지기 위해 다이어트를 하려고 하는 것이 아니다. 건강하고 행복하게 살기 위해서, 그리고 나 자신의 꿈을 이루기 위해서 건강한 몸만들기 프로젝트에 도전할 것이다. 나이가 들면 따라오는 건강 이상에서 조금은 자유로워져야 지금 내가 하고있는 즐거운 일들을 계속할 수 있기 때문이다. 오늘도 행복한 미래를 위해 건강한 다이어트로 향한 한 걸음을 떼어 놓는다.

"오늘은 건강을 위해 몸을 움직여라. 내일은 병을 위해 돈을 쓸 수도 있다."

– 프랭클린 루즈벨트

운동하셔야 합니다. 움직이세요

- 이시현

"엄마 또 아파?"

요즘 자주 아픈 탓에 큰딸이 걱정되었는지 전화를 했다.

"그것 봐 매일 나가니 그렇지. 엄마 나이도 생각해야지"

뒤이어서 하는 말은 평일 5일 근무하고 주말, 공휴일에도 쉬지 않고 나간다고 잔소리하는 것이다. 지난해 대상포진에 걸려 당뇨가 있는 관계로 입원까지 하는 바람에 출근도 못 하고 온 가족이 고생한 일이 있어 더 걱정하는 것 같다.

정말 노화로 인해 면역력이 떨어져 아픈 것인지 최근 병원 방문 횟수가 점점 늘고 있다.

안과, 소화기내과, 이비인후과, 정형외과 이러다 병원 진료과마다 순례하는 것은 아닌지 사실 은근히 걱정된다.

나는 한 번도 병원 신세를 지신 적 없이 90세를 넘기신 친정

아버지를 많이 닮은 탓에 건강에는 자신이 있었다. 그러나 쉰이 넘자, 슬슬 몸이 신호를 보내고 예순에 들어서는 노골적으로 빨간 경고가 멈출 날이 없다.

살면서 나이 먹는 걸 의식하며 사는 사람이 몇이나 있겠냐마는 그동안 무심하게 살다가 요즘 들어 여기저기 아프면서 나이타령을 저절로 한다.

또한, PC 앞에서 7시간을 오래 앉아 있는 것도 버겁고 이제는 종일 화면을 보는 것도 무리가 되어 시력도 나빠지고 눈도 피로해진다.

예전에는 쌍화탕 한 병 마시고 자면 만병통치약처럼 거뜬했는데 이제는 약발도 잘 듣지 않아 한 상자를 사 놓고 먹어도 시원찮다.

딸의 말대로 주말이라도 휴식을 취해야 하는데 곧 다가올 백수 생활이 무료하지 않도록 이것저것 배우겠다고 쫓아다녔더니 체력에 문제가 생긴 것 같다. 육체의 나이를 의식하지 않고 마음만 앞서 뛰어다니니 도통 나을 기미가 보이지 않는 것이다.

"어머! 눈동자가 이상해?"

며칠 전 거울에 비친 검은 눈동자의 형태가 선명한 원이 아니라 좌우가 약간 흐릿하며 원형이 깨진 모습이 보여 깜짝 놀랐다.

눈 주위가 무겁고 뻣뻣하여 신경 쓰이던 차에 이런 증상까지 생겨 놀라지 않을 수 없었다.

혹시나 당뇨 때문에 그런가 싶어서 바로 휴가를 내고 병원을 찾았다.

"노화입니다. 당뇨합병증은 아니니 걱정하지 않으셔도 돼요"

'눈동자에도 노화가 오다니!' 이렇듯 몸 곳곳의 이상 증상으로 인해 이제는 긴장해야 하는 나이가 된 것이다.

노화란 무엇일까?

왜 몸 상태가 한해 한해가 다른 것인지 문득 그 정의를 알고 싶어 관련 내용들을 찾아보았다.

'노화란 시간이 흐름에 따라 생물의 신체기능이 퇴화하는 현상이다. 일반적으로 스트레스에 대처하는 능력이 감소하여 항상성을 유지하지 못하게 되고 질병에 걸리는 위험이 증가하는 것이 특징이다. 시간이 지남에 따라 인간에게 미치는 변화가 육체적, 심리학적, 사회적 변화를 동반하며 어느 정도 진행되면 사망에 이르게 된다.'라고 위키백과에 쓰여 있다.

결국, 늙는다는 것은 살아있는 한 피할 수 없는 진행이며 자연스러운 현상임을 노년에 들어서야 피부로 무겁게 와닿는다.

우리는 보통 노화라 하면 육체의 변화만 생각하게 된다.

무릎관절이 퇴화되면 당장 계단을 오르내리는데 어려움이 따르고 어깨가 결려 무거운 것도 못 들어 식구를 불러야 하는 상황도 온다. 특히 요즘 내가 주변 사람에게 도움을 많이 받는 병 따는 것도 그와 같을 것이다. 이처럼 생활 속에서 느껴지는 불편함이 많은 것에 비해 심리적, 정신적 변화는 크게 피부로 느끼지 못하는 것이 보통이다.

하지만 기억을 더듬어 보면 정신적, 심리적 노화 증상이 없는 것도 아니었다.

말을 하다 종종 단어가 떠오르지 않아 대화가 중단될 때도 있고 분명 물건을 잘 둔다고 났는데 도저히 생각이 나지 않아 온종일 집안 여기저기 찾으러 다니는 일도 있었다.

그리고 아이들이 조금만 서운한 말만 해도 눈물이 나는 것도 별일 아닌 일에 자주 삐지거나 참지 못하는 성격의 변화도 모두 정신적, 심리적 증상이 아닐까 싶다.

노화 관련 내용들을 모두 이해하기는 어려운 부분도 있었으나 학자들의 지속적인 연구로 인해 오늘날 우리가 100세 시대 이상의 삶을 연장할 수 있게 된 것은 알 수 있었다.

나는 곧 다가올 이 시기를 어떻게 하면 건강하고 행복하게 보낼 수 있을까?

고민되었다.

"운동하셔야 합니다. 움직이세요."

한 달에 한 번 당뇨약을 타러 가면 담당 의사 선생님이 내게 늘 하는 말이다.

사실 나의 건강을 위협하는 주원인은 15년째 앓고 있는 제2형 당뇨이다.

친정어머니가 심장질환 당뇨합병증으로 68세에 갑자기 돌아가셨음에도 불구하고 아직도 심각성을 모르고 식이요법도, 운동도 안 하고 매일 먹는 약 한 알로 퉁 치고 있다.

약 복용만으로 당화혈색소 수치가 낮아지지 않아 매달 선생님께 혼나고 있으나 운동을 워낙 싫어하기도 하고 식사 후 소파에 누워 있는 것이 오랜 습관이라 밥 먹고 바로 움직이는 건 내겐 쉽지 않은 일이다. 아니 한마디로 게으르다.

그러나 더는 깡으로 버틸 나이도, 건강도 아니기에 정신을 차려야 할 때가 왔다. 내가 무너지면 가족이 모두 힘들어진다는 것을 경험해봐서 더는 나 몰라라 할 수 없는 일이다.

행복한 삶의 주춧돌은 건강이다.

우리가 건강을 잃고 할 수 있는 일이 하나도 없음을 알기에 나이가 들수록 초조하고 불안감이 밀려오는 것은 사실이다. 나만의 아픔이 아닌 가족에게 그 영향이 미쳐 집안 식구 모두의 생활리듬이 깨지는 것을 생각하면 더 아찔하다.

건강의 중요성은 누구나 아는 사실이다. 그런데 건강에 대한 경각심은 잠시 부는 바람처럼 아플 때는 온갖 신경을 쓰다가 좀 나아지면 언제 그랬냐는 듯 잊고 사는 게 문제이다.

남은 인생 행복하고 건강하게 살기 위해 무엇을 할 것인가를 깊이 생각할 시점임을 명심하자.

나는 많은 고민 끝에 건강한 노년을 위해 실행할 행동 지침 네 가지를 계획하였다.

첫 번째 지침은 식후 운동이다.

의사 선생님 말씀처럼 혈당 조절을 위해 식사 후 무조건 최소 1시간 이상 움직이는 것이다. 동네를 걷든, 쏟아지는 유튜브 건강프로그램을 선별하여 신나게 따라 운동을 해서 무조건 혈당을 떨어뜨리는 것을 목표로 '움직여야 산다'라는 각오를 단단히 마음에 새기기로 했다.

두 번째 지침은 둘레길 걷기이다.

걷기는 몸과 마음을 동시에 건강하게 해주는 좋은 운동 중 하나이다. 맑은 공기와 아름다운 경치가 어우러져 있는 둘레길을 걷다 보면 건강한 정신과 튼튼한 몸을 얻는 최고의 방법이 될 것이다. 전국 좋은 산이나 계곡의 둘레길을 트레킹하며 몸과 마음의 힐링을 얻는 시간을 만든다.

세 번째 지침은 예의 바름과 감사하는 마음으로 사는 것이다.

지하철을 타면 종종 어르신들의 예의 없는 행동에 사람들이 눈살을 찌푸리는 상황을 많이 보게 된다. 어르신들의 무대포적인 행동은 주변 사람들을 난감하게 할 때가 있다.

나는 젊었을 때는 어른들은 나이가 많으니 그 숫자만큼 마음 씀씀이도 비례하는 줄 알았다. 그런데 정작 나이를 먹어 보니 생각과는 다르게 반비례가 되어 가는 것을 스스로 느낄 때가 많다.

참을성도 없어지고 이기적인 행동으로 품위가 흐트러지고 생각의 폭이 갈수록 좁아짐을 느낀다.

흐트러지지 않는 예의 바름과 매사 감사하는 마음을 지니도록 노력하지 않으면 젊었을 때 우리가 어르신을 흉본 것처럼 나도 젊은이들에게 흉봄의 대상이 될 것이다.

굽어지는 어깨로 좁아지는 마음이 아닌 인생의 선배로서의 넓은 아량, 깊은 배려가 나이 들수록 우리가 지켜야 할 품행이 아닐까 싶다. 최소한 욕 먹는 노인은 되지 말아야 한다.

네 번째 지침은 배움과 도전이다.

친구들은 배워서 써먹을 때도 없는데 늙어서 뭔 공부냐 한다.

맞다! 어쩌면 써먹을 수도 없을 것이고 누가 나이 많은 나를 고용하겠냐마는 그동안 가족과 생활전선으로 해보지 못한 일을 할 수 있는 좋은 기회가 주어졌다. 그 배움이 써먹든 못 써먹든 마지막 학습 기회를 놓치고 싶지 않은 것이 내 마음이다.

새로운 일에 도전한다는 것은 나이를 불문하고 가슴을 뛰게 하는 설렘과 활력소다. 그리고 배움터는 그곳에서 만난 인연들로 외롭지 않게 노년을 보낼 수 있는 좋은 장소가 되어줄 것이다.

이렇게 의미심장하게 행동 지침을 만들고 나니 노년의 현상으로 암울했던 마음이 조금 가벼워졌다.

생명이 있는 모든 것들은 언젠가는 늙어간다.

우리는 늙음과 노화를 자연스러운 현상임을 받아들이고 노년의 시기를 지혜롭게 잘 보낼 수 있는 방법을 찾고 모색하여야 한다. 정기적인 검진을 통하여 몸 상태를 살피고 관리해야 하며 마음의 변화에도 무심하지 말아야 한다.

호미로 막을 것을 가래로 막는 일은 피하자는 얘기다.

저술가 토머스 베일리 올드리치는 "주름이 생기지 않는 마음, 희망에 넘치는 친절한 마음과 늘 명랑하고 경건한 마음을 잃지 않고 꾸준히 갖는 것이야말로 노령을 극복하는 힘이다"라고 말하였다.

노년은 삶의 마지막 단계이다.

노년에 건강을 유지하는 것은 삶의 질을 높이고 마지막 인생을 즐겁게 보낼 수 있는 매우 중요한 요인이 된다. 100세 시대에 병환으로 100세까지 누워 사는 건 누구도 원치 않는 일이며 그렇게 산다 한들 무슨 의미가 있을까? 그건 지옥과도 같을 것이다.

건강한 삶은 관심 있는 일에 참여할 수 있는 활동력이 되며 사랑하는 사람들과 더 많은 세월을 행복하게 보낼 수 있는 시간을 가져다줄 것이다. 그러기 위해서는 규칙적인 운동과 건강한 식습관, 정서적 안정, 정기적인 건강검진, 긍정적인 마음가짐을 유지하도록 꾸준히 노력하여 노령을 잘 극복하자.

　노력이 통하는 지금 이때, 나처럼 지침을 만들어 꾸준히 실행해보자. 계획을 세우는 것과 세우지 않는 두 행동의 결과는 천지 차이다.
　우리의 계획과 실천이 마지막 단계의 삶에 아름다운 마침표를 찍게 할 것이다.

"몸은 가꾸고 단련하며 자랑하며, 세월이 흐르면 믿고 의자하게 된다."

— 마사 그레이엄

제3장

정서적이고 안정적인 삶

대출 노예 탈출기

- 김은미

"가난이 죄다."

"저렇게 집이 많은데 왜 내 집은 없을까?"

"저런 집에 사는 사람들은 진짜 좋겠다."

얼마 전 만난 친한 동생과 함께 공원을 산책하다가 공원 옆의 빽빽한 아파트 숲을 보고 동생이 한 말이다. 웅크린 어깨와 등을 보면서 예전의 내 모습을 보는 것 같아 마음이 쓰렸다.

십수 년 전, 신혼여행으로 생애 첫 해외여행을 다녀온 우리 부부는 조금, 아니 꽤 많이 들떠 있었다. 느지막한 나이의 노총 각, 노처녀가 부모님에게서 독립해 둘이 되었으니 뭐든 잘 될 것 이라는 막연한 기대감이 있었기 때문이다. 그런데 재정이라는 상자를 열어보았을 때 크게 실망할 수밖에 없었다. 우리에게는 남편이 살던 집의 전세보증금 4,000만 원, 축의금 정산 후 어른들께 받은 현금 200만 원이 있었다. 그러나 차량할부금과 근로자대출금이 2,400만 원 이었기에 우리의 순자산은 1,800만원이 전부였다. 30대 부부의 첫 출발이라기엔 너무 초라하고 암담했다.

나는 결혼 전 직장 생활을 오래 한 편이다. 그러나 나의 월급은 동생들 학비와 집안 생활비로 쓰였고, 띄엄띄엄 주시는 용돈을 받아 쓰느라 늘 곤궁했다. 종종 교통비도 부족했던 상황이라 저축은커녕 혼수를 마련할 비용도 없었다. 남편 역시 홀어머니를 모시고 살고 있었기에 월급이 모두 생활비로 쓰였다. 비슷한 처지의 남편과 나는 부끄러워 서로에게 말하지 못했지만 결혼 비용조차 없었기에 각자 '근로자 대출금'을 받아서 결혼식을 치렀던 것이다. 이때부터 나의 1차 목표는 '대출 상환하기'가 되었다. 우리는 최대한 허리띠를 졸라매 대출을 갚아 나가기 시작했다.

첫아이를 임신하고, 출산하는 과정에서 생활비가 갑절로 늘어났다. 설상가상으로 주변의 집값이 천정부지로 치솟자 집주인이 바뀌면서 몇 년간 동결되었던 전세보증금을 두 배로 올려달라고 했다. 우리 형편으로는 이 동네에서 집을 구하기 어렵다고 판단했고, 조금 더 대출금을 받아 개발이 덜 된 시골 동네의 작은 빌라를 샀다. 비록 대출은 늘어났으나 처음 마련한 내 집이었기에 마냥 신이 났다.

그런데 작은 빌라는 싼 가격만큼 오래되어서 겨울이 되면 너무나 추웠다. 문풍지와 방풍 테이프를 둘러도 여기저기서 황소바람이 들어왔다. 보일러를 조금씩 아껴서 틀어도 난방비가 30만 원을 넘는 일이 다반사였다. 이사 후에 태어난 둘째는 겨울마다 코끝이 빨개진 상태였고. 여름에는 어찌나 덥던지 아이의 몸이 땀띠로 뒤덮이기 일쑤였다. 오래된 빌라가 모인 동네인지라 이웃들이 하나, 둘씩 떠나고 아이가 학교에 다닐 즈음에는 동네가 위험 지역이 되었다. 종일 창틈을 비집고 담배 연기가 올라오고, 어두워지면 집 앞에서 나는 술병 깨지는 소리, 싸우는 소리 등으로 외출하기가 두려웠다.

더 이상 여기서 살 수 없겠다는 결론에 다다른 우리 부부는 200만 원이 든 청약통장 하나만 달랑 가지고 시내의 아파트 분양에 응모했다. 간절히 바라던 대로 당첨이 되었지만 기쁨을 누릴 새도 없이 계약금 마련부터 난관이었다. 1차, 2차 계약금은 부부가 사이좋게 신용대출을 받아 마련했다. 정신 바짝 차리지 않으면 어렵게 당첨된 집을 밟아보지도 못하고 팔아야 한다는 위기감이 들었다. 그래서 입주 전까지 남은 2년 동안 현재의 대출을 모두 없앤다는 계획을 세웠다. 옷이나 생필품을 새로 사는 것은 최대한 지양하고 아이들의 옷은 주변에서 받아 물려 입혔다. 장보기는 늘 계획을 세워 꼭 필요한 것만 샀다. 경조사비를 제외한 모든 영역에서 지출을 최소한으로 유지하면서 가계부를 쓰고 새는 돈이 있는 곳을 막아나갔다. 또 인터넷 뱅킹을 이용해 틈이 날 때마다 여러 개의 대출을 갚아 나갔다.

2년이 흐른 후 드디어 입주가 시작되었다. 그런데 이번에는 집이 팔리지 않았다. 오래된 빌라인데다 주변에 공실이 많아져서 매물로 나온 집이 넘치는 상황이 된 것이다. 집이 팔리길 기다렸으나 도저히 기미가 보이지 않았다. 더 이상 입주를 미룰 수 없어 은행에서 받을 수 있는 최대 금액을 대출받아서 아슬아슬하게 입주할 수 있었다.

대출금액이 늘어난 만큼 이자가 늘어나니 생활이 점점 버거워졌다. 물가는 계속 오르고 아이들은 점점 자라서 필요한 건 많아지고, 교육비 지출도 늘어났다. 주변의 경조사도 많아지고, 부모님들은 나이 들어가시니 챙겨드려야 할 것도 늘어만 갔다. 월급이 통장에 찍히면 여기저기 공과금, 카드 대금, 회비, 생활비 등으로 나가서 금세 바닥이 난다. 매달 생활비도 부족한 상황에서 어떻게 대출을 상환할까? 늘 걱정이 앞섰다. 돈에 끌려가며 살다 보니 우리 집이 아니라 은행 집에 얹혀사는 기분이었다. 이러다가는 30년 동안이나 대출을 갚아야 할 것 같다는 조바심이 났다.

어느 날, 그때도 평소처럼 월급을 여기저기 송금하고 있었다. 그러다 문득 '에라 모르겠다. 어차피 매달 부족한데 이번 달에 10

만 원 더 쓴다고 죽겠어?' 하는 생각이 들었다. 그래서 월급에서 제일 먼저 10만 원을 떼어 대출을 상환했다. 그러나 생활에는 아무 일도 일어나지 않았다. 특별히 더 쪼들리는 느낌보다는 여전히 지난달과 마찬가지로 어떻게든 가정경제는 굴러갔다.

우리가 보통 대출에서 가장 간과하기 쉬운 것이 이자 누적액이다. 5%의 이율로 30년의 대출을 유지하는 경우 이자 누적액이 원금에 육박한다. 당시 우리는 1억 8천만 원을 대출받았다. 그러나 원금과 이자를 합산했을 때 30년 동안 은행에 갚아야 하는 금액이 약 3억 4천만 원이었다. 이러한 원리를 인지하는 순간 우리가 은행의 돈줄이고, 대출의 노예라는 것을 깨달았다. 우리 집이지만 80%가 대출인 상황에서는 안방과 화장실 하나만이 우리 집이라는 것이다. 거실, 주방, 아이들 방은 모두 은행에 월세를 내는 집이었다. 그래서 우리는 최대 10년 안에 대출을 상환하겠다는 목표를 세웠다.

우리가 세운 목표를 이루기 위해 살던 빌라를 더 저렴한 가격에 내놓고, 부동산 중개업자와 꾸준히 교류하며 지역 이슈가 있을 때마다 기사를 보내주고 매수자는 없는지 관심을 기울였다. 지역의 동향을 파악해서 중개업자와 교류한 덕분에 한 달 만에 빌라를 팔 수 있었다. 빌라 매매대금 전부를 상환하니 대출의 3분의 1이 줄어들었다. 이후로는 돈이 생기는 족족 대출 상환에 매진했다. 매달 급여를 받으면 제일 먼저 대출 상환부터 하고 지출했다. 그리고 급여를 제외한 돈이 들어오면 무조건 대출을 상환했다. 명절에 상여금이 나오면 한 사람의 상여금은 몽땅 대출을 상환하는 데 썼다. 보험을 업그레이드하거나 해지하게 되면서 나오는 돈, 기타 부수적인 수입이 천 원이라도 생기면 모두 대출 상환에 사용했다. 마지막으로 3,400만 원 정도의 대출이 남았을 때 마침 오래 다니던 직장을 이직하게 되어 퇴직금을 받았다. 퇴직금에 생활비를 더 보태 대출 원금과 이자를 모두 갚았다. 아파트 입주 4년 만에 이룬 쾌거였다.

주택 담보 대출 상환을 마친 날, 케이크라도 사서 가족과 파티하고 싶었으나 생활비를 바닥까지 긁어 상환하느라 번듯한 케이크를 살 돈은 없었다. 대신에 제과점에서 파는 조그만 치즈 케이크를 샀다. 우리 가족은 '대출 없는 온전한 우리 집 만들기 프로젝트'가 완성된 기쁨을 함께 나누며 서로의 수고를 치하했다. 평소와 다름없는 날이었음에도 그날의 햇볕은 더 따뜻하게 느껴졌고, 바람은 더없이 시원했으며, 평소 무미건조하게 느껴졌던 공기는 향수처럼 달콤했다. 우리를 옥죄고 있던 대출의 사슬이 벗겨져서 무척 홀가분하고 자유로웠다.

내가 대출로 힘겨워하고 있을 때 종종 우리 어머니께서 "대출도 재산이다."라고 말씀하셨다. 처음엔 그 말이 와 닿지 않았다.

그저 속으로 '대출은 그저 무거운 빚일 뿐인데 그게 어떻게 재산이란 말인가?'라고 생각하며 근심할 뿐이었다. 그런데 열심히 상환하면서 차츰 줄어가는 대출을 보면서 어머니께서 하셨던 말의 진정한 의미를 깨달을 수 있었다. 내가 만약 대출 없이 살면서 저축을 했다면 4년의 기간 동안 이 금액을 모을 수 있었을까? 아마 대출이 없었어도 나는 여전히 생활비로 허덕였을 것이다. 우리 앞에 해결해야 할 거대한 '대출 산'이 떡 버티고 있었기에, 부지런히 그 산을 쪼개기 위해 기쁘게 절약할 수 있었다.

무한도전의 멤버였던 개그맨 박명수 씨는 많은 어록을 남겼다. 그중에 '티끌 모아 태산'을 뒤집은 "티끌은 모아 봤자 티끌이다."라는 말이 한창 인기가 있었다. 저축에 비유하면 맞는 말이다. 월급 아껴서 열심히 저축해도 종잣돈 모으기가 쉽지 않다. 게다가 예금 이자는 낮은데 물가는 빠른 속도로 오르고 집값은 천정부지로 치솟는다. 모래 알갱이보다 작은 티끌 모아 봤자 작은 언덕 하나도 만들지 못할 것이다. 그러나 대출 상환에 있어서는 티끌 모아 태산이 확실하니 대출 노예를 벗어나기로 마음먹었다면 은행 집이 아닌 '온전한 우리 집 만들기 프로젝트'를 시작해 보길 추천한다.

그러기 위해서는 먼저 은행에서 정해주는 대출 상환 기간이 아닌 나만의 대출 상환 목표 기간을 정해야 한다. 은행 대출 창구에 가면 대출 기간과 상환방식이 다른 주택담보 대출상품이 매우 다양하다. 보통 대출상품의 선택 기준은 낮은 대출 금리인데, 시기별로 은행에서 혜택을 주는 주력 판매상품은 정해져 있다. 보통 30년부터 35년까지 상환하는 장기대출상품이 가장 금리가 낮다. 그래서 대부분 장기 상품으로 대출받고, 꽤 오랜 시간 동안 많은 이자와 적은 원금을 내게 된다. 은행에서 정해 준 방식에 맞추어 대출 상환하다 보면 몇십 년 동안 대출의 노예로 살아야 한다. 금융 계산기로 대출 원금과 이자를 계산해 본 후 자신의 상환능력을 고려하여 새로운 목표 기간을 세우는 것이 첫걸음이다.

둘째, 월급을 받으면 제일 먼저 대출 상환부터 한다. 그리고 남은 금액으로 살림을 꾸려 나간다. 살면서 생활비가 넉넉했던 적이 몇 번이나 있었는가? 생활비가 써도 써도 남아서 저축하는 가정은 흔치 않다. 저축의 제1 원칙은 '저축 먼저하고 써라' 이다. 대출 상환 역시 마찬가지다. 월급을 받으면 다른 지출은 모두 제쳐두고 대출 상환부터 하자. 정기적으로 나가는 원금과 이자는 배제하고 추가로 매달 상환해보자. 그리고 10만 원 단위로 매달 최소한의 추가 상환 금액을 정해두는 것이 좋다. 일단은 낮은 금액에서 시작하다가 점점 상환 금액을 늘려가길 추천한다.

셋째, 예정에 없던 수입이 생기는 경우 그 수입의 80% 이상을 대출 상환에 사용한다. 살다 보면 매달 들어오는 월급 외에도 소소한 부수입들이 있다. 명절이나 휴가 상여금, 연말 정산 환급액, 성과급, 경조비, 보험 보상비 등의 부수입들이 생긴다. 이 외에도 미처 생각하지 못했던 자금이 들어올 때가 종종 있다. 평소 이런 수입이 생기면 어디에 지출하는지 눈여겨보아야 한다. 보통은 여행을 가거나 평소 사고 싶었던 물건을 사기도 하고, 외식하며 기분 전환에 사용하는 경우가 꽤 많다. 그러나 이런 비정기적 수입의 80%는 대출을 상환하길 추천한다. 가끔 들어오는 큰 금액이므로 생활비에 지장을 주지 않으면서 대출금액의 자릿수를 낮추는 데 큰 공헌을 한다. 월급 내에서만 대출 원금을 상환한다면 절대 원하는 상환 금액에 이를 수 없다. 월급 외의 수입은 아무리 적은 금액이더라도 대출 상환에 사용하자. 빠른 속도로 줄어드는 대출 원금과 매달 줄어드는 청구 이자에 깜짝 놀랄 것이다.

넷째, 디지털 금융을 적극적으로 활용한다. 과거에는 모든 은행 업무가 대면 창구를 통해서 이루어졌다. 그래서 대출 상환도 대출 창구에 직접 가서 통장을 함께 제출해야 대출 상환이 가능했다. 그러나 비약적인 발전을 거듭한 디지털 기술이 은행과 결합하여 인터넷 뱅킹, 모바일 뱅킹이라는 신세계를 만들었다. 컴퓨터나 핸드폰으로 손쉽게 예금, 적금 상품에 가입하고 해지할 수 있는 것처럼 대출 상환도 가능하다. 인터넷이나 모바일 대출 상환의 좋은 점은 24시간 아무 때나 가능하고, 몇 번이든 상관없으며, 적은 금액도 쉽게 상환할 수 있다는 것이다. 한 달에 몇 번이어도 좋고 몇 원이어도 좋다. 통장에 잔액이 있다면 즉시로 대출을 상환해보자. 대출 줄어드는 재미가 저축 늘어나는 재미 못지않을 것이다.

이렇게 은행 집을 우리 집으로 안정시켜 놓으면 나를 옥죄고 있는 경제적 사슬이 하나하나 떨어져 나가는 기쁨이 크다. 집이 비빌 언덕이 되니 투자할 때 불안함도 줄어든다. 또한 속도 경쟁에서 벗어나 진정한 나를 찾아가는 발걸음에 거침이 없어진다. 나의 친한 동생도 수년 후에는 원하는 곳에 이르는 기쁨을 누리길 응원한다.

"이루기 전까지는 언제나 불가능하게 보인다."

– 넬슨 만델라

02

인생, 삶에 연습은 없다

— 김원배

2023년 여름 대구로 여행을 갔다. 장은주 작가와 공저 집필중이어서 아이디어 회의 겸 지인들을 만나려고 떠난 여행이었다. 대구 막창이 유명하다면서 박선생님이 식당으로 안내했다. 식당에서 박선생님, 최교장선생님과 마주 앉아 소주를 한 잔 마시는데 식당 벽면에 써 있는 '삶에 연습은 없다.'라는 문장이 눈에 들어왔다. 우리는 술잔을 부딪히며 한참 동안 삶에 대해 토론 했다. 최경규 교장선생님은 해외 120여 개 도시를 여행하고 삶의 굴곡을 겪으며 행복에 대한 새로운 시각을 갖게 되고 행복을 나누는 전도사가 되었다. 그는 〈나는 행복을 선택했다〉책 서문에서 "비록 지금 우리 앞에 해결해야 할 수많은 일들이 있더라도 그것을 성숙하기 위한 발판 그리고 신이 내게 주신 선물이라고 생각하며, 지금 이 시련이란 포장을 열면 행복이 가득 들어있다고 믿는 선택을 한다면 우리는 반드시 더 의미있는 내일을 만들 수 있다"라고 말한다. 인생은 아무도 알 수 없는 것이다. 삶은 연습이 아니라 내일을 위해 한 계단씩 쌓아가야 하는 것이다. 오늘 쌓은 돌담 계단이 한 달이 지나고 일 년이 지나면서 더 높은 곳에 이를 수 있는 것은 아닐까? 라는 생각을 하게 된다.

인생은 두 번 경험할 수 없는 새로운 길을 가는 과정이다. 매일 새롭게 마주하는 삶 속에서 당황하지 않고 당당하게 임할 수 있는 마음의 자세가 필요하다. 맹자는 지식의 근본이 되는 마음을 옳고 그름을 가릴 수 있는 마음이라고 했다. 두 번 경험할 수 없는 인생이지만 가끔은 되돌아보며 생각 해 본다. 내가 대학을 졸업하고 J중학교에 임용되지 않았다면 나는 어떤 삶을 살고 있을까? 이전의 나는 딱히 할 줄 아는 것도 없고, 대학 생활 하면서 제대로 된 취업준비도 하지 못했다. 지금 생각해보면 정말 나의 학창 시절은 아무 생각 없이 살았던 것 같다. 내 삶 속에 누구도 끼어들지 않았고 그러다 보니 정보 부족과 삶에 대한 자극도 없이 살아왔던 것이다. 그 당시 나는 정말 아무것도 몰랐다.

내가 지금 이렇게 글을 쓰고 책을 출간하고 강연을 다니면서 내 나름대로의 삶을 만들어가는 것은 기적이라고 말 할 수 있다. 나는 대기만성형의 인간이다. 성장하면서 깨우치고 새로운 것을 습득하고 그 길을 미친 실행력으로 만들어 가고 있는 중이다.

나만의 안정적인 삶을 살기 위해 하루 24시간 중 잠자는 시간을 빼고 세 영역으로 나누어서 활용하고 있다. 첫 번째 영역은 새벽 3시부터 7시까지다. 이 시간은 오롯이 나를 위한 시간이다. 글을 쓰고 책을 읽고 '4주 글쓰기 챌린지' 참가자들 글을 읽으면서 피드백 해준다. 두 번째 영역은 오전 8시30분부터 12시 40분이다. 이 때는 출근해서 오전 업무와 수업을 한다. 세 번째 영역은 오후 1시30분부터 4시 30분이다. 이 시간 때에는 오후 수업 있는 시간은 수업을 하고 업무처리와 독서를 한다. 새벽 시간과 오전 오후 시간을 체계적으로 관리하면서 짜임새 있게 운영하고 있다. 이런 생활들이 가끔은 번 아웃이 올 때가 있다. 2022년 여름에는 3권의 책 집필과 인클 강의자료개발, 대학원 강의까지 일이 한꺼번에 몰리면서 잠시 과부하가 발생하기도 했다. 이럴때는 잠시 쉬었다가 가려고 한다.

학교에서의 삶과 새벽 시간을 즐기는 삶은 다른 모습으로 나에게 다가온다. 요즘은 챗GPT를 만나면서 한층 내 삶이 풍요로워지고 여유로워지는 것을 느낄 수 있다. 과학 기술의 변화는 자연의 변화와 미래사회의 변화를 좀 더 빨리 예측하고 변화에 대응할 수 있도록 도움을 준다. 100여년 살아가는 인간의 삶도 과학기술로 예측이 가능할까? 예측가능한 삶이었다면 인류는 아직도 구석기나 신석기 시대에 머물러 있을 것이다. 초등학교 후배 중에 학창시절을 아주 얌전하게 보내면서 아무것도 하지 못할 것 같던 아이가 성인이 되어서는 K공사 임원을 하고 있다는 소식을 들었다. 동문회에서 만난 후배는 학창시절의 모습은 사라지고 당당한 직장인으로 변해 있었다. 초중고등학교 시기의 행동과 모습이 그대로 그의 삶이었다면 지금의 이런 영광 또한 없었을 것이다. 삶을 예측 가능한 대로 움직이지 않지만 뭇사람들은 예측한 대로 살아가기도 한다. 그들에 의해 세상은 발전되고 변화되고 있는 것이다. 우리는 살아가면서 '할 수 있다.', '할 수 없다'라고 삶을 한정 짓지 말아야 한다.

"당신이 어떻게 책을 쓰죠?"

"당신이 작가라고요?"

나의 어린시절과 학창시절을 봐온 사람들은 나에게 질문한다. "어떻게?"라고 묻는다. 어려서부터 글쓰기에 천부적인 재능이 있어서 2017년부터 지금까지 15권 이상의 책을 써온 것이 아니다. 지금과 다른 삶을 꿈꾸면서 나 자신의 잠재 능력을 한정 짓지 않고 다양한 변화에 직접 부딪히며 살아왔기 때문에 가능했던 것이다.

2022년 12월 충남 도서관에서 강의를 하고 청중들에게 질문을 받았다.

"작가님의 인생 좌우명은 무엇인가요?"라고 물어서 나는 내 삶을 내가 스스로 개척해 나가는 것이라고 답변을 했다. 함마르셸드는 "운명의 틀을 선택할 권리는 우리에게 없다. 하지만 그 안에 무엇을 채워 넣을지는 우리에게 달려있다."라고 말한다. 어느 집에 태어날지, 어떤 부모를 만나게 될지, 어느 시대에 태어날지는 우리가 선택할 수 없는 것들이다. 그런 환경을 바꿀 방법은 도저히 없다. 그럼 어떻게 해야할까? 자신의 내면속에 무엇을 채워넣을 것인지 고민해야 한다. 태어날때는 선택할 수 없지만 그 이후의 삶은 스스로의 자유 의지에 따라 삶을 바꿔 나갈 수 있다.

외르크 페터 슈레더의 〈행복한 게으름뱅이〉 책에 보면 이런 글이 있다. "과거에 대한 후회와 미래에 대한 기대가 현실보다 많은 비중을 차지할 때, 우리는 많은 에너지와 삶의 의욕을 상실한다. 그리고 우리의 경험 또한 미래를 먹여 살리는 양분으로 전락해 버린다. 이로 말미암아 현실은 굶주림에 시달리고 우리는 소중한 순간들을 놓치게 된다. 인생은 생생하게 살아 숨쉬는 순간들로 이루어져 있다. 이 순간들은 바로 지금 펼쳐진다. 그러니까 미래에 펼쳐지는 것이 아니다. 당신의 인생은 바로 지금 이 순간 펼쳐지고 있다. 어제도 아니고 훗날도 아닌, '바로 지금' 말이다. 지금 이 순간 실제로 흘러가고 있는 현실에 뛰어들어라" 이 책에서 말하는 핵심은 현재 주어진 일에 최선을 다하면서 살아가라는 의미다.

2023년 8월, 청주에 있는 교원대학교로 강의를 가야 하는데 태풍 카눈이 올라온다는 예보을 들었다. 교원대로 출발하기 2일

전부터 불안해지기 시작했다. 아내랑 같이 가려 했는데 자동차를 운전해서 도저히 갈 수 있는 상황이 아닌 것 같아서 숙소를 취소하고 나 혼자 KTX를 타고 다녀오기로 결정했다. 서울역에서 오송역까지 기차를 예매했는데 강의 끝나고 올라오는 오송역 출발기차가 태풍으로 운행정지라는 연락이 왔다. 출발 전날까지 걱정이 태산같았다. 교원대학교에 전화를 했더니 연수는 예정대로 진행된다고 한다. 할수 없이 불안한 마음을 가지고 새벽 일찍 집을 나섰다. 부슬부슬 내리기 시작하는 빗방울을 맞으며 기차는 속도를 내기 시작했고, 나는 차분한 마음가짐으로 강의안을 살펴보면서 마음을 진정 시키려고 노력했다. 오송역에 도착하자 비는 억수 같이 쏟아졌다. 겨우겨우 택시를 타고 강의장에 도착해서 6시간 강연을 무사히 마무리 하고 서울로 올라왔다. 이 상황을 겪으면서 불안과 행복이라는 것은 종이 한 장 차이이고 항상 내 마음 속에 존재해 있다는 것을 다시 한번 깨닫게 됐다.

학교에서 수 많은 학생들을 만나면서 나도 함께 성장하고 있음을 느낀다. 학창시절부터 교사가 되려고 했던 것은 아니었다. 그래서 공부의 양이 그다지 많지 않았다. 하지만 동료교사들에게 조언도 구하고 EBS강좌를 들으면서 강사님들의 수업 방식을 습득했다. 이 과정에서 나는 많은 것을 배웠다. 공부에 집중하고 노력한 끝에 나도 교사라는 자부심을 갖게 되었고, 수업도 자신감을 가지고 이끌어 갈 수 있게 되었다.

처음 교사가 되었을 때는 시행착오도 많이 겪었다. 학생들을 어떻게 가르쳐야 할지, 어떻게 동기부여할지에 대해 고민이 많았다. 하지만 시간이 지나면서 학생들과의 소통이 중요하다는 것을 깨달았다. 학생들의 의견을 경청하고, 그들의 수준에 맞는 수업을 진행하면서 학생들도 나를 신뢰하게 되었고 수업의 질도 향상되었다.

두 아들을 키우면서도 어떻게 잘 키워야 하는지 알지 못했다. 첫 아이는 많은 시행착오를 겪으며 키웠다. 어떤 것이 옳은지, 어떻게 해야 아이에게 더 좋은 영향을 미칠 수 있을지에 대해 늘 고민했다. 때로는 실수도 했고, 후회도 많이 했다. 그러나 이러한 과정을 통해 나도 성장할 수 있었다. 부모로서의 책임감과 사랑, 그리고 인내심을 배웠다.

두 번째 아이를 키울 때는 첫 번째 아이를 키우면서 겪었던 경험들이 큰 도움이 되었다. 첫 아이와는 다르게 더 여유를 가지고, 아이의 성향을 존중하며 키울 수 있었다. 물론 여전히 고민과 걱정은 있었지만, 이전보다 더 현명하게 대처할 수 있었다. 아이들이 성장하면서 나도 함께 성장하고 있음을 느낄 수 있었다.

한 번 주어진 삶을 어떻게 살아야 할까? 나는 내가 하고 싶은 일을 하면서 즐겁게 사는 것이 최고의 행복이라고 생각한다. 물론 현실적인 문제들, 예를 들어 경제적인 문제나 건강 문제 등이 우리의 삶에 영향을 미치지만, 그럼에도 불구하고 우리는 우리만의 행복을 찾아야 한다.

이제 나는 내가 하고 싶은 일을 하면서 즐겁게 살아가려고 한다. 내가 좋아하는 독서와 글쓰기를 통해 내 삶을 더 풍요롭게 만들고자 한다. 과거의 불안과 두려움을 벗어나, 나만의 길을 찾아가는 이 과정이 참으로 기대된다. 지금까지의 경험을 통해 얻은 지혜와 교훈을 바탕으로, 앞으로의 삶을 더 의미 있게 살아가고 싶다.

새로운 도전과 배움을 통해 나는 계속 성장하고 있다. 앞으로도 나는 나 자신을 발전시키기 위해 끊임없이 노력할 것이다. 내가 좋아하는 일, 내가 잘할 수 있는 일을 하면서 내 삶을 더 풍요롭게 만들고, 더 많은 사람들과 소통하며 함께 성장하고 싶다. 이렇게 살아가는 것이 나에게는 최고의 행복이다.

"평범함에서 벗어나는 유일한 방법은 바로 비범한 것을 위한 모험을 시작하는 것이다."

– 존 믹시스

"어떻게 그렇게 꾸준히 열심히 하실 수 있나요?"

— 박준이

커뮤니티를 운영하면서 사람들에게 가장 많이 들었던 말은 "어떻게 그렇게 꾸준히 열심히 하실 수 있나요?"라는 것이었다. 이 말은 나에게 큰 칭찬처럼 들려서 기뻤다. 이 말을 해준 사람들에게 실망을 주고 싶지 않아서 더 열심히 노력했다. 하지만 점점 몸과 마음을 돌볼 시간이 없어지면서 지치기 시작했고 이렇게 계속 열심히만 하다가는 내가 찾은 제 2의 인생을 오래 유지할 수 없겠다는 생각이 들었다.

왜 이렇게 힘들었는지 곰곰이 생각해 보니 경제적인 부분 때문이었다. 다른 사람들을 도와주고, 모임을 운영하고, 사람들과 소통하는 것도 좋지만 경제적인 지원이 없으니 짜증이 났던 것이다. 사람들을 도우면서 돈에 대해 이야기하는 것이 처음에는 부끄러웠다.

'이런 일로 돈을 받아도 되나? 내가 뭐라고... 이런 일로 돈을 받는다고 하면 사람들이 이해할까?'

초보 리더였을 때는 이런 생각을 매일 했다. 그래서 늘 아이디어와 생각은 많았지만 실천으로 옮기지 못했다. 또한 리더로서 모든 것이 참여자들보다 뛰어나야 한다고 생각했다. 배움을 좋아하는 나는 충분히 내 것으로 소화한 후에 사람들에게 알려줘야 하는 게 당연하다고 생각했다. 하지만 배우고 나서도 늘 부족하다고 느껴져서 또 다른 것을 배우기만 할 뿐 배운 것을 접목하여 바로 실천하지는 못했다.

배우는 과정에는 돈이 많이 들어간다. 처음에는 머릿속에 쌓이는 정보들이 있어서 아깝지 않았다. 하지만 계속 배우기만 하고 있는 나를 인식하게 되면서 현재의 악화된 재정 상태를 현실로 직시하게 되었다.

'아이를 키우면서 나에게는 그동안 투자한 것이 없었으니 지금은 해도 되겠지?'라는 보상심리로 처음에는 생각 없이 배움에 투자했다. '언젠가는 이렇게 배운 내용으로 일을 해서 다 회수할 수 있을 거야!'라고 생각하며 더 많이 투자했다. 하지만 회수를 위해서는 투자만 해서는 안 된다. 회수하려면 행동이 필요하다. 주식으로 따지자면 매수 버튼을 눌러야 한다. 그런데 나는 그 버튼을 누를 생각을 하지 못하고 있었다. 겁이 났다. 배워도 배워도 부족한 부분들이 보여서 돈을 받는다는 것에 죄책감을 느꼈다. 그럴 때마다 위로가 되었던 것은 함께하는 분들의 따뜻한 응원의 말이었다.

"꾸준히 열심히 하시는 모습을 보니 함께하고 싶어졌어요."
"제가 잘 알지 못하는 부분을 친절하고 자세하게 알려주셔서 좋아요."
"부족하다고 하시는데 대표님보다 못하는 사람들이 더 많아요."

이 말에 큰 깨달음을 얻었다. 맞다. 내가 배워서 알려주려는 대상은 내가 배운 선생님들처럼 뛰어난 사람들이 아니었다. 컴퓨터 관련 기능을 어려워하거나 자신만의 습관을 꾸준히 유지하고 싶어하는 이제 막 자기계발을 시작하는 사람들이었다. 그런 사람들에게 전문가적인 부분을 알려준다고 해서 과연 잘 받아들일 수 있을까? 아니다.

사람들이 나를 좋아했던 것은 전문가적인 가르침 때문이 아니었다. 부끄러워서 다른 곳에서 물어볼 수 없었던 기초적인 부분을 부담 없이 물어볼 수 있어서 좋았고 눈높이에 맞춰 자세히 설명해 주는 것이 좋았던 것이다. 이 점을 깨닫고 나니 모임 운영 방식도 달라졌고 더 세세하게 나눌 수 있게 되었다. 그렇게 단계들을 조정하면서 전체적인 모임 운영 속도도 점차 빨라지게 되었고 자연스럽게 수익도 따라왔다.

시간이 항상 부족하다는 점이 아쉬웠다. 모든 강의를 실시간으로 진행하는 것이 가장 효과적이기는 하지만 주어진 시간은 한정적이었고 여러 모임에 에너지를 소비해야 했다. 내가 만든 모임이라는 강박과 책임감 때문에 쉽게 중단하지 못하고 끌고 가는 경우도 많았다. 그런 모임들을 정리할 시간이 필요했는데 그 시점이 2023년 10월이었다.

〈공투맘의 북랜드〉 카페에서 무료 특강을 진행하며 사람들이 필요로 하는 부분과 수준을 파악할 수 있었고 그들을 위한 모임을 더 구체적으로 기획할 수 있었다. 또한 많은 사람들이 수동적으로 수업을 듣는 대신 자신이 직접 모임의 리더가 되어 능력을 발휘하고 싶어 한다는 사실도 알게 되었다. 투자한 만큼 수익을 얻고 싶어 하는 열망도 느낄 수 있었다. 하지만 첫걸음을 내딛는 것이 어려워 주저하는 분들을 보니 나의 예전 모습이 생각나서 내가 도움을 주어야겠다는 결심을 하게 되었다. 그래서 〈퀸스프링〉이라는 카페를 새로 오픈했다.

퀸스프링은 차가운 겨울을 지나 따뜻한 봄날에 꽃이 화려하게 피듯 지금까지 알아주지 않은 곳에서 열심히 노력한 성과를 봄날의 여왕처럼 세상에 드러내자는 의미로 지은 이름이다. 또한 내 이름의 '춘'을 따서 봄으로 정한 것도 이유 중 하나이다.

예전에는 내 이름이 촌스럽다고 생각해 개명까지 고민해 본 적이 있었다. 세월이 흘러 우연히 초등학교 동창회에 참석했는데 내 모습을 기억하지는 못해도 이름 때문에 나를 기억하는 친구들이 있었다. 그리고 아버지가 돌아가시기 전에 남긴 마지막 선물이라는 생각이 들어 내 이름에 더 애착이 생기게 되었다. 이런 마음의 변화로 인해 모임의 이름도 신중하게 지어야겠다는 결심이 섰다. 불리기 쉬운 이름이여야 하고 반드시 의미나 스토리도 그 안에 담겨야만 한다.

이름 덕분이었을까?

새로운 커뮤니티에 대한 관심이 많아졌고 지금은 많은 분들의 아웃풋을 도와드리며 낯선 온라인 세상에서 소비자가 아닌 생산자로 한발 내디딜 수 있게 도와드리고 있다. 내 생각과 비슷한 분들께서 나와 협력을 하고자 하는 분들도 늘어나서 함께하는 분들이 갈수록 많아지고 있다.

그로 인해 내 역할도 달라지고 있는 중이다. 단순히 리더로서 이끌던 위치에서 이제는 이분들의 홍보를 돕는 홍보 매체가 되어야 했다. 그래서 카카오채널과 뉴스레터의 일종인 스티비에 집중하게 되었다. 더불어 모든 채널을 합하여 나를 드러낼 수 있는 홈페이지 제작도 배우고 있는 중이다. 다양한 프로그램을 통해 홍보를 하다 보니 나만의 홍보 매뉴얼이 생겼고 홍보에 어려움을 겪는 분들에게도 도움을 줄 수 있게 되었다.

나는 온라인 사업이 참 좋다. 아이디어가 떠오르면 바로 시작할 수 있고 그 과정에서 내가 완벽한 전문가일 필요도 없기 때문이다. 진행하면서 성장해 나간다면 충분히 해낼 수 있다. 오히려 전문가적인 부분이 독이 될 수 있다.

과거 수학 강사였을 때는 알고 있는 내용을 더 이상 연구하지 않았다. 알고 있는 지식선에서 가르치는 것이 편했고 이미 어느 정도 전문가라는 자만심이 나를 그 자리에 머물게 했다. 이제는 그 마인드에서 탈피해야만 했다. 그래서 20% 정도의 준비만 되면 일단 프로그램을 오픈하기로 마음먹었다.

리더로서 알려주고 이끌어야 하는 부분이 필요했기에 빠른 시간 내에 습득하고 정리해야 했다. 실시간 강의에 한계를 느껴 시간 확보를 위해 VOD 강의를 도입하고 프로그램을 대신 이끌어줄 도우미들을 선정했다. 이 과정을 원활히 진행하기 위해서는 누구나 쉽게 따라 할 수 있도록 알려주는 매뉴얼이 필수 조건이었다. 지금은 그 작업들을 진행하느라 바쁜 상황이다.

예전에도 기록을 하기는 했지만 그때는 지금처럼 이렇게 중요하게 생각하지 않았다. 단지 내가 노력했다는 증거로 남기고 싶어서 기록을 했을 뿐이었다. 하지만 요즘은 다르다. 기록을 남길 때 다양한 용도로 활용할 수 있게 정리하기 시작했더니 내용이 깔끔해졌다. 의미와 방법도 점점 변화되었다.

이런 변화는 기록에만 국한되지 않았다. 컴퓨터를 활용해 돈을 버는 직업을 가지게 되었고 인간관계에 서툴렀던 내가 모임 리더들을 양성하는 리더가 되어 다른 사람들의 관계 형성을 도와주는 일을 하게 되었다. 몰랐던 나를 발견하면서 일도 즐거웠고 성장할 수 있어 좋았다. 새로운 경제 생활도 병행할 수 있어 만족스럽다. 사람들의 마음을 읽고 현재 상황에서 어려움을 탈피할 수 있도록 꾸준히 도와줄 수 있다면 내가 하고 있는 이 일은 앞으로 충분히 성공할 수 있겠다는 확신도 생겼다.

앞으로 어떤 일들이 펼쳐질지 기대가 된다. 물론 회사원처럼 고정적인 수입이 있는 것은 아니어서 다소 불안할 수는 있다. 하지만 다양한 인간관계 경험과 다른 사람들을 이해하는 통찰력은 나중에 내 아이들에게도 유산으로 물려줄 수 있는 귀한 자산이 될 것이다. 그런 점에서 현재 나는 미래의 수익을 미리 벌고 있는 셈이다. 앞으로 더 많은 대표님들과 함께 상생할 수 있는 환경이 조성되었으면 한다. 돈도 함께 벌고 노후에는 같은 관심사를 가진 다양한 연령대의 사람들과 이야기를 나눌 수 있는 사업 친구들을 많이 만드는 것이 현재 나의 최종 목표다.

"시작하기 위해 위대할 필요는 없지만,
위대해지기 위해 시작할 필요가 있다."

– 지그 지글러

04

당신이 빨리 늙는 이유

– 송숙영

'혹부리 영감은 혹을 달고 살고, 엄마는 근심, 걱정을 달고 사네'
늘 걱정과 근심을 달고 사는 어머니에게 내가 하는 말이다.

내가 학생일 때에 어머니는
'공부를 잘 해야하는데'
라고 걱정하다가,
대학에 진학하니
'취업이 잘 돼야 하는데'
라고 걱정했고,
취업을 하니
'결혼해야 하는데'
라고 걱정하셨다.

결혼을 하니
'애가 생겨야 하는데'
걱정하다가
첫째를 낳으니
'아들 낳아야 하는데'
라고 걱정하고,
이제는
'아이들이 잘 자라야 하는데'
라면서 손주 걱정까지 하신다.

물론 어머니가 혼자 삼남매를 키우느라 늘 불안과 두려움이 가득한 삶을 살 수밖에 없었을 것이라는 상황은 충분히 이해한다. 하지만 그 정도가 매우 지나쳐 평생 걱정에 끌려다니는 삶을 살고 있는 것이다. 어머니는 걱정을 늘 마음 속에 담아두고 있기 때문에 즐겨야 하는 상황에서도 마음껏 즐기지 못하고 행복해하지 못했다. 너무 빨리 늙어가는 어머니의 모습을 보면서 '저렇게 걱정을 많이하니 주름이 생기고 흰머리가 가득하지.'라는 서글픈 원망이 들기도 한다.

이렇게 지나친 걱정은 당연하게도 노화를 앞당긴다. 보스턴의 브리검 앤 여성병원 연구팀은 42~69세의 여성을 대상으로 공포 불안장애와 텔로미어 길이의 관계를 연구하였는데 공포와 불안을 느끼는 여성들의 텔로미어 길이가 짧고 이것은 수명에서 6년의 차이를 만들었다고 보고했다.

또한 과도한 걱정은 뇌 구조까지 바꾼다. 서울대병원 정신건강의학과 권준수, 윤제연 교수팀이 강박증 환자와 정상인의 뇌 구조 변이 네트워크 양상을 비교한 결과 강박증 환자에게 비정상적인 뇌 발달이 나타나며, 강박증이 있으면 뇌졸중을 겪을 확률이 3배나 올라간다고 발표했다.

지나친 걱정으로 나의 건강을 좀 먹는 상황이 된다면 우리의 남은 일생은 근심과 질병, 고통으로 가득찰 수 밖에 없다.

어머니가 무척이나 안쓰러웠지만 나는 그녀와 다른 삶을 살고 싶었다. 스트레스와 걱정이 전혀 없는 삶을 살 수는 없지만 적어도 걱정과 근심을 일정 수준 통제하며 사는 능력을 기르고 싶었다. 하지만 하루 일과를 마치고 집으로 돌아왔을 때 '내가 그때 왜 그렇게 했지?', '왜 나한테 이런 일이 생긴거지?', '내가 왜 그걸 못했지?' 등 후회와 걱정이 밀려왔다. 후회와 걱정은 나 자신을 혐오하게 만들었다. 혐오의 퇴적은 인생의 고통을 만들어 나를 괴롭혔다. 너무나 바보 같은 내가 용서가 안되고, 왜 이런 일들이 반복되는 것인지 이해하기 어려웠다.

그런데 어느날 다이어리를 적고 인증하는 모임에서 한 회원이 찍어 올린 글을 보고 충격을 받았다. 다이어리 한편의 감사일기를 쓰는 칸에 '맛있는 귤을 먹을 수 있어서 감사합니다'라고 적혀 있었던 것이다. '겨울이라 마음만 먹으면 저렴하게 귤을 사서 실컷 먹을 수 있는데, 그렇게 당연한걸 왜 감사하다고 적은거지?'라는 생각이 들었다. 그런데 곰곰이 생각해보니 건강상의 이유로 먹지 못하는 사람도 있고, 경제적 이유로 또는 귤을 팔지 않는 지역에서는 먹고 싶어도 먹을 수 없겠다는 생각이 들었다.

당연한 것, 늘 주어졌던 것들이 사실은 당연한 것이 아니라는 것을 깨닫고 감사일기를 쓰기 시작했다. 하루 3가지씩 감사할 거리에 대해 기록하기 시작하니 날이 갈수록 감사해야 할 것들이 이렇게나 많이 있었다는 것을 알게 됐다. 감사일기는 감사의 개수만 늘려주지 않았다. 감사하며 얼마나 많은 행복을 누리는지 알게 되었고, 부족과 결핍을 느끼며 고통스러웠던 감정들을 씻어버릴 수 있었다. 그리고 오늘 감사할 것이 없다하더라도 다가올 감사를 기대할 수 있는 자세로 변화했다.

마음 속 넓은 땅 중 많은 불평의 영역이 감사로 채워졌지만 여전히 해결되지 않은 구역이 있었다. 그것은 내가 담당하는 과목에 대한 불만이었다. 나는 늘 사회 선생님들이 부러웠다. 사회 교사가 되기를 꿈꿨지만 임용고사에 낙방하고 목구멍이 포도청이라 복수전공으로 가지고 있던 '상업정보' 교원자격증으로 특성화고 아이들을 가르쳤다. 6년이라는 시간이 흐른 뒤에야 학교에 특성화 계열이 없어지고 인문계로 전환되어 드디어 중학교에서 사회수업을 할 수 있는 기회가 주어졌다. 하지만 나의 기대와는 다르게 역사를 12시간, 사회는 5시간을 수업하게 됐다.

'나는 역시 복도 없는 인간인가 보다'라는 생각이 가득찼다. '나는 언제 사회 수업을 제대로 해보나'라는 불만이 생기며 과목에 대한 갈증이 생겼다. 그래도 일단 주어진 일에 최선을 다해야 하기에 전문적인 지식을 쌓고자 부전공으로 역사교원자격을 취득했다. 그리고 계획을 수정해 중학교에서 사회와 역사를 모두 담당하면서 여기서 전문성을 키워보자라는 목표를 세웠다. 하지만 야속하게도 재단에서는 다시 나를 고3 담임이자 역사교사로 발령을 냈다. 내가 이렇게까지 노력했는데 이제 사회교사는 못하게 되었구나라는 생각이 들었다. 그리고 그 어느 과목도 전문성이 없는 것 같아 초라하게 느껴졌다.

그런데 어느날 우리반 학생이 주제탐구 시간에 발표를 해야하는데 도무지 주제가 떠오르지 않는다며 상담을 왔다. 학생과 이것저것 이야기를 나누다가 '○○아, ○○과목에서는 ○○주제를 배우니까 이 주제로 이런 결론을 도출하는게 어때?'라고 조언했다. 한 명 한 명 상담해주니 학생들이 계속 찾아왔다. 상담을 통해 내가 가진 폭넓은 지식을 활용해 여러 과목과 단원의 주제를 연계해

내 인생의 플렉스는 지금부터

지도해 줄 수 있는 장점을 가졌다는 것을 알게 됐다. 비록 학문에 대한 깊이는 부족할지라도 학문간 융합된 주제나 하나의 주제에 대해 과목별로 연계된 다양한 개념과 이론을 알려줄 수 있는 능력이 있다는 것을 알고 열심히 아이들을 상담했다. 이 일을 계기로 문과학생들의 전공 역량을 발휘할 수 있는 프로그램 기획과 진로 상담을 담당하는 인문사회부의 부장이 되었다. 내가 가진 특성, 내가 가진 능력에 대해 이해하고 그것을 잘 활용하기 위한 노력이 없었다면 불가능한 일이었을 것이다.

세계적인 그림동화 작가 에릭 칼의 '뒤죽박죽 카멜레온'이라는 동화가 있다. 동화 속에서 카멜레온은 멋진 동물들의 다양한 장점을 부러워한 나머지 그들처럼 되고 싶다는 바람을 갖게 된다. 북극곰처럼 크고 하얗게 되고 싶어 몸을 희게 만들었고, 플라밍고의 날개가 부러워 날개를 달았고, 사슴처럼 빨리 달리고 싶어 뿔을 달았다. 결국 여러 동물들을 따라 붙인 것들 때문에 몸은 흉측하게 변했고, 자유롭게 움직일 수 없어 배가 고프지만 파리도 잡을 수 없게된 자신의 신세를 한탄한다. 카멜레온은 부러워했던 동물들의 장점을 다 가졌지만 행복하지 않았다. 그리고 본래 자신의 모습이 얼마나 소중한지 깨닫는다.

각기 사람의 모습이 다른 것처럼 내 모습 고유의 특성을 생각하지 못하고 좌절만 했던 시간에서 이제 해방되었다. 부족함, 이루지 못한 것에 대한 미련에서 벗어나 세상의 하나뿐인 나는 특별한 존재이기에 꽤 괜찮은 쓸모를 지닌 사람이며, 나대로의 쓰임에 맞게 성실히 살면 된다는 자신감을 가지게 되었다. 가지지 못한 것을 한탄하는 것이 아닌 나이가 들어가며 가진 것을 잘 활용하는 능력이야말로 가장 지혜롭게 사는 방법임을 깨달았다.

지금은 나만이 가진 장점을 오래도록 유지하고 싶어 진로진학상담 분야를 공부하고 있다. 대학원 과정을 통해 나만의 특별한 능력을 발전 시킬 미래의 모습을 상상하는 것만으로 기쁘다. 무기력과 우울로 삶의 의미를 잃었던 이전에는 상상조차 할 수 없던 일이다. 단지 나의 모습을 인정하고 장점을 개발하기로 마음을 먹었을 뿐인데 삶이 변화했고 미래에 성장한 나를 만나게 될 것이라는 기대로 가득찼다.

감사 일기로 시작한 삶은 나를 새롭게 바라보는 시각을 길러주었다. 그리고 미래의 비전을 가지게 된 것은 물론 스스로를 포용할 수 있는 능력을 기르게 되었다. 이 글을 읽는 당신에게도 감사일기를 통해 장점을 발견하고 그것을 개발하기 위해 노력할 것을 권한다. 미래의 당신이 웃는 모습으로 당신을 맞이할 준비를 하고 있다면 얼마나 설레일 것인가!

"삶이 있는 한 희망은 있다."

– 키케로

05

안정적인 삶

– 김수연

안정적인 삶이 우리네 인생에 있기는 할까? 문득 생각해본다. 어려서부터 안정적인 삶과는 거리가 멀었다. 북한에서 잠시 남한에 오셨다 전쟁으로 고향에 돌아가지 못해 정착한 아버지는 엄마와 사랑 없는 결혼으로 5남매를 낳으셨다. 법 없이도 살겠다는 고운 외모의 이미지는 남들에게 인기는 있었으나 엄마에게는 그렇지 못했다. 술 없이 못 사시는 나날들에 엄마가 아닌 여자가 아버지 주변에 늘 있었다. 엄마는 나를 데리고 아버지의 여자들 집에 방문해서 살림을 다 부수었다. 아주 어린 나이였지만 기억이 또렷하다. 아버지는 엄마를 때렸고 엄마는 피를 흘렸다. 아버지가 술 마시고 들어온 날은 초비상이었다. 날마다 〈나그네 설움〉을 부르시면 하염없이 눈물을 흘리셨다. 그런 아버지가 유일하게 세상에서 사랑하는 존재가 있었다. '똥도 예쁜 수여니'였다.

그건 내 별명이다. 태어나 동네 어른들에게 사랑을 한껏 받았다고 엄마가 말했다. 아버지도 나를 유독 아끼고 사랑하셨다. 하지만 안정된 가정을 제공받을 수는 없었다.

대학교 연극 동아리에서 남편을 만났다. 복학생 선배가 온다고 하여 모임에 갔다. 선배는 내 스타일이었다. 첫눈에 반했다. 다복한 가정이 아니었기에 결혼은 원하지 않았다. 동성동본이어서 더 좋았다. 어차피 결혼은 안 할 거니까 친하게 지내고 싶었다. 여자들에게 인기가 너무 많은 선배는 어느 날 내가 여자로 보인다고 했다. 그렇게 우리는 7년 사귀다 결혼에 골인했다. 사귀는 동안 남편의 착한 성격에 이끌려 나의 순수에 때가 묻으면 닦아줄 사람이라 굳게 믿으며 행복했다. 결혼 당일부터 화가 많은 남편의 유전자를 드러내며 지금까지 '화쟁이'로 살고 있다. 안정은 물 건너 간 나의 희망이었다. 난 더 이상 안정을 기대하지 않는다. 삶은 안정이 아닌 고통과 시련의 파도임을 깨달았다. 그럼에도 불구하고 삶은 계속 업그레이드된다. 고난이나 시련에게 고통을 내어 줄 맘이 없기 때문이다. 그것들을 내 성장의 밑거름으로 쓰기로 했다. 실패 없는 성공은 없고 시련 없는 성장은 존재하지 않는다. 남편은 지금 내가 행복바이러스라고 고백한다. 화쟁이 남편이 나로 인해 자주 웃는다. 아프신 부모님 때문에 힘든 나날의 연속이다. 남편도 환갑을 넘은 나이에 90살 아버님의 이유 없는 역정을 받아 내는 병수발이 쉽지 않다. 갑자기 찾아온 부모님의 병으로 인해 우리는 안정적인 삶에서 멀어지고 있다.

주변에 더러 유복한 집안의 자녀로 태어나 자상한 배우자를 만나 부족함 없이 사는 사람들을 본다. 그들에게도 시련은 작게 든 크게든 찾아온다. 그게 인생이고 삶이다. 나는 안락한 삶을 원하지 않는다. 고난을 숙명으로 받아들이고 개척해서 나아가는 삶이 값지다고 생각한다. 알에서 깨어나는 환희의 순간은 거저오지 않는다. 죽을 것만 같은 인고의 긴 터널을 건너서 비로소 태양을 마주한다. 이제 나를 반겨도 좋지 않겠는가 주문을 외운다. 안락에게 곁을 내어주어 안주하는 삶을 원하는 건 아니지만 안정적인 삶과 친구가 되어도 좋지 않겠는가 생각해 본다. 누구의 간섭도 필요치 않는 안정적인 삶을 구하려면 어떤 것들이 필요할까?

첫째, 삶의 출구 찾기

사람과 일에 시달려 피폐해질 때 나만의 출구를 만들어 대피하고 다시 에너지를 저장해 삶에 뛰어들어야 한다. 그러려면 나만의 탈출구가 필요하다. 삶이 나를 흔들 때 걷거나 드라이브를 한다. 책이 있는 공간을 찾아가 책을 사거나 꽃집에 들러 꽃을 산다. 문구류를 좋아해 책과 공책을 사기도 한다. 소소하게 나만의 정찬을 즐기기도 한다. 혼자 하는 여행은 힐링이 된다.

둘째, 나와 대화하기

출구를 마련하려면 누구보다 나를 잘 알아야 한다. 그래야 나답게 나를 치유할 수 있다. 내가 어떨 때 행복한가, 내가 좋아하는 장소는? 나는 무엇을 할 때 많이 웃는가? 시시때때로 나를 관찰하고 나와 제일 친해져야 한다. 나를 사랑해주고 내가 좋아하는 것들을 선물하고 나를 용서하고 나를 안아줘야 한다. 나랑 가장 많은 대화를 나누는 사람은 나다. 해결되지 않을 것 같은 일들도 나와 이야기 나누는 사이 하나하나 실타래가 풀리듯 해결된다.

셋째, 삶과 화해하기

삶과 지속적인 화해가 필요하다. 내 삶을 어루만지고 포용하며 나만의 방식으로 화해가 필요하다. 어릴 때 나의 어린아이의 내면을 보듬으며 읽고 쓰는 작업으로 내 삶을 어루만지고 있다. 가끔 모험을 떠나고 두려움을 용기로 바꾸어 자유를 향해 손을 뻗는다. 삶이 파도를 타며 뭍으로 안정적인 궤도를 그린다. 오르락내리락 반복하는 사이 성장을 숙성시켜 나이로 익어간다. 삶에게 너무 많은 것을 바라지 않아야 한다. 사람에게도 마찬가지다. 바라지 않고 두렵지 않음을 단련시키는 사이 자유를 호흡하는 자는 삶의 화해를 단계별로 완성시킨 자의 미소를 볼 수 있다.

넷째, 죽음을 포용하기

잘 죽는 법을 준비하는 것은 쉽지 않다. 죽음이 아름다운 사람이야말로 삶의 최고봉을 만난 자이지 않을까? 최근 시아버지가 많이 아프셔서 입원하셨다. 갑작스런 병마에 부모님과 함께 허둥대는 사이 삶이 피폐해지며 고초를 겪었다. 남편은 절대 자기 부모님처럼 늙지 않겠다며 다짐의 다짐을 한다. 분노와 집착의 옳지 않은 하모니가 만들어 내는 합창은 아름답지 않은 소음이 되었다. 그럼에도 시동생과 남편은 극진하게 부모님을 보살핀다. 죽음은 나쁜 것이 아니다. 온 곳으로 되돌아가 자연으로 하나가 되는 향연인 것이다. 집착과 욕심이 죽음을 부정한다. 부정하면 할수록 더 내 곁에 바싹 다가서는 어두운 그림자라는 것을 인간만 모르는 것 같다. 어리석기로 자처한 인간은 신의 영역을 넘어서는 오만함을 신에게 들키고 만다. 불멸을 넘보다 생마저 온전히 사랑하지 못한 가여운 존재들이 우리들인 것이다. 나만의 죽음을 아름답게 준비하는 여유로움을 삶에 더해보면 어떨까? 삶이 더 풍요롭고 풍성해지리라. 누구나 원하는 안정적인 삶은 불안정도 힘껏 안아 올리리라 결심할 때 불현 듯 다가온다고 믿는다.

"행복은 깊이 느끼고, 단순하게 즐기고,
자유롭게 사고하고, 삶에 도전하고,
남에게 필요한 사람이 되는 능력에서 나온다."

— 스톰 제임스

중년에 만난 삶의 원칙

— 이명희

2006년, 서울대 심리학자 최인철 교수가 펴낸 책 〈프레임〉이 많은 사람들에게 어떻게 세상을 봐야 하는지에 대한 안내서 역할을 했다. 그 책에서 저자는 '세상을 보는 눈'을 프레임, 즉 자기가 가진 세상에 대한 틀을 소개하면서 각자 어떤 프레임으로 세상을 보며 살아갈 것인지, 어떻게 사는 것이 행복한 삶인지 잘 설명해 주고 있다.

이 책을 바탕으로 나는 경제에 대한 프레임(틀)을 결정해야 할 필요가 있다고 생각한다. 우리는 세상을 살아가면서 돈과 친해지면 어쩐지 속물스럽다는 인식을 하고 살아온 것 같다. 특히 성리학을 국가통치 이념으로 이어온 조선시대의 영향으로 군자는 돈과는 좀 거리가 먼 사람이라는 관념이 오랜 시간 우리의 사고를 지배해 온 것이 아닌가 하는 생각까지도 하게 되었다.

그러나 현대 자본주의 시대를 살아가려면 경제적인 뒷받침 없이는 어려움에 봉착할 수밖에 없다. 요즘은 돈 없이는 그 어떤 것 하나도 쉽게 자기 것으로 만들기 어렵다. 당장 우리가 쓰는 학용품부터 마시는 물은 물론이고 심지어는 쓰레기를 버리는 일조차도 돈이 없이는 불가능하다.

나 자신이 무엇을 배우기 위해서도 돈이 들고, 밖에 나가기 위해서도 돈이 필요한 세상이다. 그렇게 필요한 돈에 대한 생각의 전환 없이는 안정적인 삶도 영향을 받을 수밖에 없다.

그렇다면 현대 자본주의 시대를 살아가는 우리들의 안정적인 미래를 위해서는 어떻게 해야 할까? 바로 경제에 대한 관념의 변화를 가져야 한다는 것이 나의 생각이다. 돈을 어떻게 바라봐야 하는지, 또 안정적인 생활을 위해 어떤 경제원칙을 가져야 하는지는 상당히 중요한 일이다.

현대인은 직장에서 일을 하고 그 댓가로 월급을 받아 생활하고 있다. 즉 안정된 경제생활을 영위하기 위해서는 싫든 좋든 직업을 갖고 일을 해야 한다는 것이다.

"돈을 벌기 위해 우리는 어떻게 살아야 할 것인가?"
"어떤 일이 행복한 일인가?"

누구나 한 번쯤은 고민해 본 문제일 것이다. 지금도 가끔 초·중등학교에 진로지도를 하러 다녀올 때가 있다.

학교에서 진로나 직업에 대한 수업을 할 때 항상 학생들에게 질문을 한다.

"세상에 있는 많은 일 가운데 어떤 직업을 갖고 싶은가요?"

"어떤 직업이 좋은 직업일까요?"

그러면 대부분의 학생들은 의사, 변호사부터 연예인, 유튜버 등 다양한 직업군을 이야기한다. 그런데 왜 그 직업을 갖고 싶은지 물으면 대부분이 '돈을 많이 벌기 때문'이라고 대답한다. 그러면 여전히 뭔가 씁쓸한 생각이 든다.

"과연 돈을 많이 버는 직업이 좋은 직업일까?"

"그 직업을 가진 사람들은 다 행복할까?"

"그렇다면 재벌이나 돈을 많이 가진 건물주들은 다 행복해야 하지 않을까?"

세상을 보는 눈을 어떻게 가지느냐에 따라 세상이 달라지고 마음의 창을 다르게 가질 수 있듯이 돈에 대한 프레임도 바꿔야 할 필요가 있다. 자기가 정말로 좋아하는 일을 하면서 돈을 번다면 좀 더 풍요롭고 행복한 삶을 살게 될 것이다. 한때 아이들에게 〈열 두 살에 부자가 된 키라〉라는 책이 인기를 끌었던 적이 있었다. 주인공 키라에게 머니라는 개가 경제원칙을 가르치는 책이다. 주인공 키라는 경제원칙을 깨닫고 교환학생이 되어 외국에서 공부를 하게 되고 결국 자기 삶을 스스로 개척해서 행복하게 된다는 이야기이다.

우리가 안정된 삶을 영위하며 정서적으로도 행복하게 살아가려면 어떤 경제원칙을 알아야 할까?

첫째, 일을 해야 하는 이유를 깨닫는 것이 중요하다.

우리 주변에는 자신이 일을 해야 하는 이유를 모르고 일을 하는 사람들이 있다. 그저 돈을 벌기 위해 일을 하는 사람은 자주 지치고 힘들어하며, 일하는 자신이 초라하고 허무하다는 생각을 하게 될 것이다. 그러면 일을 할 때도 열정 없이 그저 시간을 떼우게 된다.

요즘은 젊은 세대가 취업해서 경제활동을 영위해 나가기는 쉽지 않다. 그런데 간혹 매스컴에서 어렵게 취업에 성공한 사람들이 쉽게 직장을 포기하고 나와버린다는 기사를 읽을 때가 있다. 물론 각자의 사정은 있겠지만 자기의 미래에 대해 멀리 보지 못하고 근시안적인 생각을 하기 때문이 아닐까라는 걱정이 앞선다. 힘든 선택에 대해 각자가 심사숙고하고 결정하겠지만 왜 그곳에 취업을 하려고 했고, 그 뒤의 삶은 어떻게 영위할 것인지 청사진을 세우고, 자기가 선택한 일에 숙고하는 시간이 필요하지 않았을까 하고 말이다. 그렇기 때문에 일을 하는 명확하고 구체적인 이유를 알고 하는 것이 더 중요하다는 생각이 든다.

작가 유안진은 에세이 〈지란지교를 꿈꾸며〉에서 이렇게 말했다.

"푼돈을 벌기 위해 하기 싫은 일을 하지 않고, 천년을 가도 가락을 지니는 오동나무와 춥게 살아도 향기를 팔지 않는 매화나무처럼 결코 제 모습을 잃지 않기 위해 애쓰며 자유롭게 살리라."

그렇다. 처음부터 푼돈을 벌기 위해 싫은 일을 하는 사람들은 없을 것이다. 그러나 세상에 부대끼다 보면 자기도 모르게 자신을 잃어버리는 경우가 있다. 부디 잠깐이라도 고개를 들어 하늘을 보며 자신이 왜 일을 해야 하는지 그 이유를 되새긴다면 다가오는 미래가 그렇게 팍팍 하지는 않을 것이다.

둘째, 좋아하고 잘 할 수 있는 일을 해야 행복하다.

지난 2022년 겨울은 다가올 내 삶의 전환기가 될 것 같은 생각 때문에 참 고민이 많았던 시간이었다. 그동안 해 오던 대학 강의가 끝나는 시점에 와 있었기 때문이었다. 그래서 생각한 것이 그동안 시간을 맞추지 못해 미뤄두었던 "경주박물관대학"에 등록을 하는 일이었다. 주변에 있는 가까운 사람들에게 그 사실을 말했더니 한결같이 뚱한 표정을 지었다. 일단 거리가 너무 멀고 3년동안 매주 토요일에 시간 맞춰 다니는 일은 불가능하다는 것이었다. 거기다 일요일에는 매주 답사가 진행되기 때문에 결국 일주일에 두 번을 부산에서 경주까지 오르내리기에는 무리라는 것이었다.

며칠 고민을 하다가 내린 결론은 '내 인생의 주인은 나 자신'이라는 생각이었다. 고민만 하다가 이번 기회를 놓치면 후회할 것 같았기 때문이었다.

'일단 지르자. 그리고 더 좋은 방법을 강구해 보기로 하자.'

그렇게 나는 경주 박물관 대학에 원서를 내고 등록을 했다. 경주에 대한 동경은 이미 오래 전에 있었다. 방학 때 학생들을 데리고 유적지 답사를 갔을 때 박물관 대학이 있다는 것을 처음 알고부터 20여 년이 지났다. 나도 언젠가는 저곳에서 신라문화에 대해 자세히 배워보리라는 기대를 품고 살았다. 그렇게 오랜 시간을 기다린 덕분에 꿈을 이루게 된 것이었다. 지난 일 년 동안 토요일과 일요일에는 경주에서 신라를 만나는 시간을 가졌다. 정말 내가 좋아하는 일을 한다는 기쁨으로 기초반 일 년을 다녔고, 지금도 연구반으로 올라가 신라와 교역한 동남아와 이슬람 문화, 나아가 그리스 로마의 문화까지 조금씩 알아가는 중이다. 자기가 좋아하는 일을 하면 물리적인 거리는 문제가 되지 않는다.

좋아하는 일을 하다 보니 가끔은 역사 인문학 강의를 의뢰해 오는 분들이 있다. 강의를 할 때면 좋아하는 일이라 자신감이 붙고, 자신이 있으니 나도 모르게 열정적인 강의를 할 수 있게 된다. 지난 5월, 어느 회사에서 강의를 마치고 나오니 한 분이 질문을 했다. 어떻게 하면 그렇게 신나게 강의를 할 수 있느냐고 말이다. 재미없는 '직원 인문교육' 강연이라 일 핑계를 대고 참여를 망설였는데 참여하길 잘했다며 고맙다고 인사를 했다. 자기가 좋아하는 일을 하면 능률이 오르고 힘이 난다. 그러면 더 좋은 대가가 기다리는 것은 당연한 결과이다. 자기가 잘하는 일을 할 때는 행복감이 상승하여 피곤한 줄도 모를 때가 많다. 그러다 보면 좋은 결과가 따라오게 마련인 것은 세상의 이치가 아니겠는가? 이렇게 좋아하는 것을 계속하려면 적당히 안정적인 기반이 필요하다. 일과 좋아하는 것을 병행하면 안성맞춤인 것이다.

셋째, 자기가 하는 일에서 경제적 만족감을 누릴 수 있는지 생각해야 한다.

먼저 자신이 일을 해야 하는 이유를 알고, 그 일이 좋아하고 잘하는 일이라면 조금은 걱정이 덜어진다. 그러나 현대를 살아가다 보면 소비생활을 해야 한다. 그렇기 때문에 아무리 좋아하고 잘 하는 일이라 하더라도 경제적인 대가가 없다면 어렵고 힘들 수밖에 없다. 거기다 단순히 먹고 살기 위해서 일을 하거나 생계를 위해 하기 싫은 일을 해야 한다면 그건 더 힘들고 괴로울 것이다.

만약 자기가 좋아하고 잘하는 일에 경제적인 보상까지 따른다면 그보다 금상첨화인 일이 있을까 싶다. 그러면 대부분의 사람들은 '세상에 그런 일이 어디 있으며, 그렇게 운이 좋은 사람들이 얼마나 되겠느냐'고 반문할 것이다. 그런데 우리 주변을 돌아보면 의외로 자기가 좋아하는 분야에서 업적을 올리며 열정적으로 살아가는 사람들이 많다. 그래서 학교에서는 학생들에게 진로

교육을 하고, 꿈이 무엇인지, 꿈을 갖는 것이 왜 중요한지 가르치고 있는 것이 아니겠는가?

나는 오랜 시간 가르치는 일을 해 왔다. 학교에서, 평생교육 기관에서, 공공기관에서 많은 사람들을 대상으로 교육철학과 책 읽기, 인문학 등을 교육했다. 지금도 평생교육 기관인 도서관에서 성인들을 대상으로 하는 역사 인문학을 강의하고 있다. 내가 좋아하고, 내가 잘하는 것을 강의로 풀어내고, 그 결과로 내가 하고 싶은 공부를 할 수 있다는 것은 무엇과도 바꿀 수 없는 행복한 시간이다. 나는 남들이 생각하는 경제적 자유를 누릴 정도로 풍족하지는 않다. 그러나 경제적 자유에 대한 정의도 사람들마다 다르기 때문에 자기가 느끼는 자유면 충분하지 않을까 하는 것이 내 생각이다. 부담 없이 자기가 하고 싶은 일을 하고, 자기에게 좀 더 가치 있고 의미 있는 보람된 일에 자기 자신의 에너지를 쏟을 수 있다면 일을 하는 사람의 삶은 한층 더 활기에 넘치게 될 것이기 때문이다. 그리고 그 대가로 자기가 배우고 싶은 것을 새롭게 공부할 수 있는 여유, 그 정도면 분명 자기가 하는 일에서 경제적인 만족감도 누리며 살아가는 것이라고 생각한다.

다시 말하면 삶을 좀 더 안락하고 안정적으로 유지하기 위해서는 정말 자기가 원하는 일, 좋아하는 일을 할 수 있을 때 행복을 누릴 수 있는 것이다.

나는 오늘도 내가 좋아하는 일을 하며 즐겁게 살아가는 사람 가운데 한 사람이라고 생각하며 열심히 살고 있다. 현재 여기서 행복하면 그만 아니겠는가?

"어제는 역사이고, 내일은 미스터리지만 오늘은 선물이다. 그것이 우리가 현재를 선물이라고 부르는 이유이다"

– 영화 쿵푸팬더 중, 마스터 우그웨이의 말

07

절약도 저축이다

- 이시현

'나는 무엇을 위해 살았는가?'

글쓰기 챌린지에서 정해준 주제가 잠시 나를 깊은 생각에 잠기게 했다.

'정말 나는 그동안 무엇을 위해 치열하게 산 걸까...?'

그건 돈이었다. 오로지 돈 버는 것을 목표로 살았다 할 수 있다.

결혼 직후 생활전선에 뛰어들어 30년의 긴 세월 동안 단 한 번도 쉬지 않고 경제활동을 위해 정신없이 살아 온 것이다.

친정어머니는 당신과 다르게 잘사는 집에 시집가서 돈 걱정은 안 할 거라며 좋아하셨지만 어머니의 생각과는 다르게 나는 지금도 걱정하며 산다.

남편이 지병으로 경제적 활동을 더 이상 못하게 되자 내가 생활전선에 뛰어들었다.

간간이 시어머니의 지원 덕분에 직장생활로 버는 돈으로 감당 못 하는 부분은 채울 수 있었으나 두 아이가 커가고 있는 상황에서는 그마저 충분치가 않아 돈에 대한 압박으로 어깨가 점점 무거워졌다.

그러던 중, 시어머니께서 돌아가시며 조금 남겨준 자금이 생겨 생활비도 안되는 직장을 그만두고 소규모 유통업을 시작하게 되었다. 처음 내 이름으로 된 사업자등록증을 받아 든 순간, 나는 기대보다는 '이 일로 돈을 벌 수 있을까? 망하면 어떡하나?' 걱정이 앞섰다.

사업은 정말 어려운 일이었다. 여자 혼자 몸으로 아니 활동적이지도 못한 내 성격으로 운영하는 건 생각보다 힘들고 버거운 일이었다. 그러나 살기 위해서는 이를 악물고 이겨내야 했다.

그 덕에 수줍음 많고 소심하고 나약했던 나는 어느새 단단해져 억척을 떨며 열심히 일할 수 있게 되었다.

하지만 그 수고에 비해 수입은 적었다. 하나님은 늘 우리 가정에 필요한 지출만큼만 수입을 허락하셨지 마냥 사업이 잘되어 부를 축적할 기회는 용납하지 않으셨다. 지금 생각하면 빚지고 사업을 접는 사람들도 많은데 그래도 아이들을 키우며 먹고 살 수 있게 해주신 것만으로도 감사드려야 할 일이다.

나는 아이들이 장성하여 본인들의 소비를 스스로 해결할 수 있게 되자 심적으로 홀가분해졌다. 그 후로 모든 일을 접고 다시 직장인으로 돌아온 지 15년째이다.

역시 직장생활이 내게 딱 맞는 옷이다.

이제 정년을 코앞에 둔 나이가 되었다.

노후를 생각할 나이다. 아니 이미 끝냈어야 할 노후 계획은 커다란 부담으로 다가온다.

그저 한달 한달 지출에만 연연하며 살던 삶에서 이제 돈 걱정은 하지 않겠지 했더니 어느새 노후가 떡하니 우리 앞에 놓여 있다.

"늙어서도 자식이나 손주가 찾아오게 하려면 돈이 있어야 해"

"돈 있어야 할머니 대접받는 세상이야. 뭐라도 사줘야 좋아하지."

"남편 먼저 가면 상속세 아깝다고 자식한테 다 주고 용돈 받아야지 하는 생각은 하지 말아. 내 몫은 꼭 챙기고 죽을 때까지 가지고 있어야 해."

오래 함께한 직장 동료 모임에 가면 빠지지 않고 나오는 돈이야기다.

언니들은 나보다 최소 6살에서 최대 12살까지 많다. 나는 언니들의 대화 속에서 나의 미래를 보는 느낌이다.

제3장 정서적이고 안정적인 삶

삶이란 뼈대는 다 공통된 것 같다.

다섯 명의 언니는 처음엔 자식 결혼 이야기로 꽃을 피우더니 그다음 해에는 아들, 딸 내외에 서운한 얘기로 속상함을 풀고 어느 해부터는 손주 자랑으로 서로 경쟁하듯 수다를 떨었다. 요즘은 여기저기 아프다는 얘기와 함께 약장수가 되었는지 어디에 좋은 약은 뭐가 최고라며 홍보하기 바쁘다. 그리고는 병원비와 약값만 나간다며 또 돈 걱정으로 한숨을 쉰다.

건강과 돈 이야기가 두세 바퀴 돌면 우리의 모임은 끝난다.

부유하게 사시는 분들이나 그렇지 못한 분이나 걱정하는 건 다 마찬가지다. 모임에서 제일 막내인 나는 언니들 얘기에 늘 나의 현시점을 확인하고 다음 단계의 미래를 본다.

이제 어느덧 나도 언니들처럼 건강과 노후 자금을 걱정할 나이가 되었다.

노후에 건강만큼 중요한 돈, 은퇴 후의 안정적인 생활을 위해 필요한 노후 자금의 중요성은 친구들 모임에서도 자주 등장하는 이야기가 되었다.

은퇴 후 필요한 생활비, 의료비 등을 포함한 가계수입을 어떻게 모으고 관리를 해야 하는 걸까?

지금 내 나이 예순, 백세시대라 하지만 25년 더 산다 가정해도 85세이다.

85세까지 산다고 가정하면 노후 생활비로 한 달에 최소 얼마이면 될까? 내 생각엔 적어도 부부가 함께 사용해야 할 돈은 매달 300만원은 필요하지 않을까? 라고 말했더니 친구들은 그 이상은 있어야 한다고 말한다. 그럼 10억이 넘는 자금이 있어야 한다는 말인데 노년에 갓 입문한 나로서는 그동안 준비되지 않는 미래를 어찌 풀어가야 할지 눈앞이 더 캄캄해졌다.

나는 전문가들의 생각이 궁금해져 관련 내용을 검색해보았다. 자산관리 전문가들도 친구들처럼 매월 500만원의 자금을 제시했다. 그 정도의 자금은 있어야 안정적인 노후를 보낼 수 있다고 강조하는 것이다.

헉! 매월 그만큼 월급을 타는 사람도 많지 않은데 나로서 놀라지 않을 수 없었다. 어떤 기준에서 나온 금액인지 모르지만 아마 충분한 병원비 예산이 포함된 것이라 본다.

나처럼 쌓아 놓은 돈이 없다면 자식을 의지하거나 죽는 날까지 일하는 방법뿐인데 누가 나이 든 사람을 고용하겠는가? 아니 고용하더라도 우리의 육체가 그 일을 따라 줄지 아무도 장담할 수 없는 일이다. 그렇다고 자식을 의지한다는 것도 말이 그렇지 어느 자식이 좋다고 할까?

효를 강요하는 세대는 우리가 마지막 세대가 아닐까 싶다.

과거 우리는 부모가 돌아가실 때까지 돈이 있든 없든 책임을 다하려는 세대였다면 지금 자식들은 과연 부모의 부양을 어떻게 받아들일까?

제3장 정서적이고 안정적인 삶

그보다 우리가 자식에게 신세를 지고 싶지 않은 마음이 더 클 것이다. 당신들이 겪어 본 힘들었던 효를 사랑하는 자식에게 강요하고 싶지 않기 때문이다. 그러기에 우리의 노후는 우리가 책임지려는 노력은 해야 한다.

유튜브의 전문 자산관리사들은 여러 가지 노후 자산 만드는 방법을 제시하였다.

국민연금을 활용하는 방법과 주택연금, 월 지급식 금융상품, 월 또는 분기별 배당금을 받는 ETF 등을 활용한 다양한 투자 방법을 친절하게 설명하면서 노년 자금의 중요성을 재차 강조하였다.

들어보지도 못한 용어들과 복잡한 계산법으로 순간 머리가 어지러워졌다. 무엇보다 쏟아지는 자산관리 콘텐츠를 보면서 놀란 것은 노후자금 대비에 젊은 세대들도 많은 관심을 갖고 있다는 것이다. 역시 똑똑한 세대이다.

살기 급급했던 나였지만 그동안 생각 없이 산 건 아닌지 참으로 한심스럽다.

그나마 전문가들이 제시하는 방법 중에 귀가 쫑긋한 내용은 연기 연금과 주택연금에 관한 이야기다.

국민연금이 어떻게 될지 모르는데 가입하지 말라고 잔소리하는 남편의 말을 뒤로한 채 가입한 것은 참 잘한 일이다. 생활비로 얼마래도 보탤 수 있는 금액과 물가 상승분을 적용하여 매달 나오는 금액이 이렇게 큰 힘이 될 줄 몰랐다.

그리고 주택연금 제도도 잘 활용하면 죽을 때까지 생활비는 걱정하지 않아도 될 것 같다.

어려웠던 생활에도 적은 금액이지만 틈틈이 저축했던 노력이 조금이나마 힘이 되어주니 그동안 고생한 보람이 있다.

막막했던 노후가 사회제도로 인해 한층 부담은 가벼워졌으나 갈수록 치솟는 물가에 대응하기 위해서 무엇보다 가장 먼저 해야 할 일은 절약이 아닐까 싶다.

일할 수 있는 범위는 줄고 수입원이 없어지는 상황에서 생활비를 적절히 관리하고 불필요한 지출을 줄인다면 절약도 저축이 되기 때문이다.

경제적 안정을 유지하는데 필요한 좋은 습관은 고정적인 지출과 유동적인 지출을 잘 파악하여 상세히 기록하고 소비할 때는 한 번 더 필요성을 생각하고 지출하는 것이라고 한다.

우리가 자식들에게 부담을 주지 않고 초라한 노후를 보내지 않으려면 지금부터라도 불필요한 소비를 줄여보자.

노후에 흔히 겪는 고통은 건강, 돈, 외로움이라고 한다.

이 세 가지가 원이라면 원들은 교집합으로 서로 연결되어 있다.

그중 재정적 어려움을 겪는다면 엄청난 스트레스로 정서적 불안감이 생기고 그로 인해 건강까지 나쁜 영향을 미치는 것처럼 어느 하나라도 잘못된다면 연결고리로 인해 결국 모두 다 무너지게 되는 비극이 온다. 우리는 세 가지 주요 요인들을 잘 파악해서 어느 것 하나라도 균형이 깨지지 않도록 지혜롭게 준비하여 편안한 노년을 맞이하자.

갓 노년에 들어선 나는 그동안 준비하지 못한 노후 계획으로 마음이 바쁘다.

찌질하고 남루하게 보낼 수는 없기 때문이다.

우리 모두 남은 인생은 정서적이고 안정된 생활과 삶의 질 향상을 위한 끊임없는 노력으로 웰다잉(Well Dying)의 첫발을 잘 딛어보자.

행동만이 삶에 힘을 주고
절제 만이 삶에 매력을 준다.

― 장 폴 리히터

제4장

사회적 연결망 구축

01

오늘도 만나러 갑니다.

– 김은미

십 년 전 즈음 TV에서 행복한 노후와 관련된 프로그램을 보았다. 사회자가 먼저 초대 손님들에게 질문을 던졌다.

"여러분, 행복한 노년을 보내기 위해서는 정기적인 모임이 몇 개나 있으면 좋을까요?"

초대 손님 중 머리가 하얗게 센 분이 말씀하셨다.

"2개요! 마음 맞는 사람들과 깊이 있는 교제를 나누려면 2개가 적당할 것 같습니다."

그러자 검은 머리에 중후한 멋을 낸 초대 손님이 말했다.

"3개 정도면 적당하지 않을까요? 그 이상이 되면 노년에 부담이 될 것 같습니다."

초대 손님들의 답변을 정리한 사회자가 이번에는 출연진 중 전문가 패널로 출연한 정신건강의학자에게 어느 정도의 모임을 유지해야 적당한지 알려달라고 했다. 질문을 받은 의학박사가 대답했다.

"현재 60대이신 분들을 기준으로 보았을 때, 약 10개 정도의 정기적인 모임에 참여하는 것이 가장 이상적입니다."

그 말에 사회자와 출연진들은 모두 깜짝 놀라는 행동을 했고, 방청객은 술렁거렸다. 나 역시 3~4개쯤이면 적당하다고 생각했기에 그 말을 듣고 의아했다.

'나이 들수록 수입은 줄어들고, 체력도 떨어질 텐데 어떻게 10개의 모임에 참여한다는 말인가?'
'그게 과연 가능하긴 한 숫자인가?'
'실제로 그런 노년을 보내는 사람들이 있나?'

나는 전문가가 그렇게 주장한 근거가 무엇일지 너무 궁금해져서 더욱 집중해서 보았다.

웅성거리는 출연진들에게 의학박사는 설명을 시작했다.

"우선 노년층 모임의 특징을 고려해야 합니다. 그것은 시간이 흐를수록 자연스럽게 모임의 구성원이 감소한다는 것이지요. 노년의 모임일수록 구성원들이 중병에 걸리거나 사망에 이르러 모임참석자가 점차 줄어들며 모임 자체가 사라지게 됩니다. 그래서 80대가 되면 2~3개의 모임만이 남게 됩니다. 그런데 이런 특징을 간과하고 60대에 마음에 맞는 소수의 모임만을 참여한다면 70~80대에는 참여할 모임 자체가 없어져서 노년을 매우 외롭고 쓸쓸하게 보내게 될 것입니다. 그러므로 외롭지 않고 행복하고 풍성한 노년을 보내기 위해서는 모임 안에 마음에 맞지 않는 사람이 있다고 참석을 피하지 말고, 조금 더 열린 마음을 가지고 수용하면서 적극적으로 모임에 참석해야 합니다."

그동안 나는 노년에 별다른 관심이 없었다. 아직 나와는 거리가 먼, 막연히 도래할 '언젠가'라고 생각했기 때문이다. 그런데 노후와 관련된 공저를 준비하면서 어느덧 나도 노년의 시작점에 성큼 다다른 것을 깨닫고, 그때 보았던 프로그램이 떠올랐다. 그리고 행복한 노년을 대비하려면 사회적인 모임을 잘 유지해야겠다는 생각이 들었다. 그래서 현재 내가 참여하고 있는 모임은 어느 정도인지, 주변과의 관계는 어떤지 살펴보았다.

나의 친구들은 모두 다양한 곳에 흩어져 살고 있고, 자녀들이 학습에 전념할 시기이기에 만나기가 쉽지 않다. 대신 힘이 되는 정기적인 오프라인 모임이 있다. 같은 처지에 있으면서 꿈을 꾸는 사람들 셋이서 운영하는 모임이다. 우리는 한때 같은 지역에서 교육을 들으며 안면을 텄다. 당시 나는 육아에 지친 경력 단절 여성이었고, 아이들을 어린이집에 보내 놓고 직장을 구해보려 했으나 직장 구하기가 쉽지 않다는 것을 실감하던 시기였다. 마침 지역여성회에서 '미디어 강사 양성 과정' 수강생 모집공고를 본 후 낮에 비는 시간을 활용해서 배워 놓으면 아이 교육과 자기계발에 도움이 되겠다는 생각이 들었다. 여기서 배운 것을 바탕으로 제2의 직업을 키워 나가겠다는 꿈을 품고 교육에 참여했고, 그곳에서 나와 비슷한 처지에 놓인 사람들을 만났다. 그러나 지향점과 가치관이 너무 다른 사람들과는 오랜 만남이 유지되지 않았고 모두 바빠져서 자신의 자리를 찾아 뿔뿔이 흩어졌다. 결국에는 비슷한 성향과 지향점을 가진 셋만이 남아 조금씩 우정을 키워 나갔다.

　우리는 정규교육이 끝난 이후에도 온라인 모임인 '네이버 밴드'를 통해 삶을 나누었다. 서로가 다른 지역, 다른 나라에 가서 살 때도 서로의 소소한 일상을 함께 하며 육아 고민, 삶의 고민을 함께 헤쳐 왔다. 삶의 찬란한 순간과 터널처럼 어두운 순간들을 함께 묵묵히 헤쳐 가는 동안 이제는 우리의 모임이 삶의 일부가 되었다. 서로 다른 곳에 사는지라 비록 자주 만나지는 못하지만 몇 달 만에 만나도 어제 만난 것처럼 자연스럽다. 헤어지는 순간에는 너무 아쉬웠으나 밴드를 통해 늘 만날 수 있으니 외로움을 견딜 수 있다. 누구보다 서로를 감싸주고 응원해주는 이 모임이 노년까지도 아름답게 지속되기를 우리 모두 바라고, 함께 노력하고 있다.

업무적으로는 같은 브랜드 가맹점 원장님들과의 모임이 있다. 본사를 통한 모임이라 비정기적이지만 어딘가에서 나와 같은 일을 하는 동료들이 있다는 자체가 큰 의지가 된다. 1인 사업장의 특성상 혼자 결정하고, 혼자 책임져야 하는 일을 매일 하다 보면 작은 문제에 부딪혀도 깊은 슬럼프에 빠질 때가 종종 있다. 그럴 때마다 조언해주고, 자신들의 경험을 기꺼이 공유해주신다. 덕분에 나는 처음 겪는 문제도 원만하게 해결할 수 있었고, 슬럼프에서 쉽게 빠져나올 수 있었다. 짧은 나의 경험이지만 비슷한 고민을 하는 또 다른 분들에게 나 역시 도움을 드릴 때도 있다. 딱히 직장 동료가 없는 일을 하면서 비정기적으로라도 이런 모임을 유지할 수 있음에 감사한다.

또 나에게는 많은 형제가 있다. 우리는 집안의 모든 대소사를 함께 의논하며 해결한다. 점점 나이 들어가시는 어머니를 뵐 때마다 가까이 살면서도 바쁘다는 이유로 잘 챙겨드리지 못하는 것이 늘 죄송스러웠다. 그런데 그런 틈을 언니와 동생들이 기가 막히게 메꿔 준다. 형제들이 매일 어머니께 전화 걸어 안부를 묻고 오랜 시간 수다도 떤다. 또 어머니께 필요한 생필품들을 택배로 보내주기도 한다. 종종 찾아와서 어머니와 같이 전통 5일장도 가고, 맛있는 것도 사드리며 각자의 형편에 따라 어머니의 필요를 채워준다. 이런 형제들 덕분에 나도 의무가 아닌 기쁜 마음으로 형편껏 어머니를 도와 드릴 수 있었다.

자기 계발 모임으로는 카카오톡 오픈채팅방 '공투맘의 북랜드'에 참여하고 있다. 나이 들수록 세상에 뒤처지면 안 된다는 조바심이 생기는데 작년부터 참여하게 된 이 모임에서는 빠르게 변화하는 사회에 적응하는 방법을 배워나가고 있다. 디지털 세상에서 사람들과 소통하는 법, 다양한 소통 프로그램, 지식 산업 창출, 디지털 도구 등 다양한 분야를 접하고 있다. 여기에는 지금까지 나의 삶은 나태 그 자체였음을 일깨워주는 사람들이 많다. 새벽부터 일어나서 책 읽는 사람, 글 쓰는 사람, 운동하는 사람, 매일 매일 최선을 다해 정말 치열하게 사는 사람들이 넘쳐 난다.

단 1분의 시간만으로도 감동을 받을 수 있다. 그리고 내가 원하기만 한다면 날마다 역동적인 모임에 새로 가입하는 것도 가능하다. 카카오톡 오픈 채팅방의 모임들은 거미줄처럼 서로 연결되어 상생하고 있으므로 가능한 일이다.

공투맘의 북랜드를 통해 '공저'에도 참여하게 되었다. 어린 시절부터 막연하게 나도 언젠가는 책을 쓰고 싶다는 바람을 가지고 있었다. 하지만 늘, '지금은 너무 바빠. 조금 더 한가해지면 연습해야지.' 하며 넘겼더니 금세 흰머리에 염색하는 나이가 되었다. '더 이상 미루지 말고 노년이 되기 전에, 조금이라도 잘 보일 때 해보자.'라며 이곳저곳 참여해 열심히 도전했다. 2년의 시간이 흐른 지금, 어느새 글쓰기 모임의 참여자가 되어 있는 나를 발견한다. 글쓰기는 나에게는 오랜 꿈이지만 한편 두려운 미지의 세계였다. 이 공저 모임이 나에게는 또 다른 열린 길이다. 이 길을 가는 동안 무엇을 볼지, 무엇을 경험할지, 너무나 궁금하고 기대된다.

나의 시간 안에서 내 곁에 있는 사람들에게 좋은 사람이 되어주고 싶다. 더불어 내 옆에 좋은 사람들이 있었으면 하는 바람이 있다. 이런 바람들을 이루기 위해 현재 나는 여러 모임에 참여하며 꿈을 이룰 수 있는 징검다리들을 발견해 나가고, 과감히 한 발 한 발 내딛으면서 성장하고 있다. 나에게 주어진 시간이 얼마나 될지는 알 수 없다. 그러나 남은 시간을 가늠하는 것보다는 그 시간을 어떻게 아름답고 향기롭게 채워나갈지 생각해봐야 겠다.

풍요로운 관계를 위해서 먼저 내가 속한 모임들을 점검해보는 것이 필요하다. 그리고 새로운 모임에 활발히 참여하는 것을 추천한다. 오프라인 모임도 좋고 온라인 모임도 좋다. 오프라인은 직접 만나 대면하면서 빠르게 친밀한 관계를 만들 수 있으며, 자신의 성향과 맞는 사람을 만나기 쉽다는 장점이 있다. 이와는 달리 온라인 모임은 접근하기 쉽고, 자신의 관심사와 딱 맞는 전국 각지의 사람들을 만날 수 있다. 그리고 만남을 위해 이동하지 않아도 되며, 실시간으로 서로를 응원해 줄 수 있으므로 온라인 모임이 늘어나는 추세이다. 노년기에 접어들수록 세상 밖으로 나가야 한다. 다양한 모임은 삶의 질을 높여주고 꿈에 한 발 더 다가가는 계기가 될 것이다.

"우리는 만남을 통해 사람들과 연결되고,
그 연결을 통해 세계를 이해하고, 성장한다."

– 제니퍼 허드슨

02

긍정적인 사람들을 만나자

— 김원배

蓬生麻中이면 不扶自直하고, 白沙在泥면 與之皆黑이니라.

(봉생마중이면 불부자직하고, 백사재니면 여지개흑이니라)

[사자소학(四子小學)] 〈교우(交友)편〉에 나오는 글이다. '삼 밭 속에서 난 쑥은 도와주지 않아도 절로 곧게 자라고, 흰 모래가 진흙 속에 있다면 서로 함께 모두 검어진다'는 뜻으로, 실제 환경요인의 중요성이나 벗과의 교제를 경계하는 용도로 예로부터 많이 사용되어 온 구절이다. 언제나 자신의 의지여부와 관계없이 점진적으로 변화되는 자기 삶의 자세를 돌아보고 자신이 중요시하는 가치를 찾아 볼 수 있다.

사회나 조직 구성원들을 보면 주변 사람들에게 좋은 영향을 미치는 사람이 있는 반면 악영향을 미치는 경우도 많이 있다. 맹자의 어머니는 맹자를 좋은 환경에서 교육시키고자 세 번의 이사를 했다. 지금도 많은 부모들은 자녀가 좋은 환경 속에서 공부할 수 있게 하기 위해 정보를 탐색하고 교육과 양육을 위한 좋은 환경과 자녀를 키우기에 좋은 환경으로 몰려들고 있다. 이러한 환경은 누가 만들어 가는가?

개개인은 자신이 속해 있는 조직에서 주변에 어떤 영향을 미치고 있는가 살펴야 한다. 좋은 환경 속에서 다른 이들에게 좋은 영향을 미치는 사람으로 기억되어야 하지 않을까? 나는 주변 사람들에게 어떤 영향을 미치고 있을까? 챗GPT 시대를 초연결, 초지능화, 초융합 시대라고 한다. 좋은 영향을 미치는 어른으로 살아가는 것도 미래 사회를 살아 가는데 필요한 덕목이다. 빠르게 변화하고 종종 혼란스러운 세상에서 우리가 유지하는 관계들은 우리의 사회적 습관을 반영할 뿐만 아니라 개인적, 정서적 발전의 기본 구성요소이다.

요즘 인터넷이나 텔레비전에는 즐거운 뉴스가 없다. 부동산, 실업률, 취업, 저출산 고령화 등 어둡고 걱정되는 뉴스로 가득하다. 청년들에게는 더욱 즐거운 뉴스들이 아니다. 아침마다 아내와 커피 한잔 마시면서 '아이들 결혼해서 집 장만을 어떻게 해야 하지?', '이렇게 집값이 치솟으면 젊은 사람들 어떻게 살라는 거지?'라는 고민을 함께 나눈다. 첫째 아이가 취업 준비를 할 때,

"이제는 공부 그만하고 일하고 싶다."라는 말을 했다. 요즘 청년들의 고민일 것이다. 대학교 4학년 마지막 학기, 취업 준비를 하면서 하고 싶은 일을 하기 위해 요즘 청년들은 늦게까지 공부를 한다. 시작을 했으면 끝장을 보려는 마음가짐과 잘 될 것이라는 긍정적인 자세가 필요한 시기다. 어느 상황 속에서도 포기하지 말아야 내가 원하는 꿈을 이룰 수 있다. '지금까지 해왔듯이', '대입준비하느라 고생했듯이', '군대 생활 무사히 마쳤듯이' 본인들에게 주어진 일에 성실하게 최선을 다하면 이 세상에 못 할 일은 없을 것이다. 그런데 요즘은 열심히만 가지고는 되지 않는다. 나 자신만 바라보지 말고 주변도 살필 줄 아는 사람이 되어야 한다. 긍정적이고 남을 배려하며 사회적인 규칙 잘 지키면서 살아가는 삶이 안정적인 미래를 만들어 가는 방법이다. 어떤 직무를 맡더라도 즉시 할 수 있는 역량을 키우도록 항상 준비되어 있어야 한다. 퇴직을 앞둔 직장인이라면 인생 2막을 어떻게 살아갈 것인지 미리 준비를 해둬야 한다. 유튜브에 나오는 영상 속에서 세상을 바라보고 배우려는 사람들이 많다. 책 속에서 또는 자기계발하기 위해 학원이라도 다니면서 미래를 설계할 줄 알아야 한다. '나는 뭐든 도전 해 봤자 안돼.'라는 부정적인 생각과 주변 상황에 대해 불평만하는 것보다는 긍정적으로 미래를 바라보는 것이 정신건강에도 도움이 된다.

윌리엄 제임스는 "우리 세대의 가장 위대한 발견은 인간이 마

음의 태도를 바꿈으로써 자기 인생을 바꿀 수 있다는 사실을 알
아낸 것이다."라고 말한다. 이는 어떻게 생각하고 느끼는지가 우
리의 삶에 얼마나 큰 영향을 미치는지를 강조한 말이다. 종종 세
상에 대해 걱정하고 불안해 하지만, 사실 세상은 걱정하지 않아
도 저절로 돌아간다. 중요한 것은 그 세상을 어떻게 바라보고 해
석하느냐는 것이다.

많은 사람들은 자신만의 경험과 관점을 가지고 세상을 바라
본다. 내가 보는 세상과 다른 사람이 보는 세상은 결코 같지 않
다. 이는 다른 환경, 경험, 감정, 가치관을 가지고 있기 때문이
다. 우리가 깨닫고 지각하는 것은 내가 만들어 내고 경험한 현실
뿐이다. 따라서 다른 사람의 시각과 경험을 이해하고 존중할 필
요가 있다.

마음의 태도를 바꾸는 것은 경험하는 현실을 바꿀 수 있는 가
장 유용한 방법이다. 예를 들어 부정적인 사건을 긍정적으로 받
아들이는 연습을 하면, 스트레스와 불안에서 벗어나 더 나은 삶
을 살아갈 수 있다. 이는 단순히 상황을 긍정적으로 생각하는 것
을 넘어서, 우리의 생각과 감정을 조절하고 행동과 반응을 바꾸
는 것을 의미한다.

인생은 어떻게 바라보고 느끼느냐에 따라 크게 달라질 수 있
다. 외부 환경을 완전히 통제할 수는 없지만, 반응과 태도는 통
제할 수 있다. 마음의 태도를 바꾸는 것은 쉽지 않지만 그것이야

말로 인생을 변화시키는 열쇠이다. 윌리엄 제임스의 말처럼 우리의 마음 가짐을 바꾸는 것은 인생을 바꾸는 중요한 출발점이 된다. 스스로의 생각과 감정을 인식하고 긍정적인 방향으로 나아가야 한다. 그러면 우리는 더 행복하고 만족스러운 삶을 살아갈 수 있을 것이다.

로버트 그린이 집필한 〈인간 본성의 법칙〉에는 이런 글이 있다. '우리는 누구나 각자의 렌즈를 가지고 세상을 보며, 그 렌즈가 우리의 지각에 색깔을 입히고 모양을 정한다. 그 렌즈를 태도라고 부르기로 하자.' 스위스의 심리학자 칼 융은 태도에 대하여 다음과 같이 말했다. "태도란 특정한 방식으로 행동 또는 반응하려는 정신의 준비 상태다. 태도를 가지고 있다는 것은 뭔가 확고한 것에 대해 준비되어 있다는 뜻이다. 비록 그것이 무의식적이라고 하더라도 말이다. 따라서 태도를 가지고 있다는 것은 확고한 것에 대한 선험적 지향성과 같은 말이다." 태도는 살아가는 동안 매우 중요하다. 태도는 운명을 결정한다. 태도는 우리의 건강, 다른 사람들과의 관계, 우리의 성공까지 결정한다. 어떤 태도를 가지고 세상을 살아가느냐에 따라서 나의 삶은 달라진다. 삶에 대한 의지력은 긍정적인 자기실현 효과를 낳는다. '이 정도면 충분하지 않은가?'라고 생각하고는 당신의 태도를 빚는 작업을 인생에서 가장 중요한 과업이라 여기면서 절대로 우연에 맡겨두지 말아야 한다.

삶은 본래 혼돈스럽고 예측 불가능하다. 이러한 불확실성 속에서 부정적인 태도를 가지고 있는 사람은 적대적인 태도를 보이며, 어떤 상황에서도 장애물과 어려움이 생길 것이라는 생각을 하게 된다. 이들은 세상을 자신의 불안이라는 렌즈를 통해 바라보며, 회피적이고 우울한 태도를 가지고 있다. 항상 불만족스러워하고 상대방을 원망하는 태도를 보이게 된다.

이와 같은 부정적이고 위축된 삶에서 벗어나 인생을 풍요롭게 살기 위해서는 열린 태도와 긍정적인 마음가짐이 필요하다. 자신을 탐험가로 생각하고 세상을 긍정적으로 바라보는 것이 중요하다. 나이 들면서 우리는 인생에서 어디까지 갈 수 있을지 한계를 정하지 않는다. 항상 활력적이고 건강에 신경 쓰며 살아야 한다.

긍정적인 태도를 가진 사람들은 타인과의 관계를 잘 맺으며, 호기심을 가지고 일상생활을 바라본다. 세상에는 완벽하게 똑같은 경우는 존재하지 않으며, 유사한 환경에서도 사람들은 모두 자기만의 세상에서 살아간다. 이러한 각자의 세상을 인정하고 존중하는 태도를 유지해야 한다.

긍정적이고 자기주도적인 삶의 태도는 주변 사람들에게 좋은 영향을 미치고, 나 자신에게도 긍정적인 효과를 가져다 준다. 내 곁에 긍정적인 에너지를 주는 사람들로 가득 채우는 것이 중요하다. 이렇게 하면 더 행복하고 만족스러운 삶을 살아갈 수 있기 때문이다. 삶의 혼돈 속에서 긍정적인 변화를 만드는 방법이 있다.

첫째는 적대적인 태도를 버리고 친절을 실천하는 것이다.
주변 사람들의 입장을 이해하고, 그들의 고유한 가치관과 생활 태도를 존중해야지만 더 나은 관계를 만들 수 있다.

둘째는 불안 대신 호기심을 키우는 것이다.
불안은 우리를 움츠러들게 하고 새로운 도전을 막는다. 불안 대신 호기심을 키우고, 새로운 것들을 배우고 경험하려는 태도를 가지면 삶은 더 흥미롭고 풍요로워질 것이다.

셋째는 건강과 활력을 유지하는 것이다.
규칙적인 운동과 건강한 식습관은 우리의 신체뿐만 아니라 정신 건강에도 긍정적인 영향을 미친다.

넷째는 긍정적인 사람들과 어울리는 것이다.
우리 곁에 긍정적인 에너지를 주는 사람들로 가득 채우면, 우리는 더 행복하고 활기찬 삶을 살 수 있다.

인생은 예측할 수 없고 때로는 혼란스러울 수 있다. 그러나 마음가짐과 태도를 바꾸면 인생은 달라진다. 부정적인 생각에서 벗어나 긍정적인 에너지로 가득 채워야 한다. 인생 2막을 더 풍요롭고 만족스럽게 살아가고 싶다면 나의 태도부터 점검해보자. 그리고 세상과 주변 사람들을 긍정적으로 바라보는 태도를 길러 나가자.

"긍정적인 생각은 모든 문을 열 수 있다."

— 앨런 케인

03

세상은 혼자가 아닌 함께여야
성장할 수 있다

— 박춘이

　나는 혼자서 일을 해결해야 마음이 편한 사람이다. 내가 잘났다고 생각해서가 아니라 어릴 때부터 누구에게 도움을 요청하는 방법을 제대로 배우지 못했기 때문에 그냥 혼자 하는 것이 편했다. 사회생활을 시작하면서 혼자서 하는 일은 더 많아졌다. 수학 강사, 어린이집 교사, 1인 지식 창업 사업 등 모두 혼자서 책임져야 하는 일들이었다. 그래서 1인 기업을 시작하는 것이 자연스러웠는지도 모른다.

　처음에는 혼자서 자유롭게 일할 수 있어서 좋았다. 하지만 온라인 세계는 오프라인과는 분명 달랐다. 오프라인에서는 내가 하고 있는 일과 직접적으로 연관이 있는 사람들에만 전달하면 되기에 여기에만 집중하고 신경 쓰면 되었다. 그러나 온라인에서는 내가 직접 일을 하지 않아도 되도록 항상 나를 대변하는 콘텐츠를 만들어야만 했다. 리더를 양성하는 프로그램을 운영하면서 더 많은 것을 살펴봐야했다. 이제 더 이상 혼자만의 일이 아니었기 때문이다. 처음에는 이런 현실이 적응하기 어려웠다.

오프라인은 하기 싫으면 안 하면 되지만 온라인에서는 모든 SNS를 통해 내가 하고 있는 일이 노출되고 있기에 그럴 수가 없었다. 처음에는 신기하고 좋았던 온라인 세상이 점점 힘든 공간으로 받아들여지기 시작했다. 물론 온라인은 나를 다방면에 알릴 수 있다는 큰 장점이 있다. 그러나 매번 같은 내용을 보여줄 수는 없으니 꾸준히 나를 업그레이드해야 한다. 이를 위해서는 많은 사전 작업이 필요하다. 초기에는 이런 작업을 진행해야 한다는 사실조차도 생각하지 못했다. 점점 버거움이 느껴질 때쯤 변화의 필요성을 직감했다. 이대로는 정말 힘들 것 같았다. 온라인을 포기하는 것은 너무 아까웠지만 이대로 계속 간다면 다 접고 숨어버릴 것만 같았다. 나에게는 숨쉴 수 있고 여유를 가질 수 있는 변화가 필요했다.

그래서 가장 먼저 한 일은 나를 제대로 파악하는 일이었다. 나는 혼자 일하는 것을 좋아하고, 모든 것을 내가 해야 하며, 다른 사람에게 일을 맡기는 것을 상상조차 해보지 않는 사람이라고 스스로 규정짓고 있었다. 더 나은 효과를 위해 많은 것을 한꺼번에 진행해야 하는 온라인 세상은 이런 성향으로는 오래 버티기 힘들다는 것을 깨달았다.

〈넛지〉라는 책 속에서 처음으로 '레버리지' 개념을 알게 됐다. 레버리지란 내가 못해서가 아니라 나의 시간을 더 잘 활용하기 위해서 내가 하지 않아도 되는 일은 다른 사람에게 맡기는 것이다. 그 사람에게는 그 일이 중요하고 잘하는 일이므로 일거리가 생겨서 좋고 나는 신경 쓸 부분이 줄어들어서 좋다.

〈넛지〉를 내 삶에 적용하기 위해 나는 이 중에서 두 가지를 시도해 보았다.

하나는 새로운 프로그램을 진행할 때 기존 프로그램을 맡아서 운영해 줄 사람을 선택하는 일이었다. 그 프로그램을 만드는 기획과 노하우를 전수해 주며 협력 프로젝트를 제안했고 수익을 일정 부분 나누어 가졌다. 초보 리더들이 어려워하는 홍보 부분도 같이 해 주었더니 서로 스트레스가 줄었다. 혼자 일하는 것에 익숙했던 나도 점차 함께 일하는 것이 편해졌다. 서로 잘하는 것을 밀어준다고 생각하니 일을 맡기는 것에 대해서도 전혀 부담스럽지 않았다.

처음에는 일을 맡기는 것이 비용적으로도 부담되고, 나를 대신해서 잘해 줄 수 있을까 라는 불안감이 몰려 왔지만 지금은 그만큼 다른 일에 집중함으로써 더 많은 돈을 벌 수 있다는 것을 알았다. 나이가 들면서 열정과 에너지 역시 예전만큼은 못하다. 그 줄어든 에너지와 열정을 현재 하는 일에 집중하기 위해서는 더 많은 일을 위임하는 레버리지를 적극 활용하여야만 한다. 나는 이 방법을 통해 예전보다 더 많은 도전을 할 수 있게 되었다.

두 번째로 시도한 것은 커뮤니티가 구축되어 있지 않아서 나의 커뮤니티에서 함께 일하고자 하는 사람들과 일을 진행하는 것이었다. 그중에서 가장 뿌듯하고 보람되었던 프로그램이 '북랜드 북클럽 프로젝트'다.

온라인에서 일하면서 제일 먼저 모임을 꾸렸던 것이 독서모임이다. 그 독서모임을 2년 가까이 다양한 형태로 바꾸어 가며 진행을 하다가 아웃풋을 위한 〈퀸스프링 카페〉를 만들고 잠시 멈추었다. 새로 만든 카페가 어느 정도 안정화가 되고 나니 다시 독서모임 생각이 났다. 하지만 이미 나는 할 일이 포화상태였다. 이때 떠오른 아이디어가 함께 연합으로 진행하는 북클럽이었다.

혼자서 독서모임을 운영하고 홍보하는 것은 쉬운 일이 아니다. 하지만 이런 부분을 서로 도와줄 조력자가 있다면 큰 힘이 된다. 그 점을 활용하여 이 프로그램을 만들게 되었는데 처음으로 독서 모임 리더가 되신 분들임에도 불구하고 지금까지 함께할 챌린지까지 병행하시며 아주 잘 운영하고 계신다.

독서모임은 단순한 습관형 챌린지와 결합하면 훌륭한 모임 형태로 발전할 수 있다. 이를 통해 내 역량도 높아지고 더 큰 커뮤니티를 이끌 수 있게 된다. 그 방법을 함께하신 분들이 잘 터득해 추후에는 자신의 커뮤니티에서 멋지게 독서모임을 꾸려 갔으면 한다. 그 때의 모습을 상상하면서 나는 매일 설렘과 행복감을 느끼는 중이다.

많은 강사들은 나이를 먹어서도 강사로 일하기를 원한다. 나 역시도 마찬가지이다. 그러나 나이를 먹으면 빠르게 달라지는 상황을 따라가기 힘들어진다.

나는 원래 속도가 빠른 사람이 아니지만 경험을 통해 얻은 인사이트를 설명하는 것이 강점인 사람이다. 그래서 나는 수강생들이 계속 나에게 배움을 받는 위치가 아니라 빨리 대표로 성장하길 원한다. 그렇게 되면 나와의 인연이 끝나는 것이 아니냐고 묻는 분들도 있지만 사실 그렇지 않다.

나는 리더를 키우는 리더일 뿐만 아니라 다른 커뮤니티나 회사의 관리 컨설팅도 맡고 있다. 많은 대표님들이 나에게 일을 맡기는 이유는 몰라서가 아니라 해야 할 일들이 많기 때문이다. 일을 맡길 때는 기본적인 기초 상식에 대해서는 알고 있어야 한다. 그래야 서로의 장점을 최대한 살려 최상의 결과를 얻을 수 있기 때문이다.

내 최종 목표는 수강생들이 각자의 멋진 대표가 되어 나에게 관리 컨설팅 의뢰를 맡기는 것이다. 그래서 나는 그들과 대표 대 대표로서 오랫동안 친분을 쌓고 싶다. 역량을 높이기 위해서는 물론 강의도 병행해야 한다. 온라인 강의를 처음 시작하는 분들을 위해 강사 협력 프로그램도 운영할 계획을 세우고 있다. 이렇게 사람들과 함께 일하는 것이 이제는 내 모든 관심사가 되었다.

인식이 변하면서 일의 진행 방식과 목표 설정 패턴도 달라졌다. 디자인 작업에서 가장 스트레스를 받았는데 이제는 나의 수강생이었던 분의 강점을 발견하여 그분에게 의뢰를 맡기고 있다. 자신의 강점을 발견하는 것은 매우 기쁜 일이지만 꾸준히 일을 진행하지 않으면 그 강점도 의미가 없어진다. 이렇게 협력해서 일을 진행하면 발견한 강점을 바탕으로 재미있게 실천할 수 있는 경험이 쌓이고 그 경험이 늘어나면서 내실을 다질 기회가 되기도 한다. 이제는 혼자가 아닌 함께 일하는 것이 익숙해진 나. 그동안 왜 이렇게 편하고 좋은 것을 고민했었는지 후회가 된다. 그나마 더 늦기 전에 알게 되어서 천만다행이다.

"나는 이런 사람이야."라고 자신을 규정하는 것은 어리석은 일이다. 나 역시 40년 넘게 어리석게 살았다. 나에 대한 틀이 있어야 주변의 이야기에 흔들리지 않고 나아갈 수 있다고 생각했지만 그 생각은 나를 앞으로 나아가게 하기보다 제자리걸음을 하게 했다. 그동안 "나는 혼자서 하는 걸 좋아해. 나는 원래 인간관계가 어려워."라고 자신을 틀 안에 가둬두고서 변화 없이 나이만 먹었다. 하지만 이런 고집 덕분에 한 가지 일을 꾸준히 오래하는 습관이 생기기는 했다. 이 습관 덕분에 장수 프로그램들이 많이 생기게 되었다.

이 두 가지 상황을 통해 내가 답답한 사람이었다는 것을 깨달음과 동시에 언제든 변화할 수 있는 사람도 바로 나라는 사실을 알게 되었다. 덕분에 좋은 사람들과 오래 함께할 수 있는 상황을 만들 수 있었고 꿈을 꿀 수 있게 되었다.

글을 쓰며 다른 분들과 함께하는 삶을 정리하다 보니 바닷가가 보이는 작은 작업실에서 분기별로 워크샵 같은 행사를 진행해 보고 싶어졌다. 온라인에서 만난 분들은 나이도 다르고 사는 곳도 다르지만 생각하는 방향이 같아서 서로의 차이점들은 전혀 문제가 되지 않는다. 오히려 서로 다른 부분이 도움이 된다. 나이가 들어도 같은 생각과 목표를 향해 함께할 수 있는 삶은 생각만 해도 신이 나는 일이다.

그때는 강의보다는 경험담을 적은 책을 통해 더 많은 사람들과 소통하고 싶다. 직접적인 강의는 후배 강사님들에게 맡기고 나는 서포터 역할을 하며 심리적인 지원군이 되고 싶다. 나이가 들면 친구가 가장 좋다고 하지 않는가. 이렇게 온라인에서 만난

분들과 오래된 친구가 되고 싶다. 그리고 앞서 상상했던 것들이
이루어지는 날이 오기를 기대해 본다.

"가장 강한 사람은 혼자 일하는 사람이 아니라
함께 일하는 사람이다."

                                        – 헨리 포드

04

사회적 자본을 만들어라

— 송숙영

"어머니, ○○이가 엄마하고 대화하고 싶은데 엄마가 바빠서 이야기할 시간이 많지 않아 아쉽다고 하네요"

큰 아이의 논술을 지도해 주시는 선생님 말씀에 가슴이 뜨끔하고, 얼굴이 화끈거렸다. 선생님께 수업하시느라 고생하셨다고 인사를 드린 후 뒤돌아서면서 '내가 왜 그렇게 아이에게 무심했을까?' 라는 미안한 마음이 들었다.

아이가 수업을 마치고 방에서 나왔다. 멋쩍은 마음에 미소를 지으며 아이에게 말을 건넸다.

"오늘은 별일 없었어?"

"응"

단조로운 패턴의 대화가 다시 반복된다. 별일 없었는지 물어

봐주는 것이 그저 아이를 귀찮게 하지 않고, 나대로 바쁜 일을 처리할 수 있는 최선의 방법이라고 생각했는데 그것은 나의 착각이었다. '아이의 이야기를 더 잘 들어주고 성의있게 대답할 걸 그간 내가 너무 무심했구나. 얼마나 이야기가 하고 싶었으면 그렇게 말했을까?' 이런 저런 미안한 생각이 들었다.

그간 시험 문제를 출제한다고, 아이들 상담한다고, 수업 준비를 한다는 핑계로 가족들과 대화하지 않았던 것이 후회로 밀려왔다. 내가 열심히 살아가는 이유는 가족 때문인데, 정작 가족들의 소중함을 잊고 남에게만 집중하고 있는 나 자신을 발견했다. 그것은 분명한 내 잘못이었다. 잘못을 인정하고 앞으로 가족들과의 관계 개선을 위해 내가 할 일을 생각해 보며 다음과 같이 변화하기로 결심했다.

첫째, 가족이라는 이름으로 포장했던 착각부터 깨뜨리자.

큰 아이를 학원에 보내면서 성적이 오르기를 바랐다. 그런데 생각처럼 성적이 오르지 않자 화가 치밀어 올랐다. '힘들게 돈 벌어서 투자했는데, 왜 결과가 안 나올까? 왜 내 아이는 열심히 안 하는 걸까?'라는 생각을 하며 화를 속으로 삭히고 있었다.

그런데 말로 표현하지 않아도 행동으로 표가 나는지 큰 아이가 "엄마 왜 짜증내는거야? 엄마가 왜 나한테 짜증을 내는지 모르겠어. 나도 열심히 노력했는데 성적이 생각처럼 오르지 않은 것 뿐인데 왜 나한테 짜증내?"라며 화를 냈다.

'자식이니까 부모 마음을 다 이해하겠지, 아이들은 나의 뜻을 당연히 따라 주겠지'라는 생각은 혼자만의 착각이었다. 이러한 혼자만의 착각에서 벗어나지 못하니 가족들에게 "왜 이렇게 밖에 못해, 왜 너는 내 마음을 모르고 그렇게 말해"라는 뾰족한 공격의 말과 행동을 할 수 밖에 없었던 것이다.

정신건강의학과 전문의 이호선은 『가족이라는 착각』에서 가족이라는 이름의 환상을 깨야한다고 말하고 있다. 자식은 내 것이라는 착각, 부부는 하나라는 착각에서 벗어나 가족이지만 타인임을 인정하고 타인과 관계를 맺을 때 배려와 존중을 기반으로 했던 것처럼 가족간에도 같은 자세를 가져야 한다고 강조한다. 그동안 당신이 가족이라는 이름으로 얼마나 많은 착각을 반복해 왔는지 생각해 보자. 당연하다는 착각에서 벗어나는 것이 가족관계의 회복과 안정성을 유지할 수 있는 첫걸음 될 수 있다.

둘째, 가족 간 소통을 통해 우리 가족만의 문화자본(아비투스)을 만들자.

아비투스(habitus)는 인간 행위를 상징하는 무의식적 성향을 뜻하는 단어로, 피에르 부르디외가 처음 사용한 용어이다. 교육을 통해 이루어지는 무의식적 사회화의 산물인 아비투스는 가정에서 1차적으로 생성되고 유지된다.

내 인생의 플렉스는 지금부터

내가 자녀들에게 아비투스로 물려주고 싶은 것은 '성실함'이다. 홀로 삼남매를 키우신 어머니는 30년이 넘는 직장생활을 하면서 단 한번도 지각, 결석을 하지 않으셨다. 어머니의 노력은 남들이 보기에 큰 부를 이루거나 명예를 가지지 못한 것처럼 비춰질 수 있지만, 우리 삼남매에게는 인생을 살아가는데 큰 자산이 되었다. 어느 곳에서든지 성실히 일하시던 어머니의 모습은 고스란히 우리들에게 전해졌고 삼남매 모두 자신의 자리에서 최선을 다하며 살아가는 양분이 되었다. 그래서 늘 아이들에게도 할머니의 성실한 삶을 이야기하며 존경해야 한다고 가르치고 있다. 가족에 대한 존경은 우리 가족만의 든든한 문화자본을 만들고 유지하는데 큰 밑거름이 될 것이다.

셋째, 매일 서로에 대한 감사와 사랑의 표현을 나누자.

하버드대학에서 성인 발달 연구를 진행한 연구 책임자 조지 베일런트는 인생의 행복이 부나 명예에 있지 않으며 좋은 관계에 있다고 하였다. 그는 공동체에서 긴밀한 사회적 연결을 가질수록, 따뜻하고 친밀한 관계를 맺을수록 건강하게 살 수 있다고 설명했다. 이러한 긴밀한 관계로 인해 인간은 고통을 견딜 수 있으며, 애착으로 연결된 관계는 뇌를 보호해 준다는 사실을 과학적으로 증명했다.

평소 서로 가족에게 '고마워', '사랑해'라는 말을 얼마나 자주 했는지 생각해 보니 그리 많지 않았다는 것을 깨달았다. 그 간단

한 한마디가 가정을 변화시킬 수 있었음에도 눈에 보이는 작은 흠에 집착하거나, 표현하지 않아도 알겠지라는 생각으로 그냥 지나치는 경우가 많았다.

나의 부족한 모습을 알아차린 후 부터는 가족에 대한 감사와 사랑의 표현을 저금통에 저금하듯 기회가 날때마다 하고자 노력한다. 이러한 감사와 사랑의 표현은 나중에 복리이자가 붙어 우리 가정에 더 큰 행복을 가져다 줄 것이라 믿는다. 가정이라는 예금주가 되어 오늘부터 사랑과 감사의 표현을 저축해보자.

가족은 사회적 연결의 시작점이자 관계를 경험하는 가장 기초 단위이다. 따라서 가족관계에서부터 안정감 있는 관계가 형성될 수 있도록 가족에게 가장 많은 열정과 에너지를 쏟아야 한다. 가족에게 무심했던 나 자신을 반성하며 앞으로도 관계개선을 위해 열정을 다하고자 한다.

우리는 가족간의 관계를 통해 사회 구성원으로서의 역할을 배우고 그 경험을 통해 다양한 사회 활동에 참여하며 더 넓은 사회적 연결망을 구축하게 된다. 즉, 가족 간의 관계가 튼튼히 뿌리내린 이후에는 주변과의 관계를 점검하고 나를 발전시킬 수 있는 사회적 연결망을 만들 필요가 있다는 것이다. 이러한 연결망은 내가 가진 기존의 생각을 뛰어넘을 수 있는 완전히 새로운 사람들과의 만남을 통해 만들어나갈 수 있다. 이는 역사적으로 위대한 인물이었던 채플린과 간디의 만남에서 교훈을 얻을 수 있다.

유성영화가 대세인 시기에도 무성영화를 고집했던 찰리 채플린은 1931년 〈시티 라이트〉의 개봉 홍보차 고향인 영국을 방문했다. 할리우드를 넘어 세계적인 배우로 발돋움한 그는 뜨거운 환대를 받으며 유명 인사들과 만남을 가졌다. 그때 채플린은 인도의 독립을 논의하기 위해 런던에 머무르던 마하트마 간디에게 만남을 청했다. 이전까지 채플린의 영화를 본 적이 없었던 간디는 그의 이름을 알리 없었다. 그래서 간디는 그의 첫 제안을 거절했지만, 채플린이 런던의 빈민가 람베스(Lambeth) 출신임을 알고 약속을 잡는다.

채플린　자유를 위해 투쟁하는 인도에 대해 진심으로 공감하고 있습니다.
　　　　하지만 당신이 기계를 몹시 싫어한다는 사실에 저는 다소 혼란스럽습니다. … 기계를 이타적 의미에서 세상을 이롭게 하기 위해 사용한다면 인간은 노예 상태에서 해방되고 노동시간을 단축해 그 시간에 정신을 함양하거나 삶을 향유하는데 사용할 수 있다고 봅니다.

간디　저도 이해합니다. 그러나 그런 목표를 달성하기 전, 우선 인도는 영국의 지배에서 벗어나야 합니다. 과거에 인도는 기계 때문에 영국에 종속됐습니다. 인도가 이런 종속관계를 벗어나기 위해서는 기계가 만든 모든 제품을 불매해야 합니다. 바로 이런 이유로 모든 인도인은 직접 실과 옷을 손수 만들어 입는 것을 애국적 의무로 삼은 것입니다. 이것이 영국과 같은 강대국에 맞서고자 우리가 선택한 공격 방식입니다.

채플린은 간디에게 인도의 독립에 대한 생각을 묻기보다 기계문명 반대론자로서 그의 생각을 물었다. 간디는 기술의 도움을 받아 세계가 진보하길 바라지만 인간이 희생되지 않기를 원한다고 답변했다. 그 이유는 기술의 발전이 빨라질수록 기계에 얽매인 인간의 삶도 바빠질 수 밖에 없으며, 기계가 인간을 부유하게 만들어 줄 순 있지만 인간을 인간답게 살 수 있게 해주지 않기 때문이다. 채플린은 최고의 독립이란 모든 불필요한 것을 떨쳐버리는 것이라 생각하고 기계의 발달을 긍정적으로 바라보았기에 당시에는 간디의 말 뜻을 이해하지 못했다.

이후 채플린은 간디에게 깊은 인상을 받고 돌아와 그의 생각을 곱씹어 보았다. 그리고 산업화와 과잉생산이 초래한 대공황을 거치며 기계에 얽매인 인간의 삶에 대해 몇 년 간 생각을 정리해 〈모던 타임즈〉라는 영화를 만들어 세상에 내놓는다. 영화는 개봉하자마자 엄청난 관객을 모았고 화제가 되었다.

한 사람은 인도의 독립운동가, 한 사람은 영화계의 스타로서

접점을 가지기 힘든 다른 분야에 사람들이었지만 역사 속에서 두 사람의 만남은 서로의 삶에 엄청난 영향은 물론 가치관의 변화를 뒤바꿔놓을 만큼 큰 파장을 만들어냈다.

이처럼 자신의 관련분야 뿐만아니라 새로운 분야의 식견을 가진 사람들과의 사회적 연결망을 통해 새로운 자극, 열정, 아이디어를 얻어야 한다. 또 누구에게나 배우려는 자세와 내 것을 나누기 위한 유연한 태도로 다가가는 것이 필요하다. 다양한 사람들과의 의미있는 인간관계를 통해 상대방의 삶을 나의 교과서로 삼아 그들을 배우는 좋은 배움의 터전을 마련해야 한다. 단, 식물을 기를 때 매일 물과 햇빛을 쬐어주고 가꾸는 것처럼 인간관계를 유지하기 위해 꾸준한 노력을 기울여야 한다.

나를 완전히 다른 세상에 가져다두고 새로운 분야의 사람들을 만나는 것을 즐겨라. 그리고 만남을 통해 얻는 인사이트가 내 삶과 일에 얼마나 탐스러운 열매를 맺게 될지 기다리고 고대하라. 당신이 얻는 그 열매는 당신 뿐만 아니라 당신과 만남을 유지하는 사람들에게도 좋은 영향을 미칠 것이다.

"내일은 오늘 보다 나은 날이 될 것이다."

− 제니퍼 루

05

독립서점에서 꾸는 꿈

– 김수연

우리 동네에 독립서점이 있다. 열정적으로 서점을 꾸려 나가는 지기님 덕분에 동네서점은 요즘 핫한 지역 명소가 되었다. 그곳에 가면 고운 글쓰기 벗들이 있다. 그리 오래되지 않은 인연인데 만나기로 예정되어 있었던 것처럼 어떤 힘에 이끌려 2주에 한 번 그곳에 간다. 상냥한 눈웃음이 고운 인상을 더 선량하게 꾸며주는 리더 비비님이 반겨주신다. 비비님과 같은 나이의 미술학원을 운영하는 선명님, 교사이며 휴직 중인 어린 아이님이 있다. 나는 귀가 순해진다는 이순이다. 가끔 새로운 모임에 나가게 되면 나이가 걸림돌이 되기도 했다. 다행이 그녀들은 나의 연륜과 경험을 가치 있게 여겨 주었다.

지방에서 이사와 인천 송도에서 행복을 찾아간다는 비비님은 나리꽃을 닮았다. 얼마 전 한 송이로 우리 집에 들여온 나리꽃은 옮겨 심은 화분 가득 열 송이 이상을 피워내고 있다. 풍성한 삶을 전염시키는 비비님은 우리 집 나리꽃을 닮았다. 자기의 자리에서 아내로, 엄마로, 며느리로 오롯이 살아내는 일은 쉽지 않다. 서점지기님과 '오리너구리'라는 출판사를 꾸리시며 대학원에서 공부 한다. 그녀의 얼굴에서 피어오르는 선한 미소는 나를 전염시킨다.

그녀와 동갑인 선명님은 쌍거풀 없는 눈매가 만들어내는 매력적인 미소에서 생을 붙잡고 싶은 열기가 느껴진다. 열정과 순수 사이에서 가녀리게 피어나는 한 줄기는 아이러니하게도 붉은 장미를 닮았다. 저를 보호하려고 가시를 품은 장미도 가끔은 생이 많이 외로울 것이다. 더 붉게 피어내려고 애쓰느라 많이 지쳤을 지도 모른다. 그녀는 지금 그럼에도 불구하고 비상중이다. 좋아하는 글쓰기를 만나며 자신을 돌아보고 멋진 그녀와 교우 중이다.

첫 만남에서 나와 많이 다른 차분한 어린아이님에게서 '신뢰'라는 두 글자를 떠올리며 매료되었다. 담담하게 써내려간 글에서 일상을 잘 살아내려는 그녀의 의지가 돋보인다. 그녀가 빛나는 원석을 얼마나 많이 지니고 갈고 닦았는지 단박에 알아버렸다. 세상을 진지하고 성실하게 담아내려는 노력으로 지금을 허투루

살지 않는다. 어린아이님의 수줍은 미소가 활짝 피면 화사한 수
선화가 된다. 그녀들을 만나지 못하는 동안에도 그 모습을 떠올
리며 한껏 응원한다. 우리는 고작 다섯 번 만났다. 글을 쓰고 서
로의 인생살이를 들으며 웃고 울다 친자매가 된 듯한 착각에 빠
진다. 자신과의 과거를 만나며 지금 흐르는 이 강에서 우리는 손
을 잡았다. 자신을 사랑하며 애지중지 아끼는 시간들이 모여지며
서로의 5년 뒤, 10년 뒤가 궁금해지기 시작했다. 비비님의 아파
트에는 게스트하우스가 있다. 지난 모임에 예약을 마쳤다. 1박 2
일, 아니 무박 2일로 진행될 우리들의 만남이 기대된다.

　동네서점 〈열다, 책방〉에서는 연수도서관과 연계하여 서평쓰
기 모임도 진행중이다. 책을 무료로 받아 한 달에 한 번 함께 서
평을 쓰고 합평을 이어간다. 나쓰메 소세키의 〈나는 고양이로소
이다〉는 꼭 읽고 싶던 책이었다. 두꺼운 책을 읽으며 서평을 쓰
는 시간은 즐거웠다. 서평 쓰는 법을 상냥하게 알려주시는 리더
세희님은 지성과 덕성, 유머까지 섭렵하신 매력덩어리다. 짧게
만났지만 그 정도는 알 수 있다. 한 권을 여섯 권의 다른 책으로
읽는 묘미를 선물하는 서평쓰기와 합평 시간은 책을 사랑하는 나
를 즐거운 놀이터로 안내했다. 놀이터에 가면 글동무와 함께 책
의 작가와 글들을 오가며 그네와 미끄럼틀을 탄다. 그 동안 작가
는 내 마음으로 오롯이 스며들어 작가의 세계를 훔쳐 와 내 안에
공간을 만든다. 두 번째 책 생택쥐베리의 〈야간비행〉을 읽으며

자유보다 우선하는 책임과 의무에 대해 배우는 기회가 되었다. 다음 책 〈자기만의 방〉도 기대된다. 내 안에서 생성될 해석과 생각들이 알을 깨부수고 나와 씨앗을 만들어 다른 사람들의 〈자기만의 방〉이 내 방으로 몰드는 시간이 좋다.

독립서점에 가면 책과 사람이 있다. 양평에 가면 〈글혜는밤〉이 있다. 고운 부부 지기님이 반겨준다. 천상의 사람들을 닮았다. 양평 양동 고송리는 그런 곳이다. 결이 같은 사람들이 모여 그림책과 함께 정다운 이야기를 나누는 곳, 지천에 깔린 개망초도 그 수수함과 순수함을 길어 지난한 과거와 화해를 꿈꾸고 진정한 나를 만나는 그곳으로 안내하는 사람들이 있다. 우리는 모두 그곳을 지성소라 부른다. 삶의 때를 가져가면 씻어주고 마중물로 맑게 갈아주는 샘물같은 곳이기 때문이다. 사람을 다시 살게 하는 공기가 흐르는 곳에 사랑을 읽고 쓰는 사람들이 모인다. 떠올리기만 해도 즐거워지는 행복바이러스에 전염되는 시간들이 또 기다려진다.

평택의 〈아르카〉는 내가 사랑하는 동생 수련이와 가려고 찾다 우연히 알게된 독립서점이다. 남편의 삶의 방식에 지쳐가던 지난해 노아의 방주라는 뜻을 지닌 〈아르카〉는 나의 피난처가 되어 숨 쉬게 했다. 아르카에서 진행되었던 〈근현대 문학〉이 지기님의 해석을 만나 명품으로 꽃피웠던 그곳의 평택 댁들의 온기는 평택을 사랑스런 고장으로 바꾸어놓았다. 멋진 목조 주택의 세련된 책방에는 그것을 뛰어넘는 책방 주인의 따스한 정이 정성스런 기도로 날마다 새롭게 태어나는 알곡들로 무르익는다.

양평에는 〈옥이네〉도 있다. 옥이님이 반겨주는 그곳에 가면 세상을 품은 그녀가 팥빙수를 만들어 준다. 아름다운 미모와 상큼 발랄함으로 무장된 사랑스러움은 언제든 방문객을 매료시킨다. 천사들이 사는 천국으로 안내하는 친동생 같은 수련이 덕분에 누리는 호사다. 이런 세상이 있다는 것을 알려준 동생은 그곳에서 밤에 동화책, 그림책을 읽어 주는 천상의 여인이다.

나를 글쓰는 세상으로 안내해 주신 김원배 작가님 덕분에 공저 책을 내고 세상 밖으로 나올 수 있었다. 그것이 계기가 되어 〈글헤는밤〉 식구들과 두 번째 공저 책도 내고 지금까지 만남을 이어가고 있다. 요즈음 혼자 사는 세상이 아님을 실감한다. 곁에서 밀어주고 끌어줄 때 저마다 지닌 원석은 빛을 내며 자신만의 고유한 색을 지닌 보석으로 탄생한다.

오늘도 서점에서 책을 사고 읽으며 꿈을 꾼다. 나 혼자 잘 살겠다는 생각을 거둔지 이미 오래다. 함께 하는 사람들과 실천을 다짐하는 사이 어쩌면 우리가 좋은 세상을 만들 수 있겠다는 희망을 만난다. 나이로 익어가는 나날들이 다음 세대에게 덜 부끄러워지는 어른을 기대하게 한다.

〈흐르는 강물처럼〉이라는 책을 읽고 있다.

"광대하고 알 수 없는 이 세상 속 한 떼기의 작은 땅이 우리를
이어준다는 사실을 가르쳐주겠다고 기도했다"

광활한 대지에 우리의 의사 따위는 상관없이 태어나 옆 사람
과 손을 잡는다. 땅과 마음에서 나무를 흔들어 숲을 만드는 그곳
에는 자연을 거스르지 않으려는 사람이 모여 곁을 내준다. 독립
서점이 그 역할을 하고 있다. 외로운 사람들이 모여 서로의 아레
떼 −모두가 한 개씩은 꼭 지니고 있다는 탁월함−라는 반짝이는
별을 알아봐주는 그곳에서 책 향기가 사람의 향기와 어우러져 깊
은 맛을 자아낸다.

"우리 삶은 지금을 지나야만 그다음이 펼쳐진다. 마치 흐르는
강물처럼"

우리 삶은 지금이라는 힘든 강을 건너고 있다. 거부할 수 없
는 힘에 이끌려 헤어나오려 아무리 발버둥 쳐도 소용없는 강물에
발을 담그고 있다. 이왕 담궜다면 곁에 있는 사람들의 눈빛을 빌
어 흐르는 강물에 몸을 맡기고 함께 손을 잡고 춤을 추어보는 즐
거움을 서로에게 선사하면 어떨까?

"숲은 내게 말했다. 모든 존재를 그 자체로 가치 있게 만들어 주는 건, 바로 겹겹이 쌓인 시간의 층이라고. 강인함은 작은 승리와 무한한 실수로 만들어진 숲과 같다. 우리는 넘어지고, 밀려나고, 다시 일어난다"

우리는 넘어지고, 밀려나고, 다시 일어서기를 원한다. 나는 독립서점에서 꿈을 꾸고 지금 일어나고 있다. 사랑이 자라나는 그곳에 가면 외로움이 고독이 되어 숙성되며 옆 사람의 손을 잡고 발효된다. 치유와 위안의 강을 건너며 과거와 지금과 미래가 공존하며 향기를 머금은 그곳에서 책을 한 권 사기로 하자. 내 앞에 또는 나를 기다리는 사람들에게 정성스런 편지를 써서 선물하자. 기적과 경이와 숭고가 마법을 부리는 그곳이 하늘과 땅 사이를 유유히 흐르는 따스한 사람, 사랑 강물이 되도록.

"생각하는 대로 살지 않으면, 사는 대로 생각하게 된다."

- 폴 볼케

모든 관계는 자신이 정한 대로 이루어진다

― 이명희

"인간은 사회적(정치적) 동물이다."

고대 그리스의 철학자 아리스토텔레스(B.C.384~322)가 남긴 유명한 말이다.

이 말 속에는 태어나면서부터 여러 사람들과 어울려 함께 살아가야 하는 인간의 특성이 담겨 있다.

한 인간이 태어나 세상을 살아가는 동안 많은 사람을 만나게 된다. 가족과의 관계, 이웃과의 관계, 친구와의 관계, 사회에서의 관계 등 이루 헤아릴 수 없이 많은 관계 속에서 사람을 만나기도 하고, 또 스쳐 지나가기도 한다. 그러면서 하나의 완성된 인격체로 성장하게 되는 것이다.

나는 중년을 지나 어느덧 노년을 향해 가는 길목에 와 있다.

그동안 내가 만난 사람들은 정말 많다. 그중에는 내가 의도한 만남도 있고, 그렇지 않은 만남도 있다.

한 개인이 가족 구성원으로 태어나는 일은 자기의 의도와 상관없는 일이다. 누구나 가족을 선택해서 태어나는 것은 아니기 때문이다. 그렇지만 나의 가장 든든한 안전장치가 되어주는 울타리는 가족이다. 나이가 들어 사회인이 되면 온전히 내 편이었던 가족보다는 새로운 타인과의 만남을 더 많이 갖게 된다. 그래서 어떤 사람을 만나는 가는 중요한 일이다.

요즘 나는 내 주위에 참 좋은 사람들이 많다는 것을 깨닫는다. 그 덕분에 가끔 새로운 자리에서 나 자신을 소개할 때 내가 자주 하는 말이 있다.

"저는 줄서기 하나에는 탁월한 재주를 타고 났나 봅니다."

그 정도로 좋은 사람들을 만나는 행운을 누리며 살고 있기 때문이다.

사람은 끼리끼리 모인다고 흔히들 말한다.

그런데 과연 나에게도 그런 말이 해당하는지 나 자신에게 되묻는 시간이 많아진다.

나는 별로 좋은 사람이라고 생각하지 못했는데 주변에 좋은 사람이 정말 많기 때문에 드는 생각이다. 어쨌거나 지금도 내 주변에는 좋은 사람들이 참 많다.

첫째, 나에게는 좋은 친구들이 있다.

누구나 한평생 살아가다 보면 수많은 만남이 이루어진다. 지금도 내 주변에는 함께 일을 하는 많은 사람들이 있고, 가끔 만나서 차를 마시며 여가를 즐기는 사람들도 있다. 그 사람들 가운데 지금도 든든히 나를 지지해주고 즐거움을 나누는 사람이 있다. 어릴 때부터 함께 자라온 내 친구 들이다. 언제 어디서 만나도 온전히 내 편이 되어줄 친구, 내가 어떤 어려움이 닥쳐도 나를 도와주리라는 믿음이 있는 친구 말이다. 내가 힘든 일이 닥치면 늘 손을 내밀어 나를 위로해 주고 보듬어 줄 친구가 있다는 것은 엄청난 행복이다.

또 함께 여행을 다니며 좋은 추억을 만들어가는 친구들도 있다. 요즘 들어 그 친구들이 더 소중하고 고맙게 여겨지는 것은 늘 내가 원하는 곳으로 함께 가 줄 수 있는 친구들이기 때문이다. 그 친구들 덕분에 두 달에 한 번씩 다니고 있는 국내 탐방 여행이 더 넉넉하고 알차게 채워지는 중이다. 올해도 이미 여러 곳을 함께 했지만, 특히 지난 유월에 3박 4일의 일정으로 다녀온 제주도 여행은 아직도 기억에 생생하게 남아 있다. 우리는 유년기의 추억을 함께하며 지나온 세월만큼이나 즐거운 시간을 제주도에서도 보낼 수 있었다.

"우와! 저 일몰의 모습, 정말 장관이지 않니?"
"어, 얘들아! 저기 뒤쪽을 봐. 무지개가 떴어."

제주의 일몰을 보기 위해 서우봉해변으로 달려갔는데 그곳에서 일몰은 물론이고 무지개까지 뜬 모습을 볼 수 있었던 것은 행운이었다. 그밖에도 비 오는 휴양림에서 루페에 눈을 들이대고 어린 학생들처럼 재잘대며 즐거워했던 일, 수국과 메밀꽃이 지천으로 핀 공원에서 사진을 찍어대던 일, 그 모든 장면들이 우리들을 열여덟 여고 시절로 데려다 놓기에 충분한 시간이었다.

유안진의 에세이 〈지란지교를 꿈꾸며〉에는 이런 구절도 있다.

"비 오는 오후나 눈 내리는 밤에 고무신을 끌고 찾아가도 좋을 친구, 밤늦도록 공허한 마음도 마음 놓고 열어 보일 수 있고, 악의 없이 남의 얘기를 주고받고 나서도 말이 날까 걱정되지 않는 친구……"

나에게 친구는 지란지교를 꿈꾸게 하는 그런 소중한 사람들이다.

둘째, 어려운 인문고전을 함께 읽어오는 사람들이 있다.

15년 전 도서관에서 '문학치료'라는 강좌를 개설했다. 그때 만난 인연으로 시작된 인문고전 읽기 책 모임이 지금까지 이어져 온다. 어려운 책을 함께 읽어가는 즐거움은 안 읽어본 사람은 알 수 없을 것이다.

때로는 역사유적지를 다녀오기도 하고, 이제는 오래된 동무들처럼 격의 없이 2박 3일 여행을 함께 해도 너무나 자연스럽게 만남이 이어져 오는 것이다. 같은 취미를 오래 함께하다 보니 책속에서 찾은 길을 실천에 옮겨가며 각자의 삶을 업그레이드 해가는 중이다. 처음에는 강사와 수강생으로 만났지만 15년여의 세월을 지내다 보니 어느새 서로에게 든든한 지원군이 되었다.

그들과 수업으로 만나던 때가 생각난다. 강의가 중반을 넘어갈 때 조심스럽게 가까운 곳으로 마음치유 소풍을 다녀오자고 제안했다. 그런데 의외로 눈치를 보는 것 같았다. 나중에 알게 된 사실이지만 가족과 함께 우리나라 피서지를 다녀본 적은 있지만 여자들끼리, 그것도 함께 강의를 받는 수강생들끼리는 어디를 가본 적이 없었다는 사실이었다. 지금이야 흔히 보는 익숙한 풍경이지만 말이다.

드디어 약속한 날, 처음으로 우리가 사는 곳을 벗어나 외곽으로 소풍을 다녀왔다.

"선생님, 정말 처음으로 숨통이 열리는 그런 기회였어요."

"같이 공부하는 사람들끼리 마음치유 여행을 한 것이 오래 기억될 것 같아요."

한동안 수업을 마치면 그 여행 이야기로 한참을 이야기꽃을 피웠다. 작은 일이 주는 경험은 참 소중하다는 생각을 했다. 그저 좋은 풍경을 보여주고 싶었을 뿐인데 그 기억으로 살아가는

데 힘이 되었다는 말을 들었고, 지금은 가족들이 책 읽기 팀과 함께하는 여행을 권하기도 한다니 격세지감이 느껴진다. 또 가끔은 자신들이 혼자서도 여행을 다녀온다고 자랑할 때가 있다.

세상은 누구를 만나느냐에 따라 그 삶이 달라지는 경우가 있다. 나 역시도 그랬으니까.

처음에 만났을 때는 주부라는 직책을 가졌던 사람들이었지만 지금은 강단에서, 직장에서, 각자의 삶을 알차게 영위해 나가고 있는 모습을 볼 때 나는 정말 행복하다. 서로에게 긍정적인 힘을 주고 받으며 발전해 가는 모습을 보며 내가 사회에 작은 긍정의 힘을 보태고 있다는 사실에 보람을 느끼는 순간이기도 하다.

셋째, 우리 문화유산 해설사 과정에서 만난 동기들이 있다.

부산에 사는 나는 조선 시대 궁궐공부를 하고 싶다는 마음만 간직한 채 늘 그것에 도전하기를 망설이고 있었다. 그러다가 코로나가 끝난 지난 2023년, 드디어 용기를 내어 그 문을 두드렸다. 매주 새벽에 기차로, 때론 비행기로 서울에 다녀오는 것이 결코 쉬운 일은 아니었다. 그럼에도 불구하고 낯선 환경과 낯선 사람들과의 만남에 대한 기대감으로 어렵게 새로운 도전을 시작했다. 그렇게 일 년여의 시간이 흐르고 문화유산해설사 자격을 취득했다. 지금도 한 번씩 그때 함께 공부했던 동기들과 조선의 역사와 문화에 대해 각자의 생각들을 나누는 시간을 갖는다. 그

만남을 함께 해가는 동기들은 하나같이 오래 만난 친구처럼 편하고 좋다. 사람들이 같은 꿈을 꾸고, 같은 취미를 갖는다는 건 엄청난 시너지를 낸다는 것을 다시금 깨닫는 시간이다. 멀리 있어도 서로를 걱정하고 때로는 지지하며 서로를 인정해 준다는 것은 천금과도 바꿀 수 없는 귀한 자산이기 때문이다.

사람이 살아가면서 맺은 좋은 인간관계는 개인에게는 큰 재산이다. 요즘처럼 빠르게 변화하는 시대를 살아가는 현대인들의 불안 가운데 하나는 어떤 사람을 만나고, 어떻게 인간관계를 유지해 나갈 것인지에 대한 것도 포함되는 것 같다. 이런 시대에 같이 대화를 하고 서로를 지지해주는 내 편이 있다는 것은 세상을 사는 대단한 버팀목이 된다.

이런 만남을 유지하기 위해 개인이 해야 할 노력도 있다.

늘 긍정적인 생각으로 상대를 배려하는 마음이 그 바탕이 되어야 한다.

서로를 인정하고 존중하는 것은 인간이 상대방에게 갖춰야 할 예절이기 때문이다.

요즘 문득 이런 생각을 한다.

세상은 보이지 않는 끈으로 이어져 있어서 언젠가 만나야 할 사람은 만나게 되어 있다고 말이다. 그게 인연이든지 악연이든지 말이다. 그렇기 때문에 촘촘한 연결고리를 잘 이어가기 위해서는 서로에게 힘을 주는 좋은 인연이어야 한다. 옷깃만 스쳐도 인연이라고 하는데 하물며 눈을 마주 보며 함께 일을 해나가야 할 사람들이라면 전생에 얼마나 많은 만남이 있었을 것인가? 물론 나는 특별한 종교를 가진 사람은 아니다. 그렇지만 내가 만나고 스치는 사람들이 그저 우연히 지나가는 그런 사람은 아닐 것이라는 생각을 가끔 하게 된다.

학교에서 만나는 제자들, 강의장에서 만나는 수강자들, 그리고 지금 우리가 만나는 수많은 사람들이 누구 한 사람인들 소중하지 않은 인연이 있을까?

어렸을 때 할머니와 우리 부모님은 불교에서 말하는 인연의 소중함을 자주 말씀해 주셨다. 심지어 우리 집에서 기르던 소나 개, 돼지까지도 우리와 인연이 없었으면 함께 살지 못했을 것이라고 말씀하셨다. 그런 소중한 인연들을 위해 내가 해야 할 일은 아주 거창하거나 대단한 일이 아니다.

작은 일 하나에도 전해오는 감사한 마음이 여전히 나를 설레게 한다. 그리고 매일 만나는 사람들에게 밝은 얼굴로 먼저 인사하는 것도 좋은 사람들과의 관계를 지속하게 해주는 터전이 된다. 웃는 얼굴로, 따뜻한 한마디의 말로 건네는 위로나 칭찬이 그동안 오해로 서먹했던 관계를 풀어줄 때가 얼마나 많았던가?

앞으로는 내 주변의 좋은 사람들을 더 세심히 살피고, 내가 먼저 따뜻하게 바라보기로 했다. 작은 행동이 큰 파장을 일으키면 이 세상이 더 따뜻해지고 살아볼 만한 곳이 될 것이기 때문이다.

지금도 좋은 세상에서 살아가고 있지만 앞으로 더 넉넉한 인심이 넘치는 그런 세상이 되기를 바라는 마음이다.

"세상의 시계는 자신이 바라보는 방향으로 향하고, 모든 관계는 자신이 간절히 원하는 대로 되며, 마음속으로 염원하면 그대로 이루어진다."

내가 믿는 세상은 바로 이런 세상이기 때문이다.

"有朋 自遠方來면 不亦樂乎아."
(친구가 먼 곳에서 찾아 오면 어찌 기쁘지 않겠는가?)

— 『논어』 학이편

제4장 사회적 연결망 구축

07

우물 안에서 탈출한 개구리

- 이시현

나는 무던한 성격 때문인지 주변에 친구들이 많았다.

고집이 없어 주장할 일도, 소문낼 일도 없었기에 친구들은 나를 좋아했다. 그런데 어떤 이유에서인지 성심을 다하였음에도 어느 순간부터 그 많던 친구들이 하나, 둘 떠나기 시작했다.

그로 인해 혼란의 시기를 맞고 관계에도 유효기간이 있음을 알게 되었다.

그동안의 아쉬운 이별도, 안타까운 헤어짐도, 어이없는 결별도...

만남의 기간이 만료된 것임을 몇 번의 이별을 겪고 깨달은 것이다. 그리고 그 깨달음이 착잡했던 마음에 큰 위로가 되었으며 그 후로 관계의 집착에서 조금씩 벗어날 수 있었다. 이제는 아픔 없이 이별도 흘려보낼 수 있게 된 것이다.

'처음 산을 오를 때는 많은 사람이 함께 시작하지만 오를수록 인원은 차츰 줄어 정상까지 함께한 이는 몇 명 안 되는 것처럼 친구도 세월에 따라 점점 숫자가 줄게 되어 노년에 이르러서는 결국 남아있는 수가 몇 안 된다.'

어느 모임에서 들은 친구를 산에 오르는 등산객에 비유한 말이다. 말년에 들어서 뒤돌아보니 그 말에 고개가 절로 끄덕여진다.

누가 요즘 힘든 게 뭐냐고 물으면 친구 관계, 사람 관계의 어려움이라고 말하고 싶다.

평생 함께할 것 같던 친구들도 30년 쌓아 올린 우정탑이 무색할 만큼 획 돌아서 하루아침에 남이 되고 굳게 믿었던 사람들이 뒤에서 딴소리를 낼 땐 그 사람에겐 과연 진실한 마음이 있는 것인지 의구심이 든다. 요즘은 친구랑 화해했다 해도 깨끗하게 원점으로 돌아가는 일은 어렵다. 이미 받은 상처는 쉽게 아물지 않는 나이가 되어 어느 순간 곪아 터져 다시는 볼 수 없는 날을 만들기도 한다.

허탈하기 그지없는 인간관계가 점점 마음의 문을 닫게 한다.

특히 여자 형제가 없는 나는 친구들을 많이 의지해서인지 갈등이 생기면 심적 고통이 컸다.

젊었을 때는 별문제 없이 넘어갔던 일들도 예민하게 반응하며 어떤 의견에 대해 다른 주장들이 강하게 표출되어 분위기와 관계를 어색하게 만들기도 한다. 이런 현상들이 왜 나이 들수록 자주 일어나는 것인지 모르겠다.

'무엇이 우리를 변하게 하는 걸까?'

오랫동안 곰곰이 생각해보니 문제의 원인은 바로 자존심과 오만이 아닐까 싶다.

이제 서로 살 만큼 살았고 배울 만큼 배웠다. 그러다 보니 자존심이 강해져 상대에게 지고 싶지 않은 오만으로 관계를 어긋나게 하는 것 같다. 우정보다 자존심이 우선 되는 나이이기에 참을 필요가 없는 것이다.

나도 변했고 그들도 변했다.

우리는 더는 어린 시절, 그때의 아이들이 아니었다.

이제 친구에 대해 연연하지 않기로 했다. 노력에도 불구하고 안 좋은 결과가 온다는 것은 인연의 유효기간이 끝난 것이다. 집착과 욕심을 버리고 친구에 대한 정의를 다시 쓰고 나니 속이 편해졌다.

영국의 윈스턴 처칠은 '진정으로 행복하고 안정적인 삶을 누리려면 두서너 가지의 취미는 있어야 한다'고 했다.

취미를 통해 정서적 안정을 찾고 그 속에서 만나는 관계의 중요성도 내포된 말이다. 오랜 친구가 아니더라도 취미와 그 배움의 장소에서 얼마든지 행복하고 즐겁게 지낼 수 있다는 사실을 알아가고 있다. 품 안의 자식이 떠나고 오랜 친구들이 뿔뿔이 흩어진다 해서 외롭게 지내는 것은 바람직한 삶이 아니기 때문이다. 세상은 넓고 좋은 사람들은 무수히 많다.

우물 안 개구리가 세상 밖으로 '폴짝' 뛰어보기로 했다.

최근에는 인간관계의 연결고리가 된 밴드와 카페 등 다양한 SNS를 통해 취미와 목적이 같은 사람끼리 관계를 맺을 수 있는 기회가 많아졌다. 조금만 용기를 낸다면 사람과 사람을 연결해주는 매개체들을 통해 폭넓게 여가를 즐기며 행복하게 나이들 수 있는 세상이다. 나는 그 세상으로 용기 내어 뛰어든 것이다.

나는 취미와 관심사로 이은 두 그룹의 모임을 통해 뜻이 맞는 분들과 관계를 맺었다.

첫 번째 그룹은 자연과 함께 걷는 모임이다. 산을 좋아하고 자연을 사랑하는 나와 통하는 부분이 많은 모임이다. 서로 연령대는 달라도 함께 바라보는 목적이 같기에 그것만으로도 동지애를 느낀다.

넓은 바다를 보며 함성을 지르거나 아름다운 하늘을 보고 황홀함에 넋을 놓고, 예쁜 꽃들을 만나면 발길을 함께 멈추며 동감한다. 또한, 10km 이상의 길을 걷다 보면 때론 지칠 때도 발에 쥐가 날 때도 있지만 서로를 위로하는 응원이 있어 포기하지 않고 전진할 수 있다. 그리고 우리의 노고는 몸과 마음을 건강하게 만든다.

좋은 인연은 바로 이런 것이다. 어디에도 이해관계가 얽혀있지 않고 부담되지 않는 인연들, 그렇다고 함부로 대해서는 안 되는 사람들이며 적당한 거리로 서로 예를 갖출 줄 아는 사람들끼리 즐거운 날을 보낸다면 그것만으로도 나의 안정적인 인간관계를 구축한 것이라 본다.

두 번째 그룹은 궁궐문화해설사를 공부하면서 만난 모임이다.
곧 다가올 백수 생활을 생각하다 돌아가신 친정아버지가 떠올랐다.
고령으로 하시던 일을 접으시고 집에 계신 지 1년도 채 되지 않아 나를 만날 때마다 돈은 안 받아도 좋으니 일할 수 있는 곳을 알아봐 달라며 애원하셨다. 무료한 하루하루가 부지런한 아버지에게는 고통이 된 것이다.
결국 아버지는 동네를 돌아다니시며 종이상자를 줍고 거리의 쓰레기를 치우면서 보내셨다.
나는 그런 아버지의 모습이 생각나 소일거리를 찾다가 우연히 '궁궐문화해설사'를 알게 됐다.

궁궐문화해설사는 서울 5대 궁궐을 관광객들에게 소개하며 궁궐의 역사와 숨은이야기를 쉽고 재미있게 들려주는 일이다. 역사를 좋아하는 내게 딱 어울리는 일이라 추후 관련된 일을 하면 좋을 것 같아 공부를 시작했다. 3개월 동안 이론 및 실기 교육을 마친 후 민간자격증도 취득하고 함께 공부한 인연을 계기로 기수 모임에 참여하게 되었다.

그리고 연구원 소속에도 가입한 후 문화유산 답사 활동도 하고 있다. '역사'라는 관심 분야가 같은 사람끼리 모인 곳에서 나는 연구원들의 열정과 조상의 지혜를 배우고 있다. 함께하는 그들은 정말 멋지고 우아하게 사는 분들이며 본받을 것이 많은 사람이다.

우물 안의 개구리가 밖으로 나와보니 세상은 넓고 아름다운 사람들이 많다는 걸 알게 되었다.

'인간은 사회적 동물이다.'

아리스토텔레스는 인간은 혼자서는 완전한 삶을 살 수 없으며 다른 사람들과 함께 생활하고 이를 통해 높은 가치를 찾는다고 하였다. 그리고 선한 생활을 위해서는 서로 간의 상호작용과 공동체 참여의 필요성을 강조하였으며 인간 혼자서는 어떠한 가치 있는 삶을 살기 힘들다고 하였다.

즉, 사람에게는 사람이 필요한 것이다.

'삶'이란 단어가 '사람'이라는 단어로 만들어져 있다는 것을 얼마 전에 알게 되었다.

기가 막힌 단어다. 삶이 사람과의 관계를 빼놓을 수 없음을 증명하는 단어처럼 좋은 사람들을 만나 함께 성장하고 가치 있는 삶을 산다면 사람으로서 그 역할을 다한 것이다.

그렇다고 인연을 쉽게 맺어서는 안 된다. 손만 뻗으면 쉽게 어울릴 수 있는 세상에서 관계의 주의도 필요하다. 한 번의 잘못된 인연으로 평생 고통을 호소하는 사람들의 이야기도 종종 들려오기 때문이다. 우리는 만남에서의 목적을 상실해서는 안 될 것이다. 관계란, 서로 피해를 주지 않고 행복한 시간을 보내는 것이다.

법정 스님은 사람 관계 즉 인연에 대해 많은 말씀을 남기셨다.

"진실은, 진실한 사람에게만 투자해야 한다. 그래야 그것이 좋은 일로 결실을 맺는다.
아무에게나 진실을 투자하는 건 위험한 일이다. 그것은 상대방에게 내가 쥔 패를 일방적으로 보여주는 것과 다름없는 어리석음이다."

"우리는 인연을 맺음으로써 도움을 받기도 하지만 그에 못지 않게 피해도 많이 당하는데 대부분의 피해는 진실하지 않은 사람에게 진실을 쏟아부은 대가로 받는 벌이다."

법정 스님은 특히 상대의 진실성을 강조하면서 관계의 주의성을 당부하셨다. 우리는 진실하지 않은 사람을 조심하라고 재차 말씀하신 것을 항상 유념하면서 좋은 관계를 넓혀야 한다.

함께 더불어 사는 세상에서 관계의 선택과 좋은 분들과의 만남을 통해 삶의 가치를 높이는 것은 우리들의 몫이다.

"세상에서 살아가려면 많은 사람과 사귈 줄 알아야 한다."

– 루소

안전한 미래를 위한 계획

01

운명 개척자

― 김은미

"어려서부터 우리 집은 가난했었고,

남들 다하는 외식 몇 번 한 적이 없었고……."

그룹 GOD의 노래 '어머님께'의 가사 일부분이다. 이 노래는 듣는 이의 가슴을 후벼파고, 듣고 나면 누구든지 눈시울이 촉촉해진다. 우리 국민의 대부분이 어렵고 힘든 시기를 함께 헤쳐 왔기에 더욱 감정이입이 되며 공전의 히트를 기록한 노래이다. 나역시 가난한 가정에서 자랐다. 외식은 언감생심 꿈도 못 꾸던 어린 시절을 보냈다. 학창 시절에는 육성회비를 내지 못해서 며칠을 맞고 나서야 어머니께서 여기저기서 빌려온 돈으로 겨우 낼수 있었다. 준비물을 못 사가서 맞고, 수업료를 늦게 내서 선생님께 혼나기도 했다. 반에서 회비를 걷거나 불우이웃 모금 행사할 때마다 간이 쪼그라드는 것 같았다.

우리도 남들처럼 외식해 볼 수 있을까? 우리 집에 친구들을 초대할 수 있는 날이 과연 오긴 할까? 우리는 언제 마음껏 배워 볼 수 있을까? 어른이 되어 사회에 나와서도 쉽게 펴지지 않는 가정형편에 좌절도 했다.

20대의 어느 날 문득 내 가슴에 꽂힌 명언이 있다.

"생각이 바뀌면 행동이 바뀌고
행동이 바뀌면 습관이 바뀌고
습관이 바뀌면 인격이 바뀌고
인격이 바뀌면 운명까지도 바뀐다."

미국의 심리학자 윌리엄 제임스는 생각이 바뀌면 종래에는 운명까지도 바뀔 수 있다고 했다. 그렇다면 생각을 바꾸는 방법은 무엇일까? 나는 부정적이고 위축된 생각을 긍정적으로 바꾸기 위해 다양한 책을 읽으며 배움에 매진했다. 그리고 말씨와 행동을 부드럽고 친절하게 하면서 자신감을 가지고자 노력했다. 생활 속에서 좋은 습관을 쌓으려고 다양한 시도를 하며 실패하기도 하고 성공하기도 했다. 그리고 보다 나은 내가 되기 위해 반성하고 성찰하는 시간을 가지려고 노력했다.

이만큼 했으면 뭔가 엄청난 변화가 있을 법도 한데 딱히 별다른 변화가 느껴지지 않았고, 운명이 바뀌는 조짐은 보이지 않았다. 나는 성공하고자 하는 열망에 목말라 조급하게 여러 가지를 시도했다. 쉽게 결과가 나오지 않아 좌절할 때도 있었지만 '포기하지 말고 일단 묵묵히 가보자. 가다 보면 조금씩 달라지겠지'라는 실낱같은 희망을 붙잡고 견뎠다.

지난하게 견뎌 온 시간이 쌓여 어느새 나는 가정을 이루었으며, 부모님께 부담 없이 맛있는 밥을 대접할 수 있는 형편이 되었다. 아이들이 배우고 싶어 하는 것을 가르치며, 남편이 사고 싶어 하는 것을 걱정 없이 사줄 수 있는 여유가 생겼다. 함께 어려운 세월을 헤쳐 온 형제들과 여행을 다녀왔고, 무엇보다 꿈꾸던 일을 천천히 이루며 살고 있다. 사람의 운명이 바뀌게 되는 데에는 물론 운이 꼭 필요하다. 그러나 운이 기회의 모습으로 다가올 때 그것을 분별해내고 잡기 위해서는 몇 가지의 노력이 필요하다.

운명을 바꾸기 위해서는 첫째, 생각하는 힘을 길러야 한다. 현대는 정보화 시대를 넘어 디지털 시대, AI 시대에 접어들었다. 인터넷과 유튜브, SNS, 각종 커뮤니티와 앱을 통해 수많은 정보와 지식이 유통되고 있다. 또 인공지능을 이용한 정보가 무한대로 생성되고 있다. 우리에게는 선택의 순간에 깊이 고민하는 것보다 핸드폰을 여는 것이 더 빠르고 쉽다. 검색창에 검색어를 넣어 줄줄이 딸려 올라오는 수많은 정보 중에서 고르면 되니 자칫 깊이 생각할 수 있는 기회를 놓치고 만다.

생각을 깊이 있게 하기 위해서는 디지털 기기와 인터넷 정보를 활용하되 과도하게 의존하지 말고 사유의 힘을 키울 수 있는 독서와 대화, 글쓰기를 늘려야 한다. 누구든 원하기만 하면 전 세계 석학들의 연구 성과와 이론, 수많은 부호의 자기계발서, 다양한 정보와 아름다운 이야기 등 우리 삶을 아우르는 전 영역의 지식을 자신의 것으로 만들 수 있다. 이러한 배움은 우리 앞에 놓인 끊임없는 선택의 여정 속에서 고민의 시간을 줄여준다. 또한 합리적인 선택의 근거가 되며, 선택한 것을 믿고 나아갈 수 있는 추진력을 만들어 준다.

둘째, 자신의 일에 집중하면서 전문 영역을 넓혀 가야 한다. 우리의 에너지를 현재의 일에 쏟고, 어떻게 발전시켜 나아갈지 끊임없이 점검하고 실천해야 한다. 우리의 시간과 감정을 이미 지나간 과거의 실수와 아직 오지 않은 미래에 저당 잡히지 않도록 주의하자. 자신이 하는 일의 숙련도를 높이고 영역을 확장하기 위해서는 오늘 계획한 일에 열정을 쏟아부어야 한다. 현재에 충실한 자만이 변화에 빠르게 대처할 수 있기 때문이다.

자신의 업무 영역에서 전문가적인 역량이 발휘 될 때, 그 일은 기꺼이 운명을 바꿀 수 있는 무기가 되어줄 것이다.

셋째, 운명을 바꾸기 위해서는 스트레스를 잘 관리해야 한다. 잘 달리려면 잘 쉬어야 한다. 그러나 속도전에 익숙해진 현대인에게 쉼은 사치요 게으름의 상징이기도 하다.

루이스 캐롤의 〈거울 나라의 앨리스〉를 보면서 진한 동질감을 느꼈다. 책 속에서 앨리스와 레드 퀸(Red Queen)은 한참을 숨이 차도록 달린다. 그러나 주변의 풍경은 바뀌지 않고 그대로이다. 이에 궁금증을 가진 앨리스가 레드 퀸에게 어찌 된 일인지 묻자 레드 퀸은 풍경까지 모두가 함께 달리는 중이므로 멈춰서는 안된다며 말 할 시간에 더 빨리 달리라고 앨리스를 채근한다.

그러나 끊임없이 달리는 삶은 우리를 피폐하게 만든다. 세상 모두가 달려가고 있는데 혼자서 멈춰 있다면 순식간에 뒤처져서 도태될 것이라는 공포가 덮쳐온다. 잠깐의 휴식만으로도 한참을 뒤처질 것이고 다시 따라잡기 위해서는 더 빨리, 더 많이 달려야 한다는 생각에 쉬지 않고 뛰게 된다. 나 역시 모두가 달리는데 여기서 쉬면 다시 가난해지고, 불행해질 것이라는 두려움에 시달렸다. 그래서 끊임없이 열정을 짜내서 움직였지만 몸과 마음이 소진되는 번 아웃이 찾아왔다.

박세니 작가는 저서 〈멘탈을 바꿔야 인생이 바뀐다〉에서 자신을 괴롭히는 두려움에서 벗어나는 방법을 소개하고 있다.

"우리는 부정적인 감정에 취약하다. 공포감이나 불안감이 강하면 우울증에 걸리기 쉽다.
열심히 일하다가도 쉬는 것에도 초조함과 죄책감을 느낄 수 있다."

적기에 해소되지 못한 스트레스는 불안과 공포로 인한 무기력증과 번아웃을 유발한다. 번아웃과 무기력증을 늘 경계하고 편안한 마음으로 적당한 휴식을 취해야 한다. 적당한 스트레스는 변화하는 세상에 발맞춰 나아가는 원동력이 될 수 있으므로 자신만의 스트레스 해소법이나 해소 공간을 꼭 가져야 한다.

그래서 우리는 가족만의 스트레스 해소 공간을 만들기로 했다. 얼마 전 이사를 하면서 큰맘 먹고 6인용 소파를 샀다. 그리고 소파 앞쪽에 다리 마사지기를 놓았다. 사춘기에 접어들면서 방으로 파고들던 아이들에게 핸드폰을 해도 좋고, 자도 좋으니 여길 많이 이용해 달라고 했다. 아이들은 저녁마다 소파에 앉아 다리 마사지를 받다가 잠들기도 하고, 핸드폰을 하거나 텔레비전을 보며 눕기도 한다. 한 사람이 누워도 다른 사람들이 앉기에 충분히 넓은 소파는 어느새 우리 가족이 가장 자주 머무는 공간이 되었다. 처음에는 소파가 너무 커서 거실이 좁아진다고 반대했던 남편이 지금은 가장 좋아한다. 가족들이 함께 예능을 보면서 깔깔 웃기도 하고, 보드게임도 한다. 가끔은 치킨을 시켜 먹으며 서로의 삶을 나눈다. 데면데면했던 사춘기 자녀들과의 이런 소소한 소통들이 굳었던 마음을 말랑하게 만들고 삶의 활력소가 되게 한다.

아침이 되어 가족들이 직장과 학교로 떠나고 나면 어수선한 집 안이 나를 맞이한다. 다른 가족들에 비해 출·퇴근이 늦은 나는 집안일을 마치고 소파에 앉아 말끔하게 정돈이 된 집 안을 볼 때 편안해진다. 몇 시간 후면 또 흐트러지겠지만 가만히 앉아있는 짧은 시간이 참 좋다. 하늘하늘한 햇살, 창밖의 푸른 녹음, 짹짹, 지지배배 새소리와 두런두런 들리는 말소리도 정겹다.

넷째, 운명을 바꾸기 위해서는 소통을 잘해야 한다. 이기주 작가는 〈말의 품격〉을 통해 "말은 한 사람의 입에서 나오지만 천 사람의 귀로 들어간다. 그리고 끝내 만 사람의 입으로 옮겨진다."고 하였다. 때때로 나의 말을 점검해보자. 누군가를 죽이는 독이 되는 말을 멀리하고 누군가를 살리는 약이 되는 말을 가까이할 때이다.

노년의 말 습관에 필요한 것은 약이 되는 말을 익히는 것과 더불어 잘 듣는 것과 침묵을 즐기는 것임을 늘 기억하자. 잘 듣는 것은 활발하게 대화에 참여한다는 뜻이다.

인간관계 전문가인 전현수 박사는 소통의 핵심을 "침묵을 즐겨야 한다. 백 마디 말보다 훨씬 효과적인 침묵의 대화법은 할 말이 없을 때는 듣고, 침묵이 생기면 즐기는 것이다"라고 말했다. 옛말에 말이 많으면 화를 면치 못한다고 하였다. 인간은 대부분 나이가 들수록 세상 경험이 풍부해져서 식견이 넓어진다. 그래서 어떤 주제가 나와도 막힘없이 말을 이어갈 수 있다. 그러나 많은 말을 쏟아 내다보면 자칫 혼자 대화를 독차지하고, 엉뚱한 말을 하거나 실수가 잦아진다. 침묵은 말실수를 줄이는 지름길이다. 침묵 속에서 편안히 있을 수 있는 것이야말로 큰 능력이다.

이렇게 현재에 충실하면서 꾸준히 자신의 자리를 지켜가는 삶이야말로 운명을 만들어가는 삶이라 할 수 있다. 운명을 만드는 사람들이 성숙한 시민의식으로 무장하고 지금 우리가 선택하는 것들이 미래에, 또 후손들에게 어떤 영향을 끼칠지 깊이 고민하며 행동한다면 한 사회의 구성원으로서 자신의 몫을 감당할 수 있을 것이다. 운명 개척자들이 사회에 관심과 애정을 가질 때 우리 사회 또한 바뀌어 갈 것이다.

"그 어떤 운명과도 맞부딪칠 심장을 지니고,
자꾸 이룩하고 자꾸 노력하며 기다리길 배우자."

– 롱펠로우

02

책으로 다시 태어나다

— 김원배

　다산 정약용은 변지의라는 젊은이에게 이렇게 말을 한다. "나무를 심는 사람은 나무를 심을 때 뿌리를 돋우고 줄기를 편안히 해줄 뿐이다. 다음으로 진액이 오르고 가지와 잎이 돋아나면 꽃이 핀다. 꽃이란 갑자기 얻을 수 있는 것이 아니다. 성의와 정심(正心)으로 뿌리를 돋우고 독행(獨行)과 수신으로 뿌리를 편안히 하며 경전을 궁구하고 예를 닦아 진액을 돌게 하며, 널리 듣고 예를 익혀 가지와 잎이 돋아나게 해야 한다. 그리하여 깨달은 것을 축적하고, 축적한 것을 선양해 글로 지으면, 이것을 문장이라고 한다."

　다산 정약용은 변지의에게 나무를 심는 과정을 통해 독서의 중요성을 이야기하고 있다. 나무를 심는 과정이 인간이 책을 읽고 지식을 쌓아가는 과정과 유사하다고 설명한다. 나무가 꽃을 피우기 위해서는 긴 시간 동안의 성장 과정을 거쳐야 한다. 독서는 단순히 책을 읽는 것을 넘어서 깊이 있는 성찰과 자기 수양을 통해 지식이 삶에 뿌리내리게 하는 과정이라고 할 수 있다. 다산은 독서를 통해 깨달은 것을 축적하고, 축적한 것을 글로 표현하고, 이를 통해 다른 사람과 소통하며 지혜를 나누는 것을 이야기하고 있다.

책을 읽는다는 것은 단순히 정보를 얻는 것을 넘어서 자신의 꿈을 이루고 성장해 가는 과정이다. 책 읽기의 중요성을 인식하고 이를 실천해 나가야 한다.

평소 꾸준하게 읽은 책은 미래 삶을 살아가는데 재산이 되고 생각하는 근육을 탄탄하게 만들어 준다. 어려운 환경에서 성공한 리더와 부자들을 살펴보면 독서광이라는 공통점이 있다. 책 한 권 속에서 자신의 삶에 대한 가치관과 경영 철학을 만들면서 자수성가를 이룬 것이라고 볼 수 있다. 〈부자 되는 습관〉의 저자 토마스 C. 콜리는 223명의 부자와 128명의 가난한 사람을 대상으로 각자의 습관을 설문 조사했다. 조사 결과 부자의 경우 매일 30분 이상 책을 읽는 사람이 88%였고, 가난한 사람은 단 2%만 책 읽는 습관을 지니고 있었다고 한다. 텔레비전 시청 시간은 부자의 경우 60% 이상은 TV 보는 시간이 하루 1시간 미만이고 가난한 사람들은 20% 정도만이 하루 1시간 미만으로 TV를 시청하는 것으로 나타났다. 결국, 성공한 사람과 부자들의 공통점은 미래에 대한 확실한 목표가 있고, 평소 독서를 통해 자기계발을 꾸준하게 하고 있다는 것이다. 마크 저커버그, 빌 게이츠, 워런 버핏, 스티브 잡스 등이 공통적으로 한 것은 책을 통해 영감을 얻고 경영에 대한 통찰력을 얻는 것이었다고 할 수 있다.

퇴직을 앞둔 지인들이 미래에 대해 고민을 이야기하면 독서부터 하라고 말한다. 평생 바쁘게 살아오면서 자신을 돌보지 않았는데 퇴직 할 때쯤 되니 걱정이 앞선다고들 한다. 평생 직업으로 활동했던 재능을 다른 사람들에게 공유하기 위해 책으로도 만들어 보고 유튜브 영상도 제작해 보는 시도를 해봐야 한다. 2021년부터 참여한 새벽 독서 모임 활동에서 일요일마다 줌으로 만나는 책 이야기 나눔은 기다려지는 활동 중 하나다. 직장에서 그리고 가정에서 해야 할 일들이 많다 보니 독서 할 수 있는 시간이 없었는데 요즘 들어 독서 모임에 참여하기 위해 가족들과 책을 읽기도 하고 스스로 시간을 만들어서 읽는다는 사람들이 많아졌다. 책을 읽은 후에는 서평을 작성하면서 자신의 생각을 글로 표현하는 재능도 발견하게 되었다고 한다.

중국 명나라 시대 학자이자 정치가인 고반룡은 "재주가 없다고 근심하지 말라 앞으로 나아가면 재주 역시 발전하기 때문이다. 생각이 넓지 못하다고 근심하지 마라, 보고 듣는 것이 넓어지면 생각 역시 넓어지기 때문이다. 그러나 이 모든 것은 독서를 통해서만 얻을 수 있다."라고 한다. 인생을 살면서 주어진 환경을 바꿀 기회는 누구에게나 주어져 있다. 지금까지 살아오면서 1년에 책 한 권도 읽지 않았다면 지금부터라도 시작하면 된다. 마음먹었을 때 실행에 옮길 줄 아는 실천하는 의지가 필요하다.

우리는 성공한 사람들의 책을 읽으면서 주인공이 성공한 후의 생활 모습만 바라보게 된다. 성공하는 단계까지 어떤 노력에 중점을 뒀는지 살펴볼 줄 알아야 한다. 투자의 귀재라고 불리던 워런 버핏은 하루에 6시간씩 투자 관련 책과 신문, 잡지 등 관련 자료 읽기에 몰두했다고 한다. 그러한 평소의 습관과 노력으로 인해 투자에 관한 일인자가 될 수 있었다. 책 읽기 습관은 초등학교부터 중학교 시기에 길들여 주는 것이 좋다. 고등학교 선택과 진로 목표를 설정하고 대학교에 진학할 것인지 취업을 할 것인지 판단하기 위해서는 본인들 나름대로 기준이 있어야 하고 사춘기 시기를 현명하게 극복하기 위해서는 독서의 힘이 필요하다. 사춘기 시기 아이들과 독서 모임을 하는 가정들이 필자 주변에 늘어나고 있다. 하루 중 가족들이 모일 수 있는 시간을 정해서 매일 독서를 시행하고 부득이 참여하지 못하면 벌칙을 정한다고 한다. 부모와 자녀가 함께 하는 독서 활동은 사춘기를 겪고 있는 자녀들이 바른길로 성장하고 역경을 이겨내는 힘이 된다. 독서는 우리 인생의 한계와 좌절을 뛰어넘어 무한한 가능성과 희망의 세계로 안내한다. 독서는 우리 인생의 발전을 이루도록 돕는 동반

자이다. 이 동반자는 우리의 인생을 위대한 인생, 행복한 인생의 길로 갈 수 있도록 방향을 제시해준다.

"난 안돼" 라고 단정 짓지 말자. 인생 역전 할 수 있는 기회는 항상 자신 주변에서 맴돌고 있다. 그 기회를 알아차리고 덥석 잡을 수 있는 방법 중 하나가 독서 활동이다. 독서를 통해 인생 역전의 답을 찾기 바란다.

"인생은 영원한 전쟁이다. 거기서는 끊임없이 과거와 미래가 싸우고 있다.
그리고 이 전쟁에서는 낡은 법칙은 끊임없이 봉쇄되고
새로운 법칙이 그것을 대신하며,
그 법칙도 또한 그러는 동안에 파괴되고 만다."

– 로맹 롤랑

03

내 생각이 현실로 이루어지는 나만의 세상을 만들고 싶다

– 박춘이

현대 사회에서는 지식과 정보의 힘이 매우 강력해졌다. 특히, 온라인 강의와 파이프라인을 활용한 지식 창업은 많은 사람에게 새로운 기회를 제공한다. 이러한 이점을 알기에 나는 2023년 3월부터 온라인 지식 창업에 매진하게 되었다. 나만의 파이프라인을 구축하기 위해서는 먼저 파이프라인의 개념을 이해하는 것이 중요하다. 파이프라인이란 목표를 달성하기 위해 일련의 단계를 체계적으로 구성하는 과정을 의미한다. 그런 점에서 나만의 체계화가 필요했다.

내가 여러 파이프라인 중에서 앞으로 집중하여 진행할 것은 바로 온라인 강의다. 온라인 강의는 단계별로 명확하게 정의되고 체계적으로 연결되어 있어야 한다. 그래야 직접적으로 소통하지 않아도 상대방이 이해하기 쉽기 때문이다.

강의를 준비하는 단계에는 콘텐츠 기획, 자료 수집, 강의 구성 등의 과정이 포함된다. 콘텐츠 기획 단계에서는 주제 선정과 함께 타깃층을 명확히 설정하고 그들의 요구를 파악해야 한다. 주제를 선정할 때는 내가 잘하는 것과 좋아하는 것을 구분하여 정리해 보자. 내가 잘하는 것은 빠르게 기획할 수 있지만 더 잘하려는 마음에 완벽을 추구하게 되어 시간이 걸릴 수 있다. 반면 내가 좋아하는 것은 현재 잘하지 못하기 때문에 성장할 시간이 필요하다. 하지만 좋아하는 것이므로 힘든 점이 있어도 포기하지 않고 꾸준히 적응할 수 있는 장점이 있다. 초보 강사라면 좋아하는 것을 위주로 강의를 준비해보라고 추천하고 싶다. 다양한 소스를 통해 나만의 창의적인 주제를 선정할 수 있기 때문이다.

자료 수집 과정에서는 신뢰성 있는 출처를 통해 데이터를 모으고 이를 기반으로 강의의 주요 내용을 구성해야 한다. 이때 신뢰성 있는 데이터는 실제 통계 자료가 많이 사용된다. 하지만 스스로 경험한 내용이 더 정확하고 좋다. 경험담과 관련된 내용만큼 진솔한 것은 없기 때문이다. 나는 앵무새처럼 취합한 내용을 전달하는 강사가 아니라 내 경험을 바탕으로 실제로 사용할 수 있는 꿀팁과 더불어 이론과 실제의 차이를 명확하게 설명해주는 강사가 되고 싶다. 이러한 점에서 좋아하는 부분을 강의 주제로

정하는 것이 도움이 많이 된다. 자신이 좋아하는 분야라면 다양한 시도를 쉽게 할 수 있기 때문이다.

　강의 구성 단계에서는 각 장과 단원을 체계적으로 배열하여 수강생들이 쉽게 이해할 수 있도록 해야 한다. 온라인에서의 프로그램은 정확히 따라야 하는 순서가 따로 있는 것은 아니다. 내가 어떤 부분을 중점에 두고 기획할 것인지 또 그것을 어떻게 활용할 것인지에 따라 진행 순서는 달라질 수 있다. 또한 시각적 자료와 예시를 활용하여 이해도를 높이는 것도 중요한 과정이다. 내가 시도해 보았던 부분을 자료화하여 수강생들에게 실제로 보여주는 것이 도움이 된다. 이때 성공 사례만 말하지 말고 실패 사례 또한 설명하고 이것을 극복한 과정과 어떤 변화가 있었는지를 비교해 사진으로 설명해주면 더 이해하기 쉬워진다.

　다양한 실제 사례는 수강생들에게 자신이 엉뚱한 방향으로 진행하고 있음을 빨리 깨달을 수 있는 계기가 되었다. 기존의 프로그램에서 자기만의 강점을 포함해 자신만의 스타일로 변형하여 진행하고 싶다고 말한 수강생들도 있었다. 그들도 이 예시를 구체적으로 보기 전에는 생각이 떠오르지 않았다고 말했다.

　이러한 과정을 거친 강의는 수강생들에게 전달되고 다시 피드백을 반영한 개선 과정이 뒤따른다. 이처럼 체계적인 파이프라인을 구축함으로써 강의의 질을 높이고 지속적으로 발전시킬 수 있다.

피드백을 수집하는 과정에서는 수강생들의 의견을 받아들여 강의 내용을 보완하고 새로운 요구에 맞추어 업데이트하는 것이 중요하다. 물 흐르듯이 자연스러운 강의 스킬도 중요하지만 나는 피드백을 더 중요하게 여긴다. 하지만 온라인 강의는 직접적인 만남이 아니기 때문에 솔직한 피드백을 받기가 어렵다. 그래서 온라인 강의에서 반드시 필요한 부분이 소통이다.

단톡방을 만들어 강의를 듣는 사람들과의 소통 창구로 활용하면 강의를 들으면서 어려운 부분을 바로 물어볼 수 있고 그 문제를 해결하거나 추가 정보를 제공하면서 신뢰를 쌓을 수 있다. 이런 과정을 통해 '찐팬'이 생기게 된다. 그러면 수강생은 자신이 좋아하는 강사의 강의가 다른 사람들에게 널리 퍼지기를 바라며 정확하고 날카로운 피드백을 전달해 주게 된다. 나는 이 과정을 통해 매번 강의를 조금씩 업그레이드 해 왔다. 처음부터 매번 똑같은 커리큘럼으로 진행하는 것보다는 피드백을 반영하여 적절하게 변화하는 커리큘럼을 수강생들이 더 좋아했다.

온라인 강의는 장소와 시간의 제약을 넘어설 수 있는 강력한 도구이다. 나는 온라인 강의를 통해 지식 창업의 가능성을 점점 넓혀 나가고 있다. 이를 통해 더 많은 사람에게 지식을 전달하고 그들의 삶에 긍정적인 변화를 가져다줄 수 있도록 돕고 있다.

수강생 중에 아이와 병원에 가려면 배를 타고 육지로 나가야 하는 섬에 사는 분이 계신다. 특히 비 오는 날에는 통신이 불안정해 줌이 자주 끊어지곤 했다. 아이들도 어려서 대면 강의를 듣기 힘든 상황이었다. 10년간의 경력 단절을 겪은 후, 우연히 알게 된 온라인 세상은 그녀에게 큰 즐거움을 주었다. 온라인 강의를 통해 그녀의 삶은 크게 변했다. 디자인과를 졸업한 그녀는 결혼 전 직장에서의 경력을 살려 온라인에서 디자인 작업을 의뢰받아 수입을 벌고 있다. 자신의 전문 지식을 바탕으로 온라인에서 활동하는 사람들과 서로 돕는 틈새 직업을 찾아낸 것이다.

초보 강사들은 자신이 모든 일을 혼자 하려는 경향이 있다. 나 역시 그랬다. 물론 기초적인 것부터 알고 경험해 봐야 하는 것은 꼭 필요한 부분이다. 하지만 할 일이 많아지면 스트레스를 많이 받는 일이나 시간이 걸리는 일은 잘하는 사람에게 맡기는 것이 효율적이다.

나도 이런 이점을 활용해 새로운 직업을 갖고 있다. 꼼꼼한 체크와 관리를 통해 온라인 교육 사업의 전반적인 통합 관리를 해 주는 컨설팅을 진행하고 있다. 처음부터 이런 일을 하려고 했던 것은 아니었지만 내 사업이 번창하는 것을 지켜본 사람들이 나 대신 관리를 맡아주면 좋겠다고 제안하면서 시작하게 되었다. 그분들을 직접 만나본 적은 없지만 줌과 같은 온라인 도구와 다양한 협업 프로그램을 사용해 멀리 떨어져 있는 대표님들과도 함께 일할 수 있었다. 이처럼 온라인에서 이루어지는 일들은 지리적 한계를 극복하고 더 많은 사람들에게 기회를 제공할 수 있어 멋지다.

또 다른 예로, 약 3개의 직업을 가지고 계신 50대 후반의 수강생이 있다. 할머니라고는 전혀 보이지 않는 분이지만 손주들 육아, 본업인 보험업, 재건축 조합일까지 정말 바쁘신 분이다. 우연히 나이가 들어서도 할 수 있는 온라인 일에 관심이 생기셨다. 하지만 직장 생활과 병행해 학습할 수 있는 유연한 환경을 필요로 하셨다. 그에 적합한 것이 바로 온라인 강의였다. 온라인 강의는 그분에게 시간과 장소에 구애받지 않고 학습할 수 있는 기회를 제공했고 이를 통해 새로운 기술을 습득해 직장 일에도 접목하며 도움을 받고 있다. 온라인 커뮤니티를 통해 동료 수강생들과 정보를 공유하고 서로의 경험을 나누면서 더 큰 시너지를 발휘할 수 있었다고 하셨다.

나이는 전혀 문제가 되지 않았다. 40대라도 이 분야에 관심이 없는 사람이라면 그분보다 더 모르는 경우가 많다. 처음에는 나이 든 사람이 주책 부린다고 생각할까 봐 많이 망설이셨다고 한다. 하지만 지금은 인생의 경험을 바탕으로 '인생 언니'라는 타이틀을 달고 후배들에게 조언을 해주는 모임 리더가 되셨다. 그분을 보면서 나도 강사지만 열정만 있다면 나이가 들어도, 시간이 부족해도 얼마든지 미래를 설계할 수 있다는 것을 배워가고 있다.

나는 파이프라인과 온라인 강의를 활용해 나만의 세상을 만들어가고 있다. 이는 단순히 강의를 제공하는 것을 넘어 수강생들과 함께 성장하고 그들의 꿈을 실현시켜주는 과정이다. 수강생들의 성장을 위해 시작한 일이지만 결국 내가 더 성장하는 계기가 되었다. 무엇보다 고정관념에 갇혀 있던 내가 세상 속으로 나올 수 있게 된 멋진 일이기도 하다.

내 최종 목표는 초보 리더들이 각자의 색깔로 멋지게 성장한 커뮤니티 리더가 되어 나와 대표 대 대표로서 협업을 진행하는 것이다. 대표님의 손발이 되어 프로그램 및 커뮤니티를 관리해드리는 관리 컨설팅을 맡는 일이다. 이를 위해 각 모임의 리더들이 성장할 수 있도록 도와드려야 한다. 리더들은 모임을 이끌어가는 중요한 역할을 하는 사람이다. 따라서 그들이 효과적으로 리더십을 발휘할 수 있도록 돕는 것은 매우 중요하다. 그 목표를 위해서 나는 다양한 리더십 이론과 프로그램 기획 교육, 시간 관리,

실질적으로 도움이 되는 컴퓨터 프로그램 활용법 등을 포함한 강의를 제공하고 있다. 또한 실시간 피드백과 개별 코칭을 통해 각 리더가 자신의 역량을 최대한 발휘할 수 있도록 지원하고 있다. 나와의 강의를 통해 자신감을 되찾고 새로운 프로젝트를 기획하여 실행하는 모습을 보면서 참 뿌듯함을 느낀다.

리더로서의 역량 발휘를 돕기 위해 리더십 강의에서는 다양한 상황에 맞는 리더십 스타일을 학습하고 실제 문제점들을 해결할 수 있도록 나의 경험담을 제시하며 해결책을 함께 찾아간다. 또한 무료특강과 독서 모임을 통해 리더들 간의 상호작용을 촉진하고 서로의 경험을 공유함으로써 실질적인 문제 해결 방법을 모색한다. 이를 통해 리더들은 자신만의 커뮤니티에 맞는 다양한 방법들을 생각해 보게 되고 실제 상황에서 적용할 수 있는 기술과 전략을 습득하게 된다.

결국 나만의 세상을 만들어가는 과정은 지속적인 학습과 성장을 필요로 한다. 파이프라인을 통해 체계적으로 목표를 설정하고 온라인 강의를 통해 지식과 경험을 공유하며 수강생들과 함께 성장하는 것이 바로 핵심이다. 이 과정을 통해 나의 꿈을 현실로 이루어가고 있다. 더 많은 사람이 자신의 꿈을 실현할 수 있도록 돕고 싶다. 이러한 노력이 계속될 때 우리는 모두가 꿈꾸는 나만의 세상을 만들어갈 수 있을 것이다.

혼자만 성장하는 삶이 아닌 함께 성장하는 삶. 그들과 함께 노후에 멋진 계획을 꿈꿀 수도 있어서 지금이 참 행복하다.

"온라인에서의 기회는 무한하다."

– 에릭 슈미트

04

노인을 위한 나라는 없다

- 송숙영

어느 날 한가로이 소파에 누워 핸드폰으로 인터넷 아이 쇼핑을 했다. 여러 사이트를 이리저리 둘러보다 정말 마음에 드는 가방을 발견했다. 마치 보석을 발견한 것처럼 신나서 장바구니에 담는다. 다소 부담스러운 가격 때문에 구매 버튼을 누를까 말까 고민한다. '열심히 돈 버는데 나에게 이 정도는 선물을 해줘야지' 하면서 소비의 죄책감을 씻을 만한 그럴듯한 핑계를 대고 구매 버튼을 눌렀다.

구매 버튼을 누른 후에는 언제 택배가 집에 도착할지 설레는 마음으로 기다린다. 어느 초등학생의 일기에 '우리 엄마가 가장 좋아하는 사람은 택배 아저씨이다'라고 쓴 말처럼 택배 기사님이 오기만을 손꼽아 기다렸다. 드디어 기다리던 택배가 도착했다.

내 인생의 플렉스는 지금부터

상자를 열어 가방을 이리저리 둘러보고 어깨에 맨후 내 모습을 거울에 비춰보았다. 뿌듯한 마음으로 '예쁘네, 잘 샀네'라며 한 번 더 소비를 합리화하고는 소파에 누워 또다시 인터넷 쇼핑몰을 검색하며 가방에 어울리는 옷을 신나게 검색했다.

이런 나의 모습을 유심히 보던 둘째가 말한다.

"엄마 또 뭐 샀어? 그러다 거지 된다!"

둘째의 말이 귀에 가시처럼 꽂힌다. 역시 아이들은 속일 수가 없다더니 둘째의 레이더망에 딱 걸린 것이다. 아이의 말이 잔소리처럼 들렸다. 하지만 나의 소비 습관에 문제가 있는 것은 사실이었다. 곧 초등학교와 중학교 입학을 앞둔 두 아이에게 들어갈 사교육비와 부대비용 등이 머릿속에서 한 장의 영수증으로 정리되어 둥둥 떠다니는 것 같았다. 통장 잔액을 확인해 보니 둘째의 말이 현실처럼 느껴졌다. 순간 아찔했다. 덮어놓고 낳다 보면 거지꼴을 못 면한다더니, 낳았으면 하고 싶다는 것은 조금이라도 지원해 주어야 하는데 덮어놓고 쓰다보니 지원도 못해 주고 거지꼴을 못 면할 상황이다. 아이들을 지원해 주는 것도 부담이지만 소득이 줄어들고 지출이 늘어나는 노후가 더 문제였다. 아이들의 학령기 이후에 나는 직장에서 은퇴해 연금으로만 생활하게 될 것이다. 그런데 연금만으로는 생활하기 어렵다는 것은 불 보듯 뻔한 사실인데 아이들 양육은 고사하고 노후에 빈곤에 시달리면 어쩌나 걱정이 되기 시작했다.

우리나라는 OECD 회원국 중 만 65세 이상의 노인 취업률이 가장 높으면서도 노인의 소득 빈곤율이 40.4%로 가장 높은 국가이다. 즉, 노인 고용률은 높으나 노인들이 일해도 빈곤에서 벗어나지 못하고 있다는 것이다. 더 심각한 문제는 이러한 경향성이 시간이 지남에 따라 더욱 심화되고 있다는 것이다. 보건복지부가 실시한 '노인실태조사'에 따르면 65세 이상 노인 취업률은 2014년 28.9%에서 2020년 36.9%로, 노인 빈곤율은 2021년 37.6%에서 2022년 38.1%로 증가했다는 조사 결과가 이를 증명해주고 있다.

이러한 노인 빈곤은 단순한 빈곤으로만 끝나지 않는다. 2019년 자살 예방 백서에 따르면 65세 이상 노인 인구 10만 명당 자살률은 46.6명으로 이 역시 OECD 회원국 중 1위를 기록하였다. 그 원인에 대해 분석한 2018년 한국보건사회연구원의 노인실태조사에 따르면 노인이 자살을 생각한 가장 큰 원인으로 경제적 이유(27.7%)가 꼽힌다.

많은 노인 인구가 빈곤으로 인해 고통 받고 있기에 이를 해결하기 위한 공적 연금 예산이 투입되어야 한다. OECD 회원국의 연금정책과 성과를 비교한 '한눈에 보는 연금 2021 OECD'에 따르면 2017년 기준 한국 정부가 공적연금에 투입한 재정은 전체 정부 지출의 9.4%에 불과했다. 이는 전체 회원국 중 아이슬란드(6.2%) 다음으로 낮은 수치이다. 즉, 공적연금은 대부분의 국가에서 사회지출의 가장 큰 부분을 차지하는 단일 항목인데, OECD

회원국들은 평균적으로 전체 정부 지출의 18.4%를 이에 투입하고 있지만 한국은 그 절반에도 미치지 못하고 있다는 것이다.

노후는 국가, 자녀도 책임져 주지 못한다. 자녀 양육과 노후 대비를 위해서는 당장 자산관리 계획을 세워야만 했다. 나에게 자산관리는 '투자'가 아닌 '의미 없는 소비의 무한루프에서 빠져나오는 것'이 가장 시급한 과제였다. '소비 요정'에 가까운 삶을 고치기 위해 '나는 무엇을, 왜 소비하는가?'에 대해 스스로에게 질문했다. 이 문제의 해답은 두 가지로 결론 내릴 수 있었다.

첫 번째로 소비 행위를 즐기는 심리가 문제였다.
'무엇을 왜 소비하는 가?'의 문제가 아니라 '소비 행위' 자체를 즐기고 있었다. 언젠가부터 택배가 도착한 하루만 즐겁지 그 이후에는 '입을 것이 없네', '다른 물건이 더 예쁜데'라는 생각으로 소비의 공허함을 또다시 소비로 반복하고 있었다. 공허한 마음을 채우기 위해 시간이 날 때마다 아이 쇼핑으로 여가를 보내며, 눈에 띄는 물건들을 사모으기만 한 것이다. 소비의 목적은 그것을 사용하며 효용을 얻어야 하는데, 나는 거꾸로 소비 행위에만 집중해 물건을 사기만 하고 활용할 생각보다는 또다시 다른 물건을 사는데 집중했다. 이러한 문제를 해결하기 위해 구매 버튼을 누르기 전 '내가 잘 활용할 수 있을까?'를 먼저 고민하기로 했다. 당장 사용하지 않을 것이라면 사지 않기로 했다. 또 이미 같은 기능을 가진 물건이 있다면 그것을 모두 사용한 후 구매하기로 나만의 원칙을 세웠다.

두 번째로 나를 현혹하는 자본주의 시스템의 의도를 읽지 못하는 것이 문제였다.

세르쥬 라투슈는 '계획된 진부화'와 '심리적 진부화'로 끊임없이 소비자의 욕망과 본능을 자극하고 있는 자본주의 시스템의 숨겨진 의도를 설명했다. '계획된 진부화'란 상품의 수명을 인위적으로 단축하거나 결함을 삽입함으로써 신상품으로 교체할 수 밖에 없게 한다는 것을 의미한다. 즉, 기업은 시장의 관점에서 내구성이 아닌 교체성을 목적으로 생산하기 때문에 소비 주기를 일부러 짧게 만들어 제품을 설계한다는 것이다. 또한 '심리적 진부화'란 기술적 낙후, 실제적인 혁신의 도입 등에 의하지 않고 은밀한 설득, 즉 광고와 유행에 의해 제품을 구식으로 만들어 버리는 방식을 의미한다. 자본주의 특성상 상품의 교체 주기를 더 짧게 만들기 위해 심리적 진부화를 시도하며 우리의 욕망을 자극해 소비의 반복을 유도한다는 것이다.

기업은 소비자의 욕망을 자극하여 이익을 추구하나 소비자는 소비할수록 오히려 욕망과 행복을 충족하지 못하는 상황에 빠질 수 밖에 없다. 이러한 사실을 깨닫는 것만으로도 무의미한 소비의 변화를 일으킬 수 있다. 자본주의 체제 내에서 기업의 욕망을

내 인생의 플렉스는 지금부터

충족하는 소비행태를 수동적으로 받아들이기보다 합리적 소비를 통해 소비의 얽매임에서 자유로워져야 한다. 이러한 자본주의 시스템을 이해하는 것만으로도 반복 소비를 멈출 수 있고 불필요한 지출을 줄일 수 있게 된다. 기업이 의도하는 소비 시스템에서 그들이 원하는 체스판의 말이 될 것인가? 아니면 체스판을 벗어나 절제된 소비를 할 것인가? 누군가의 조종을 받는 삶이 아닌 내가 소비를 결정하는 삶을 살기로 결심했다.

소비의 문제점을 파악하고 절제를 선택한 이후 통장에 돈이 모이기 시작했다. 돈이 조금씩 모이기 시작하니 재미가 붙었다. 하지만 너무 소액이다. 교사 월급은 호봉에 따라 올라가지만 매년 물가 상승률을 생각하면 오르는 것이 아니라 실질 소득이 감소한다고 봐야 한다. 이 적은 소득을 저축하면서도 새로운 수익을 창출하는 방법을 찾아야만 했다.

새로운 수익을 창출하려면 투자가 필요하다. 하지만 주식의 '주'자와 부동산의 '부'자도 모르는 무지함과 안정성을 우선하는 성향이 투자의 세계로 진입하는 것을 어렵게 만들었다. 안전하면서도 지속적으로 투자할 수 있는 투자처를 찾아 자산을 증가시키는 것이 남은 과제였다.

경제학에서 자산이란 개인이나 법인이 소유하고 있는 경제적 가치가 있는 유형, 무형의 재산을 의미한다. 경제가 꾸준히 성장하던 과거에는 주택, 땅, 주식 투자를 통해 많은 경제적 이익을 얻었다. 이러한 과거의 경험으로 사람들은 여전히 부동산과 주식에 많은 돈을 투자하고 시세차익을 얻으려고 혈안이 되어 있다. 그러나 우리는 기존의 자산 증가 공식이 적용되지 않는 새로운 시대로 진입하였다는 것을 상기해야 한다.

경제가 성장하던 호황기에는 부동산과 주식에 투자만 하면 이익을 얻을 수 있었지만 사회가 빠르게 변화하고 경기 예측이 어려워진 현재에는 미래가 보장된 안전한 자산은 없다. 이렇게 자산 투자의 위험이 증가하고 있는 상황에서 안전하게 노후를 준비하려면 어떻게 해야 할까?

그것은 바로 '나' 자신에게 투자하며 노후를 설계해야 한다. '나'라는 자산은 외부적 요인에 의해 가치가 하락할 변동 위험이 없다. 또한 내가 열심히 자기 계발에 몰두한다면 시간이 지남에 따라 쌓이고 쌓여 그 가치가 더욱 상승하게 되므로 나에게 투자하는 것이 가장 안전하고 확실한 투자방법이다. 그렇다면 '나'라는 자산에 어떻게 투자해야 효율을 극대화할 수 있을까? 다음은 나 자신을 위한 가장 확실한 투자 방법을 찾으며 세운 원칙이다.

첫째, 자신의 재능과 즐거움을 충족할 수 있는 분야에 투자하라.

내가 가진 재능과 잘 맞는 분야를 찾아 투자하면 해당 분야에서 성공을 거두기 쉬우며, 여기에 재미까지 있다면 지속성을 발휘해 성과를 누릴 수 있다. 따라서 나의 재능을 더 잘 발현시킬 수 있는 분야를 먼저 찾아야 한다. '나'라는 사람을 구성하는 수많은 특성 중 다른 사람보다 훨씬 돋보이고 자신이 잘하고 있는 분야를 찾아라. 그리고 그 특성을 발현하도록 필요한 방법을 탐구하라. 탐구과정에서 자신이 점차 성장하고 있다는 것에 대해 스스로 보상해 주라. 그러면 저절로 재미가 생겨 그 일을 지속할 수 있게 된다. 지속성은 그 사람의 전문성을 더욱 성장시켜주는 좋은 양분이 된다. 지금부터 당신의 재능을 찾고 그것을 발전시킬 방법을 찾아보자.

둘째, 롤모델을 만들고 그를 모방하라.

자신에게 조언해 줄 전문가나 롤모델을 찾아 그 사람이 해당 분야에서 성공을 거두게 된 방법에 대해 탐구하고 당신의 삶에 적용하라. 타인의 성공 경험은 시험지의 족보와 같은 것이다. 이미 성공을 경험한 사람들에게는 성공을 성취할 수 밖에 없는 이유가 반드시 있다. 그 이유를 아는 것만으로도 당신은 시험문제를 미리 알고 푸는 것처럼 빠른 시간 내 효율적으로 당신을 성장시킬 수 있게 된다.

나는 진로교사를 꿈꾸며 이미 진로교사를 하고 있는 선생님들의 여러 활동들을 공부하고 있다. 그 과정에서 김원배 선생님의 독서를 통한 진로교육을 알게 되었다. 선생님의 교육활동, 작가로서의 삶 등을 보며 내가 가야할 길과 선생님의 노하우를 어떻게 나만의 색으로 다르게 만들어나갈지 고민하고 있다. 이러한 모방과 고민이 나만의 자산을 성장시키는 데 도움이 될 것이라 믿는다.

셋째, 늘 배우고 공부해야 한다. 공부의 중심에는 독서가 뒷받침되어야 한다.

늘 배우고 공부하지 않으면 실력이 늘지 않아 어느 순간 도태되기 마련이다. 하지만 이것은 쉬운 일이 아니다. 또한 정보가 넘쳐나는 시대에 어떤 것이 정확한 정보인지 구분하고 그것을 익히는 것도 쉬운 일은 아니다. 이럴 때 우리에게 해답을 주는 것은 바로 책이다. 빠르게 변화하는 시대지만 여전히 책은 우리의 삶에 유용한 해답을 주는 도구이다. 그 이유는 책은 한 분야에 대해 전문적 지식을 가진 이들의 검수 과정을 통해 정확성이 확보된 정제된 지식을 압축한 산물이기 때문이다. 또한 독서를 통해 내가 가진 아이디어와 재결합해 새로운 아이디어를 만들거나, 삶에 적용해 나를 성장시킬 수 있는 길을 만들어 주기 때문이다. 한 분야에 대한 책을 5권 이상 읽어보라. 당신은 그 분야에 대해 기초적인 지식을 얻을 수 있다. 이후 10권을 더 읽어보라. 누군가 당신에게 그 분야에 대해 질문한다면 대답할 수 있는 수준에 오를 것이다. 그리고 20권을 더 읽어보라. 그러면 당신은 그 분야의 전문가가 될 것이다.

넷째, 하기로 마음먹은 것이 있다면 지속하라.

미국 프로골프투어인 PGA에서 355번의 도전 끝에 첫 우승을 거머쥔 사람이 있다. 그는 해리슨 프레이저로 PGA에 참가한지 13년 6개월만의 우승이었다. 그는 1998년 5월 바이런넬슨 클래식에서 공동 2위를 할 때만 해도 곧 우승 소식을 전할 수 있을 것 같았지만 2006년 이후로는 3위 안에 들어본 적이 없었다. 마흔을 넘긴 시기에는 젊은 선수들 사이에서 실력이 나아지지 않아 좌절을 경험했다. 만약 그가 354번 도전의 실패에 좌절해 355번째 도전을 하지 않았다면 이날의 승리를 거머쥐지 못했을 것이다. 그는 우승 소감으로 '시간이 너무 길게 느껴졌고 힘들었다'라고 말할 정도였다. 그러나 그는 긴 시간 동안 멈추지 않고 계속 도전했다. 우리의 인생 또한 긴 여정이다. 계속해서 도전하는 과정에서 마음대로 되지 않고, '이게 무슨 소용이있나?'라는 자조적인 생각이 들기도 할 것이다. 하지만 내가 이루고자 소망하는 것이 있다면 언젠가는 이룰수 있다는 희망을 가지고 계속해서 도전해야 한다. 그 도전의 성과가 늦게 다가올수록 그것을 즐겨라. 당신은 도전을 멈추지 않고 나 자신을 이겨냈노라고 스스로에게 당당하게 이야기할 수 있을 것이다.

'노인을 위한 나라는 없다'라는 말처럼 내 노후를 책임져 줄 수 있는 것은 없다. 지금 당장 합리적인 소비를 시작해 자산을 모아 저축하고, 자기계발을 통해 일할 수 있는 기간을 최대한 늘려야 한다. 나아가 나만의 분야를 개발하여 대체될 수 없는 자가 되어야 한다. 나는 합리적인 소비 습관을 기르기 위해 노력 중이다. 그리고 진로와 독서를 융합한 교육 자료를 개발하고자 한다. 또한 책 출간과 강연, 교직 은퇴 이후 성인들을 대상으로 한 진로상담 분야로의 진출을 꿈꾸고 있다. 나의 비전에 대한 투자는 몇 년 후 몇 배의 이자를 가져다 줄 것이라 확신한다. 노인을 위한 나라는 없지만 '나를 위한 나라'를 만들어 비전실현과 소득 창출이라는 목표를 달성할 것이다.

"과거에 일어났던 고생을 상기하는 것은 얼마나 유쾌한 일인가"

– 에우리피데스

05

갑부로 사는 삶

- 김수연

오십 세에 중풍으로 병을 얻으신 어머님께서 밤에 화장실을 가시다 넘어져 고관절을 다치셨다. 어머님은 아버님이 갑자기 아프시게 되면서 요양원 신세를 지고 있다. 큰아들은 부모님이 아프셔서 돈과 몸을 쓰는 병수발이 필요한 시기에 가족과 인연을 끊었다. 날짜를 잘못 알려주시고는 일곱 살 장손 생일을 안 챙겼다며 갓 시집온 나에게 불호령을 내리셨던 어머님이 의지하시려던 큰며느리는 이제 어머니 곁에 없다. 자랄 때 심하게 구박을 받던 둘째 아들은 장남이 되었고 나는 맏며느리가 되었다. 부모님이 갑자기 로또가 맞지 않는 한 큰아들 내외가 연락을 다시 할 일은 없다. 많은 돈을 써서 효도하던 때에는 잠잠했던 아버님의 분노가 우리 형편이 어려워지며 맘껏 효도하지 못하니 다시 재발하였다. 두 분이 함께 아프시며 병원을 드나드니 병원비와 간병이 버겁다. 이제야 정신이 번쩍 든다고 남편은 말한다. 부모님을 반면교사로 삼아 우리의 노년을 그리게 된 것이다.

환갑을 넘긴 남편은 수명이 100세를 넘어 120세가 된 시대를 사는 지금이 달갑지 않다. 부모님 부양도 돈이 있어야 가능하고 자녀들이 시집이나 장가를 가더라도 맨손으로 보낼 수 없기 때문이다. 게다가 우리의 노년은 자식에게 기댈 수 없으며 우리 스스로 책임져야 한다. 노후를 염려해 준비한 상가는 유령 상가가 되어 팔리지도 않고 소상공인의 삶을 선택한 삶이 녹록치 않다. 신자유주의 자본주의 세상을 살고 있는 시대에서 소비의 욕망을 잠재우고 기본적인 욕구만을 충족하며 살려고 노력중이다. 여가는 해외여행이 아닌 국내 여행으로 만족한다. 큰 집이 아닌 아주 작은 집에서의 생활도 기꺼이 만족하려 한다. 삶은 선택이고 만족이다. 행복의 색깔도 저마다 다르니 각자가 만족을 향해 애를 쓴다. 소비와 욕망의 시대를 만나 만족을 얻기는 쉽지 않다. 이럴 때일수록 정신을 바짝 차려야 한다.

남편은 결혼 후 내가 직장에 다니지 않기를 원했다. 아마도 순종적인 현모양처를 원했던 것이리라. 내가 무엇을 배우는 것도 싫어했다. 그러나 나는 배움을 포기할 수 없었다. 그래서 남편 몰래 꾸준히 배웠다. 내 안에서 자꾸 배우라고 시켰다. 남편이 한때 잘 벌던 시절에 봉사를 유전자에 새겨 태어난 나는 자격증을 열심히 취득했다. 열한 개의 자격증은 이제 나의 직업을 만들어 주고 내 생의 터닝 포인트를 설계해 주었다. 나는 지금 그 어느 때보다 바쁜 나날을 보내고 있다. 아이들을 가르치는 일을 좋아하는 나는 학교에서 토론으로 수업을 진행한다. 평택, 이천, 수원, 인천, 안양에서 학생들을 만나 사랑을 속삭이면 통장에 돈이 입금된다. 물론 큰돈은 아니지만 나의 몸값은 나날이 높아간다. 신기하다. 교사도 은퇴할 나이에 가장 왕성하게 활동하며 성장의 발판으로 삼고 있으니 수업을 준비하는 시간도 무척 즐겁다.

핸드폰 알람이 새벽 4시 40분에 맞추어져 있다. 새벽 독서를 하고 글쓰기로 하루를 연다. 일 년에 200권 가량의 책을 읽으며 갈고 닦았다. 이러한 훈련은 삶에서 두려움을 거두어 주었으며 어려움을 극복하는 강인하고 단단한 내면을 선물해주었다. 시련과 고통이 주는 교훈, 진흙 속에서 피어나는 연꽃의 의미도 경험으로 익혔다. 자기 계발서를 좋아하지 않았지만 지난 해 모임에서 읽으며 나를 챙겨가는 시간을 가졌다. 〈될 일은 된다〉 등의 책들을 읽으며 나는 잘 될 수밖에 없으며 잘 될 일만 남아있다는 생각에 쐐기를 박았다. 이러한 신념이 의지를 만들어 나아가는 삶에 경제적 활동이 뒷받침되어 날개를 달아 준다.

경제적 관념이 많이 부족했던 나는 시부모님의 병환으로 갑작스럽게 찾아온 불행을 경험하며 안정적인 삶에 관심을 기울이게 되는 계기가 되었다. 삶은 우리 뜻대로 진행되지 않는다. 그렇다고 해도 삶에게 나를 맡길 수는 없다. 내가 주도적으로 꾸려가야 운명의 신 포루투나도 내 편이 되어준다. '99881234'라는 말이 있다. 99살까지 팔팔하게 살다 3일 앓다 죽는 게 사람들의 바램이다. 나이로 익어 가다 잘 죽음을 맞이하는 것에 관심을 기울인다.

젊었을 때 소원은 곁에 있는 사람에게 꽃 한 송이 선물하는 것이었다. 지금은 책 한 권 선물할 정도의 여력이 있다면 갑부 또는 재벌의 삶이 아닐까 생각한다. 경제적으로 많이 어려울 때 기르던 강아지의 목숨도 위태로움을 경험했다. 병원비가 너무 비싸 곤란을 겪었다. 그때 알았다. 돈이 없으면 강아지뿐만 아니라 사람의 목숨도 위태로울 수 있다는 것을. 그럼에도 법정스님의 〈무소유〉 책을 가장 좋아했던 나는 흔들린다. 무소유와 소유 사이를 갈팡질팡하며 돈을 혐오하면서도 간절히 원하는 모순 속에서 살다 죽게 될 것이다. 효도도 돈이 한다는 걸 안다. 돈이 '갑'이고 우리가 '을'인 세상을 사람들이 만들어 놓고 몇몇 사람을 위해서만 기능한 돈이 되었다. 가상화폐가 판을 요지경 세상이 더 빠르게 돌아가며 미쳐 날뛴다. 이런 21세기 신자유주의 자본주의 세상을 살아가며 중심을 잡기는 어렵다. 그럼에도 나는 돈이 주는 재벌이 아닌 내 마음의 부를 쌓는 갑부가 되기로 했다. 주차 요원 할아버지가 뙤약볕에서 맡은 임무를 완수하시는 그곳에

내 인생의 플렉스는 지금부터

서 시원한 강장제 음료를 건네 드리며 인사를 꾸벅 한다. 경비실에서 늘 성실히 일하시며 화단을 가꾸시는 분을 뵈면 선물 들어온 상자를 열어 튼실한 배나 곶감을 하나 내어 드린다. 유모차를 힘겹게 끄는 아이의 엄마를 보면 흔쾌히 무거운 문을 열고 기다려준다. 집에 오는 택배라고는 책이 다다. 책을 집 문 앞에 두고 가시는 그분이 고마워 만나면 감사하다는 말과 함께 준비한 음료수를 드린다. 무례한 사람들을 만나지만 그 사람들의 반응을 기대한 적은 없기에, 무엇을 바라고 하지 않았기에 반응은 그들의 몫이지 내 몫은 아니었다.

책을 읽으며 사는 삶은 마음의 풍요를 안겨준다. 마음의 풍요는 흔들리지 않는 삶을 나답게 걷는 요령을 일러주며 삶을 즐기는 법을 터득하게 도와준다. 함께 손을 잡고 걷겠다는 욕망과 야망은 나를 더 땅 속 깊은 곳으로 연결하여 뿌리를 드리우고 울창하게 하늘을 향해 뻗어간다. 그런 마음은 이순에 가장 왕성하게 활동하는 기적을 선물한다. 내가 제일 좋아하는 코칭이란 직업은 서로에게 배우고 함께 오롯이 설 수 있는 일이다. 난 이제 아마추어를 끝내고 프로의 길로 진입한다. 물론 부족하지만 갈고 닦기에 충분히 가능한 일이 되고 있다. 돈을 벌어 내가 가장 가슴 뛰는 일인 조그마한 공부방을 만들어 아이들과 공부하고 그림책도 읽으며 꿈이 자라는 공간을 만들 것이다. 재벌이 따로 있는가? 이승에서 나답게 복을 짓다가 눈 감을 때 살포시 웃을 수 있

다면 그것이 갑부의 삶이 아닐까 생각한다. 학교에서 아이들과
눈을 맞추고 사랑을 속삭이는 내가 갑부가 아니라면 누가 부자이
던가?

"행복은 준비된 것이 아니다. 그것은 당신의 행동에서 비롯된다."

– 마하트마 간디

나답게 살아가기

– 이명희

"제나라 경공이 공자에게 정치가 무엇인지 물었다. 그러자 공자가 '임금은 임금답고, 신하는 신하다우며, 아버지는 아버지답고 아들은 아들다워야 합니다' 라고 대답했다."

齊景公 問 政於 孔子, 孔子對曰 君君, 臣臣, 父父, 子子
(제 경공 문 정어 공자, 공자대 왈 군군, 신신, 부부, 자자)

이 글은 사서(四書) 가운데 하나인 『논어(論語)』제 12편 〈안연 (顔淵)〉열 한번 째 대화에 나오는 것으로, 춘추시대 중국 제나라를 다스리던 경공이 혼란스런 정치에 대한 도움을 받고자 현자인 공자를 찾아가서 주고받는 대화 가운데 하나이다. 물론 이 글의 유래는 정치를 어떻게 해야 할 것인가에서 비롯되었다고 볼 수 있을 것이다. 그러나 요즘처럼 복잡한 세상을 살아가는 우리들에게도 꼭 필요한 말이라는 생각이 든다. 고전에서 다루는 이야기가 꼭 그 시대에만 해당되는 것은 아니기 때문이다. 우리가 고전을 읽는 이유도 바로 옛사람들이 주는 지혜를 현대에도 적용할 수 있기 때문이기도 하다.

각자가 자기 자리에서 자기다움을 지키며 살 때 정치가 제대로 이루어질 것이라고 공자는 말했다. 지금 세상에 공자가 온다면 똑같은 말을 해주지 않을까 라는 생각이 든다. 공자가 한 말을 우리는 흔히 '정명론(正名論)'이라고 한다. 정명(正名)이란 한마디로 바른 이름, 즉 각자가 갖는 '이름값'이라 할 수 있다.

사람들은 누구나 그에게 맞는 이름을 가지고 있다. 임금은 임금이 갖추어야 할 책임과 의무를 져야 하고, 신하는 신하의 본성을 지켜야 할 책임과 본분을 가지고 있다. 부모에게는 부모가 가져야 할 책무가 있으며, 자식은 자식으로서 지켜야 할 도리를 가지고 있는 것이다. 선생님은 선생님대로, 학생은 학생대로 각자가 갖춰야 할 본분과 소임이 있다는 것이다.

사람들은 태어나면서 부여받은 이름으로 불리며 살아가기 때문에 정명론을 통해 공자는 제나라 임금인 경공에게 자신이 가진 이름값에 맞는 행동을 하라고 주문한 것이다.

이 말은 지금 현재를 살아가고 있는 우리들에게도 해당하는 말이다. 어떻게 하면 지금처럼 복잡하고 빠르게 변화해 가는 세상에서 자기 위치에서 자기다움을 지키며, 자기답게 가치 있는 삶을 살아갈 수 있을까?

먼저 앞선 시대를 살아간 조상들의 삶을 되돌아 살펴볼 필요가 있다. 그 속에서 우리는 자신이 세상에 온 이유와 목적을 생각하면서 나와 타인을 위해 도움이 되는 의미 있고 값진 삶을 사는 것이 장기적으로 볼 때 안전하고 유익한 삶이라는 생각이 든다. 그런 삶을 위해 필요한 자세를 꼽아본다면 다음과 같은 것을 들 수 있겠다.

첫째, '나는 누구인가'를 아는 것이다.

자기 자신을 안다는 것은 정말 중요하다. 사람은 누구나 세상을 살아가면서 끊임없이 자기가 누구인지 묻고 돌아봐야 한다. 자기가 누군지 알지 못하면서 무엇을 한다는 것은 어불성설이기 때문이다. 나는 학생들에게 '나는 누구인가?'에 대해 자주 질문을 한다.

인간의 최고 목적은 행복하게 사는 것이라고 아리스토텔레스는 말했다. 우리가 오랜 시간 교육을 받으며 어려운 학업 경쟁을 뚫고 이겨내려고 하는 궁극의 목적도 행복한 삶을 영위하고자 하는 데 있을 것이다. 그러기 위해서는 자기 자신에 대해 인식해야 한다. 자기가 누군지 모르는데 어떻게 다른 일을 해낼 수 있겠는가?

태어나면서부터 개인 한 사람에게 붙는 이름은 수없이 많다. 딸, 아들, 며느리, 어머니, 아버지, 언니, 동생, 학생, 교사, 직장인, 상사 등 성별, 직업, 사회적 위치에 따라 다양한 닉네임들이 붙는다. 그러나 그 어느 것도 정작 '나' 자신을 지칭하는 데는 무언가 부족한 부분이 있다. 그 많은 닉네임 속에서도 여전히 자기 자신을 나타내기에는 명쾌하지 않기 때문이다. 그래서 우리는 자신을 알기 위해 다양한 질문을 하면서 스스로 성찰할 수 있어야 한다.

자기가 무엇을 잘하는지, 무엇을 좋아하고 싫어하는지, 어떤 음식이 자기에게 도움이 되는지, 자기의 조상은 어떤 인물인지, 자기 삶의 가치는 어디에 있는지 등을 찾아가노라면 자신이 어떤 사람인지 알아내는 데 도움을 줄 것이다. 때로는 자기에 대해 조언을 해주는 사람의 말을 귀 기울여 듣는 것도 자기를 아는 방법일 수 있다. 자기가 자신을 잘 안다고 생각할 수 있으나 정작 자기가 자신을 잘 모를 때가 많다. 이럴 때 타인의 진정한 조언은 객관적인 시각으로 돌아가도록 도울 때가 많기 때문이다. 그러나 결국 선택은 자기의 몫이라는 것을 알아야 한다.

둘째, '자기가 원하는 삶은 어떤 것인가'를 아는 것이다.

이는 달리 말하면 어떻게 살아갈 것인가로 질문을 바꿀 수 있다.

어떻게 살아가는 삶이 자기다운 삶일까?

진정으로 자기가 원하는 삶은 어떤 삶일까?

1990년 초 소설가 공지영이 발표한 소설 가운데 〈무소의 뿔처럼 혼자서 가라〉라는 책이 있었다. 작가는 책 속 주인공이 누구에게 기대거나 의존하지 않고 삶을 주체적으로 살아가라는 의미를 담아 그 문장을 제목으로 썼다는 인터뷰를 한 것을 본 적이 있다.

사람은 누구나 결국에는 혼자일 수밖에 없다. 그리고 종국에는 자기에게 일어나는 모든 일에 대한 책임도 자신이 져야 한다. 인간이 사회적 동물이긴 하지만 자기가 원하는 삶을 살기 위한 결정은 자기 스스로 해야 한다는 것이다.

세상이 많이 변했으나 아직도 가부장적인 삶의 흔적이 남아 있어서 가족이나 남의 말에 휘둘릴 때가 있다. 여전히 대중들이 보는 드라마에서도 남의 말에 인생이 송두리째 바뀌는 경우를 보기도 한다.

간혹 가족이라는 이유로, 또는 친구라는 이유로 상대방의 삶을 좌지우지 하는 경우가 있다. 그러나 그런 사람들의 결과는 불행해지기 십상이다. 우리는 흔히 인생을 거친 바다를 헤쳐나가는 항해에 비유한다. 만약 바다를 건너갈 때 폭풍우를 만나면 자기 스스로 배의 키를 잡고 방향을 잡아가며 그 험난한 파도를 헤쳐나가야 한다. 그렇게 어려움을 이겨내고 육지에 당도했을 때의 희열은 겪어보지 못한 사람은 알 수 없을 것이다.

프랑스 작가 쥘 베른이 쓴 〈2년간의 휴가〉는 8세에서 14세 사이인 15명의 소년이 겪은 2년간의 표류 이야기를 쓴 명작이다. 당시 사이가 좋지 않던 아이들조차 망망대해를 표류하는 어려움을 이겨내기 위해 힘을 합친다. 결국에는 험난한 자연과의 싸움에서 이긴 아이들이 자기 자신의 삶을 개척했다는 안도와 함께 상대방에 대한 오해가 풀리며 행복한 결말을 맺는다. 이 책은 우리나라에 〈15소년 표류기〉로 번역되어 아이들에게 오랜 시간 읽히고 있는 세계 명작 가운데 하나이다. 각자가 원하는 행복한 삶 속에는 함께하는 것도 소중하다는 교훈을 주고 있다.

셋째, 자신으로 인해 '세상이 조금 더 나은 곳이 되도록 돕는' 가치 있는 삶을 사는 것이다.

인간은 혼자서는 살 수 없다고 앞에서 여러 차례 말했다. 한 사람이 평생을 살아가려면 크고 작은 도움을 받는다. 그렇게 해서 성장한 사람은 사회에 받은 것을 환원하며 살아야 한다고 생각한다. 환원하는 방법은 여러 가지가 있을 수 있다. 봉사활동을 통한 방법, 기부금을 내는 방법, 강의를 해서 사람을 기르는 방법, 자기의 강점을 타인을 위해 쓰는 방법 등 찾아보면 부지기수이다.

자신이 살아오면서 받은 감사한 일들을 사회에 기부하여 함께 행복하게 살아가는 나라로는 이스라엘을 들 수 있다. 특히 이스라엘의 '쩨다카 문화'는 잘 알려져 있다. '쩨다카'란 유대인들이 "어려운 이웃이 스스로 자립할 수 있도록 돕는 기부 정신을 말하는 것"으로 어린 자녀들에게 더불어 사는 중요성을 알려주는 교육 가운데 하나이다. 요즘 교육방법의 하나로 들어온 하브루타

내 인생의 플렉스는 지금부터

교육 안에도 쩨다카에 대한 이스라엘 기부 문화는 자주 언급이 되고 있다.

누구나 상대방으로부터 받은 선행을 또 다른 타인에게 실행 했을 때 그 파급효과는 크다.

나에게는 어렸을 때 고마웠던 일 하나가 잊혀지지 않는다. 특히 비가 올 때면 어김없이 떠오르는 아름다운 추억이다.

요즘은 집집마다 우산이 넘쳐나는 시대에 살고 있지만 어렸을 때 우리 집은 가난해서 우산이 없었다. 그래서 비가 와도 늘비를 맞으며 뛴 기억뿐이다. 어느 날, 그날도 어김없이 비가 오는 거리를 달려야 하나 망설이다가 비를 맞으며 그냥 걸었다. 그때 어떤 아주머니가 다가와 우산을 받쳐줬다. 너무나 놀라고 당황스러워 가만히 쳐다보는 나에게 아주머니는 이렇게 말씀하셨다.

"왜, 놀랐니? 안 그래도 돼."
"고맙습니다."
"그래, 혹시 다음에 너도 어른이 되면 비 맞는 아이들에게 오늘처럼 우산을 씌워주면 그 아이도 어른이 되어 똑같이 그럴 수 있을 거고 그러면 많은 사람들에게 서로 감사하는 마음이 전달되지 않을까?"

그로부터 많은 시간이 흐르고 내가 사십 대가 되었을 때였다. 마침 일찍 퇴근해 집으로 가는 길에 비가 내렸다. 그런데 내 앞에서 비를 맞고 가는 아이를 보고 자동적으로 우산을 든 팔이 앞으로 나갔다. 놀라는 아이에게 내 경험을 들려주며 다음에 너도 어렵고 힘든 상황에 있는 사람을 도와주면 된다고 했더니 그제야 아이가 경계심을 풀며 씩 웃었다. 나는 세상을 바꿀 힘을 가지지는 못했다. 그러나 내가 없던 세상보다 내가 사는 세상이 조금, 정말 아주 조금이라도 더 나아진다면 더이상 바랄 것이 없다고 생각하며 살고 있다.

결국 우리가 원하는 삶은 편안하고 안온한 삶이 아니라 조금은 고되고 어려운 과정일지라도 진짜 자신이 원하고, 자기가 선택한 삶의 주인공으로 살아가는 것이다. 진정으로 자신이 원했던 삶이라면 조금 돌아가는 것이 무슨 대수겠는가?

'자기 인생 영화의 주인공으로 살아가면서 누리는 행복은 꽃길이 아니어도 살아볼 가치가 있는 것이리라.'

안전한 사회를 위해 자기답게 자신의 정체성을 가지고 서로 감사한 마음을 주고받으며 살 수 있다면 세상은 아름다울 수밖에 없다. 진정한 자신으로 자기답게 살아가며 함께 나누는 세상은 아직 살만한 곳이기 때문이다.

자기를 사랑하고, 타인을 사랑하는 사람들이 사는 세상이야말로 안전하고 행복한 아름다운 세상이 아니겠는가?

"It is the chiefest point of happiness that a man is willing to be what he is."

"사람이 기꺼이 있는 그대로의(자기다운) 모습이야 말로 행복의 가장 중요한 점이다."

– 에라스무스(1469~1536)

제5장 안전한 미래를 위한 계획

07

원 없이 맘껏 사랑하자

- 이시현

친구들은 나의 정년 후의 생활이 궁금한지 만날 때마다 묻는다.

나는 무엇을 할지 고민 중이라 선뜻 답하지 못하고 "좀 쉬고 싶어"라고 말했다.

"너도 일만 하지 말고 버킷리스트를 생각해봐 앞으로 건강하게 살면 얼마나 산다고…"

친구들은 쉬어 본 적 없는 나를 안타까워하며 권유한다.

'버킷리스트'는 죽기 전에 꼭 하고 싶은 일이나 해야 할 일을 말한다. 나는 노년 생활을 위해 틈틈이 몇 가지 배우고는 있으나 그 배움이 버킷리스트라고 생각하지는 않는다.

버킷리스트는 죽음 앞에 놓여있을 때 가장 후회하게 될 일들을 말하는 것이다.

그 일이 사람과의 아쉬운 관계일 수도 이루지 못한 꿈일 수도 있고 아니면 끝까지 도전하지 못하고 중도 포기한 일에 대한 미련일 수도 있다.

인간의 생명은 유한하다. 누구나 맞이해야 할 죽음 앞에선 아무리 잘 살고 멋들어진 삶을 살았다 해도 후회스러운 일 하나쯤은 있을 것이라 본다. 완벽한 인생은 없다.

많은 사람이 죽음 앞에서 가장 후회하는 일은 단연 가족들과 그동안 시간을 함께 보내지 못한 아쉬움이라고 한다. 다시는 볼 수 없는 사랑하는 가족들과의 영원한 이별 앞에서 되돌릴 수 없는 시간을 안타까워하며 후회의 눈물을 흘린다.

'과연 나는 죽음 앞에서 무엇을 후회하며 눈물을 흘릴까?'

후회 없는 삶이란 있을 수 없겠지만 삶의 여정을 아름답게 마무리해야 할 시점에서 회한의 눈물을 흘리는 일이 없도록 아쉬워할 일들을 생각해 보았다.

그리고 진지하게 버킷리스트를 만들어 본다.

나의 가장 중요한 버킷리스트는 아이들과 함께 시간을 보내는 것이다.

그동안 삶에서 가장 미안하고 후회스러운 일이 있다면 그건 아이들에게 마음을 표현하지 못한 것이다. 나는 자식에게 빚이 많은 사람이다. 엄마의 손길 하나 없이 어느새 훌쩍 커버린 딸들에게 부모의 역할을 그동안 제대로 하지 못한 것이 마음에 걸린다.

큰아이가 일곱 살이 될 때 본격적으로 일을 시작하면서 어린 자녀를 전혀 돌보지 못했다.

부모참관 수업에 참여한 적도 없고 급식 봉사활동에도 다른 사람을 보냈다. 돌봄이 가장 필요한 시기에 아이들은 스스로 준비물을 챙겨야 했으며 모든 일을 자기들끼리 해결해 갔다. 요즘은 대부분의 엄마들이 직장을 다니는 시대이지만 그 당시에는 살림하며 아이를 돌보는 엄마들이 더 많은 시기였기에 미안함이 더 큰 것이다.

친구의 엄마들을 유치원이나 학교에서 만날 때마다 우리 아이들은 한 번도 나타나지 않는 엄마를 어떻게 생각했을까?

지금 생각해 보면 일 핑계로 아이들을 등한시했다는 생각에 마음이 아프다.

그때는 내겐 아이들보다 일이 우선일 수 밖에 없었다. 한 가정의 경제를 책임져야 했던 무게가 다른 것에 시선을 줄 여력을 만들어주지 않았다.

"엄마 운동회에 올 수 있어?"라고 조심히 묻는 딸의 말에 못 간다고 단호하게 답하는 나를 보며 실망 어린 표정으로 등교하던 작은 딸의 모습이 아직도 눈에 선하다. 지나고 생각해 보니 참으로 냉정한 엄마였다.

내 인생의 플렉스는 지금부터

나는 요즘 두 딸의 어린 시절 사진을 보며 기억에도 없는 아이들의 모습을 그리워하고 가장 소중한 시기에 함께 있어 주지 못한 것에 대한 회한의 눈물을 흘린다.

사진 속 아이들은 늘 해맑게 웃고 있으나 사랑으로 충분히 채워주지 못한 아픈 상처가 보이는 것 같아 사진 속 얼굴을 쓰다듬으며 미안하다고 말해 준다.

돌아갈 수 없는 시절, 그 시절의 딸들이 보고 싶다. 쫑알대는 아이들의 소리에 귀 기울이며 함께 이야기를 나누고 싶지만 나의 간절함에도 세월을 되돌릴 수는 없다.

딸들이 무슨 생각을 하며 컸으며 어떤 것에 관심이 있었는지 어떤 친구들과 무엇을 하며 놀았는지를 요즘에서야 툭 툭 나오는 그녀들의 옛날이야기에서 들을 수가 있었다.

"그런 일이 있었구나" 전혀 생각지도 못한 당황스러운 이야기를 들으면 엄마로서 힘이 되어주지 못한 것에 가슴이 아프다. 그동안 내색 한번 하지 않고 잘 버티고 이겨낸 아이들이 너무나 고맙고 가슴 한켠이 뭉클하다.

큰딸의 사춘기는 말 그대로 질풍노도의 시기였다.

중3 때부터 고3 때까지 길고도 험난한 시간을 보내면서 우리 집은 오랜 전쟁을 치러야 했다. 딸의 날카로운 반항으로 나도 아이도 조절되지 않은 폭발로 한바탕 난리를 겪었다.

한창 공부에 전념해야 할 고등학생이 만화책에 푹 빠져 있는 모습에 억장이 무너져 내리고 나는 화가 치밀어 올라 아이를 세워놓고 큰소리로 질책만 했다. 결국 대학에 들어가서야 지독한 사춘기는 폭풍의 쓰나미처럼 아픈 흔적만 남기고 마침내 사그라들었다.

어린 나이에 의지할 사람 없이 혼자서 성장해야 하는 고뇌와 아픔들이 사춘기의 힘을 빌려 분출된 것이리라. 그동안 나만 힘들었던 것이 아니고 아이들도 힘겨운 시간을 보냈다는 것을 늦게서야 깨달았다. 그나마 다행히도 언니는 동생에게 동생은 언니에게 서로 의지해 온 탓에 다른 집의 자매보다 더 돈독한 우애를 보여준다.

지금은 경제적, 시간적 여유가 생겨 아이들 옆에 있어 줄 수 있건만 아이들은 독립해서 내 곁을 떠났다. 이제 아이들은 도움이 필요하지 않은 나이가 되어 도리어 엄마를 걱정하고 있다.

그 당시 무엇이 가장 소중한지 깨닫지 못했던 나. 물질이면 다 보상이 되는 줄만 알았던 어리석음이 자식들을 아프게 한 것 같아 한탄스럽다.

시간은 결코 많은 게 아니었다. 함께 놀아달라는 관심을 가져달라는 아이들에게 나중에, 다음에 하다 보니 어느덧 아이들은 나보다 더 키가 큰 성인이 된 것이다.

그러나 나는 지금이라도 딸들에게 어린 시절에 전하지 못했던 사랑을 전하고 싶다. 언제든 손을 잡아 줄 수 있도록 곁을 지킬 것이며 어린 시절 추억 하나 없는 우리에게 좋은 추억을 만들어 줄 것이다. 더 이상 돈 때문도 시간 때문도 아닌, 어느 것도 구애받지 않고 원 없이 마음껏 사랑해 주고 싶다. 그래야 후회의 눈물을 흘리지 않을 것 같다. 이것이 내가 죽기 전에 꼭 해야 할 버킷리스트이며 갚아야 할 빚이다.

나의 마지막 버킷리스트는 블로그 운영이다.

시간 여유가 조금씩 생기면서 블로그를 해보고 싶다는 생각이 들었다.

갑자기 블로그 운영을 하고 싶은 이유는 내 삶을 기록으로 남기고 싶다는 생각에서 시작되었다.

즉, 나를 돌아보고 나를 사랑하기 위해서이다.

어떻게 시작해야 할지 용기가 나지 않아 차일피일 미루고 있던 차에 블로그 운영 관련 강의를 듣게 되었다. 친절한 강좌는 첫발을 내딛는데 많은 지도와 용기를 주었다.

블로그는 네티즌이 자신의 관심사에 따라 자유롭게 게시물을 작성하여 올리는 웹 사이트로써 영어 '웹로그(weblog)'에서 온 말이다. 웹로그는 웹(web)과 기록 (log)이라는 두 단어가 합쳐 만들어진 '웹 항해 기록'이라는 뜻의 단어이다. 인터넷을 항해하다가 발견한 흥미로운 링크에 짧은 멘트를 덧붙이는 것이 전형적인 초기 형태였다고 한다. 작은 공간이지만 형형색색의 돛대를 단 배들의 항해가 다채롭고 아름답다.

매 순간 내 주변에 일어나는 일과 쌓였던 추억과 감정들을 오래도록 펼쳐 볼 수 있는 공간을 만들고 싶은 욕심이 생겼다. 또한, 나를 모르는 누군가와 공감대를 형성하고 싶은 마음도 있다. 그러나 막상 블로그를 시작해 보니 생각과는 달리 내 마음과 생각이 타인에게 공개되는 것이 참으로 쑥스럽고 민망하여 부담감으로 다가왔다. 그렇다고 글을 잘 쓰는 것도 아니고 풍부한 지식이 있는 것도 아닌데 남을 의식하고 쓰려하니 고초가 따랐다.

하지만 생각보다 검색 수가 아주 적어 부담감을 내려놓고 '나만의 일기장으로 활용하자'라는 가벼운 마음가짐을 갖고 다시 시작했다. 가끔은 댓글로 누군가로부터 응원을 받고 공감해주는 이가 있으니 그 또한 나쁘지 않았다.

아직 초보라 서툰 것도 많지만 주변의 이야기, 여행, 좋은 정보들이 있으면 틈틈이 올리고 있다. 그로 인해 일상생활이 바빠졌고 무엇을 올릴 건가를 고민하게 되고 좋은 풍경이 있으면 사진으로 기록을 남기며 나름 분주하지만 기분 좋은 설렘도 맛보고 있다.

그리고 이웃 추가를 통해 모르는 분야의 정보도 받고 좋은 글들을 통해 다른 이들의 세상을 볼 수 있는 기회가 주어져 좋다.

생각에만 그쳤던 일을 과감히 시도해 보니 새로운 세상이 열렸다.

짧은 기간이지만 블로그를 하다 보니 좋은 점들이 많았다.

그 첫 번째는 자기 성찰의 시간을 가질 수 있다는 것이다.

마음속 복잡한 일들을 글로 표현하면 생각의 정리 뿐 아니라 자신을 좀 더 알게 되는 계기가 된다. 자신만의 공간에서 자유롭게 글로 표현하다 보면 객관적으로 자신을 판단하고 돌아볼 수 있는 시간이 된다.

두 번째는 추억을 기록할 수 있다.

블로그에 여행이나 소소한 생활을 기록하다 보면 지난 시간의 추억을 되새길 수 있는 좋은 수단이 되었다. 블로그는 기쁜 일, 슬픈 일 등 모든 경험을 창고에 쌓아 두었다가 꺼내 볼 수 있는 추억 저장고이다.

세 번째는 글쓰기에 도움이 된다.

무에서 유를 창조하는 글쓰기 작업은 결코 쉬운 일이 아니다. 문장의 이해도를 높이기 위해 어떤 단어를 적절하게 써야 할지 고민하게 되고 문단은 어디서 마무리해야 전달력이 있을까를 고심하게 되는 등 다양한 쓰기를 시도하다 보면 올바른 글의 체계를 잡을 수 있는 좋은 연습의 장이 된다.

무엇이든 노력하는 것에는 흔적이 남는다. 그것들은 나에게 좋은 이점을 주며 삶에 원동력이 되기도 한다. 예순에 시작하는 블로그는 삶의 또 다른 매력을 주었으며 블로그 활동은 시간이 더 흐른 후에 꺼내 볼 수 있는 나만의 온라인 책이며 나를 사랑하는 작업이 될 것이다.

친구의 말 한마디로 인해 죽기 전에 해야 할 일들을 생각하니 가슴이 벅차올랐다.

누구든지 나처럼 이루고 싶었던 일이나 꼭 하고 싶은 일이 있을 것이다. 시간은 우리를 더 이상 기다려주지 않는다. 죽음의 코앞에서 후회의 눈물을 흘리지 말고 감사의 눈물을 흘리며 떠나는 우리가 되기 위해 자신과 주변을 살펴보자.

나는 웰다잉(Well Dying)을 자주 생각한다.

가장 아름다운 죽음은 어떤 죽음일까? 그것은 아름다운 마무리일 것이다. 즉, 소중한 사람과의 멋진 이별과 내 삶이 결코 헛된 것이 아닌 보람된 삶으로 마무리하는 것이다.

총 4명의 전직 대통령과 일반인을 포함하여 4000번 이상의 죽음을 함께 한 장례사 유재철 명장은 죽음에는 두 가지가 있다고 했다. 그것은 당하는 죽음과 맞이하는 죽음이다.

명장은 가장 인상 깊었던 장례를 80세가 넘은 어떤 할머니의 장례를 꼽았다.

할머니는 자신이 돌아가실 날을 어느 정도 알고부터 금식하셨다. 한 주간의 금식으로 몸 안에 있는 노폐물을 배출하고 스스로 목욕하신 후 남편이 선물한 새 한복을 입고 소파에서 숨을 거두셨다. 염을 따로 할 것도 수의도 준비할 필요 없이 아주 깨끗하고 간소하게 장례를 치렀다고 했다.

그가 말하는 당하는 죽음이 아닌 맞이하는 죽음을 준비하셨던 것이다.

우리도 할머니처럼 아름다운 마무리를 위해 맞이하는 죽음이 되도록 노력하여야 한다.

유재철 명장은 죽음을 준비하는 것이 곧, 삶을 더욱 풍요롭고 의미 있게 한다고 했다. 누구에게나 이별은 언제 어떤 식으로 찾아올지 모른다. 그러기에 우리는 늘 준비하여야 한다.

그동안 전하지 못한 정을 나누며 후회의 눈물을 흘리지 않도록 자신과 아끼는 사람들을 원 없이 맘껏 사랑하자.

"희망은 어떤 상황에서도 필요하다."

– 사무엘 존슨

제6장

자아실현 성취와
삶의 여정

소중한 삶, 실컷 배우고 나누자

- 김은미

자왈 학이시습지불역열호 (子曰 學而時習之不亦說乎)

공자께서 말씀하셨다.

"배우고 때때로 익히니 기쁘지 아니한가."

논어(論語)에 나오는 첫 문장이다. 워낙에 유명한 문장이라 해설도 다양하다. 공자의 말씀을 통해 본 참다운 삶이란 어떤 모습일까? 수많은 기쁨 중에서 시시때때로 배우고 익히는 기쁨만 한 게 없다는 말이다. 자신을 성찰하고, 나아가 시대를 통찰하는 힘을 기르려면 끊임없는 배움이 수반되어야 한다. 배움을 통해 성장해 나가면서 내가 원하는 나, 더 나은 나가 되어갈 때 우리는 충만한 기쁨을 누리고, 그 삶을 성공한 삶이라 말할 것이다.

박성혁 작가는 [이토록 공부가 재미있어지는 순간]에서 성별을 구분하여 연령대별로 '내 인생에서 후회되는 일'을 조사해 놓았다. 조사 결과 10대부터 40대까지 남녀 모두 '내 인생에서 가장 후회되는 일' 1위가 똑같은 항목이다.

"공부 좀 할걸……."

60~70대 남녀의 후회에도 "배우고 싶었는데……."라는 항목이 꽤 높은 순위를 차지하고 있다. 어르신들의 후회를 통해 못다한 배움은 평생의 아쉬움과 미련을 남긴다는 걸 알게 해주는 조사 결과이다.

나의 인생에서 후회되는 일을 꼽으라고 한다면 나 역시 "공부 좀 열심히 할걸……."이 가장 첫 번째를 차지한다. 학창 시절에는 공부에 딱히 흥미가 없었다. 직장인이 되어서는 이미 나의 길은 정해졌는데 공부한다고 뭐가 달라질까 싶어서 공부를 등한시했다. 손에 쥔 것이 없거나, 현재의 자리가 탐탁지 않을수록 더욱 열심히 공부해야 한다는 걸 그때는 몰랐다.

몇 년 전 다니던 직장을 그만두고 작은 공부방을 운영하기 시작했다. 수업을 위해 다시 공부를 시작할 때 '과연 내가 할 수 있을까?' 걱정이 가득했다. 걱정의 크기만큼 교과서와 관련 자료를 더욱 열심히 공부했다.

"와! 요즘엔 아이들이 이런 걸 배우는구나."

공부는 하면 할수록 신기하고 재미있는 세상이 펼쳐진다. 공부하면서 그동안 인식하지 못했던 거대한 세상을 보게 된다. 때로는 너무 어렵게 느껴져서 넓은 모래사장의 모래 알갱이가 된 것 같을 때도 있었다. 어떤 때에는 과거의 지혜나 지금도 끊임없이 생성되고 있는 방대한 정보와 지식에 압도되어 거대한 우주의 작은 별이 된 것 같기도 했다.

우연히 동생의 부탁으로 어머니를 모시고 동생 집을 방문하게 되었다. 동생은 일이 덜 끝난 상태였고, 딸 아이는 조카들과 놀이터에 갔다. 함께 간 어머니는 피곤해서 잠이 드셨다. 수업 준비를 위해 가져간 교재와 참고 도서들을 책상에 펼쳐 놓고 읽으며, 자료를 조사하고, 대조하고 분석하느라 시간 가는 줄 몰랐다. 식사를 마치자마자 바로 다시 공부에 돌입했다. 처음으로 가족의 식사와 집안일에 신경 쓰지 않고, 오롯이 공부에만 전념하는 시간이 너무 재미있었다. 요즘 아이들 말로 꿀잼이다.

새벽에 일어난 동생이 깜짝 놀라며 묻는다.

내 인생의 플렉스는 지금부터

"언니, 아직도 안 잤어? 공부가 그렇게 재밌어?"
"응 너무 재밌어. 시간이 가는 게 너무 아까워."

'어머, 세상에! 내가 이런 말을 하는 날이 오다니.'

한 번 제대로 된 공부의 맛을 보면 누구나 몰입해서 공부하고 싶은 욕구가 생긴다. 다만 그런 기회가 없었을 뿐이다. 현대 사회에서 일상의 분주함에 매몰되지 않고 배움을 유지하려면 먼저 타인에게 침해받지 않을 자신만을 위한 시간을 확보해야 한다. 그리고 일정한 장소를 정해 배움의 공간을 마련해야 한다. 크지 않은 책상 하나여도 좋다. 방해받지 않고 몰입할 수 있는 공간이라면 더욱 좋다. 몰입할 수 있는 공간이 없어도 걱정하지 않아도 된다. 우리에게는 이어폰이 있기 때문이다. 책상 앞에 앉기 전에는 몸과 마음을 정돈하는 것이 좋다. 정해진 시간 동안 이동하지 않도록 화장실은 미리 다녀오는 것이 좋다. 삶을 둘러싼 걱정과 마음의 소란스러움에 귀를 닫고 몰입해보자.

이러한 배움을 계속해서 익히면 자연스럽게 삶이 변화된다. 생각이 넓어지고 자신을 성찰해 나가면서 세상을 아우를 수 있는 통찰력이 생긴다. 삶의 목표를 자신에게 한정 짓지 않고 세상을 향해 뻗어나가는 것이다.

나에게는 사람을 세워나가고자 하는 꿈이 있다. 그 꿈의 시작점으로 작년에 두 명의 학생에게 장학금을 지급했다. 비록 적은 금액이지만 장학금을 받아드는 학생들의 초롱초롱 빛나는 눈 속에서 안도감을 읽었다. 지금이라도 도울 수 있음에 큰 감사를 느낀다.

후원한 학생은 대학에 진학하면서 공부에 흥미를 붙이기 시작해 주변으로부터 칭찬도 많이 듣는다고 한다. 그 학생을 통해 우연히 청년 장학제도에 대해 알게 되었다. 이 장학제도는 모 그룹의 회장님께서 자신처럼 환경이 어려워 배움이 힘든 학생들을 위해 만든 제도이다. 그분이 경영 다음으로 힘을 쏟은 것이 인재 양성이기 때문이다. 그분의 뜻을 이어받은 기업과 대학이 협조하여 어려운 가정형편으로 힘들게 학업을 이어가는 학생들에게 다양한 지원을 아끼지 않는 모습을 보며 나도 더 열심히 일해서 어려운 형편으로 삶이 고달픈 청년들을 꾸준히 도와주는 방향으로 꿈이 확장되었다.

꿈을 가진 학생들이 무사히 학업을 마치려면 일회성 지원보다는 꾸준한 지원이 더욱 절실하다. 청년들이 개인적 결핍이나 사회 구조적 모순에 의해 꿈을 잃지 않도록 돕고 싶다. 그것이 진정한 어른의 역할일 것이다.

요즈음 노년이라고 하면 대부분 말이 통하지 않고 꽉 막힌 꼰대를 먼저 떠올린다. 그러나 아직도 우리 사회에는 자신의 성공뿐만 아니라 공동체의 발전을 위해 애쓰는 본받을 만한 어른이 많다. 청년들의 휘청이는 삶을 지지해 줄 지지대가 되어주는 어른, 힘든 청춘들을 세워 줄 수 있는 든든한 버팀목이 되는 사람이야말로 참 어른이다. 나도 그분들을 본받아 선을 실천하며 사회에 기여하고 사회를 지탱하는 노년의 삶을 만들어 갈 것이다.

"어떤 사람이 링컨에게 물었다.
"당신은 교육도 제대로 못 받은 농촌 출신이면서 어떻게 변호사가 되고 미국 대통령까지 될 수 있었습니까?"
링컨은 이렇게 대답했다.
"내가 마음먹은 날, 이미 절반은 이루어진 것입니다."

– 데일 카네기 앤 어소시에츠의 〈세일즈 바이블〉

오십이 되어서 참다운 배움을 이해하다

— 김원배

인공지능 시대의 미래는 우리 모두에게 끊임없이 배울 것을 요구한다. 인간은 공부를 멈추는 순간부터 조금씩 퇴화하기 시작한다. 몇 년 전까지만 해도 대학교 때 배운 지식으로 평생 일하며 먹고 살다가 퇴직하면 더 이상 할 게 없었다. 하지만 지금은 나이에 상관없이 평생 배움활동을 해야 하는 시기가 되었다.

한국산업인력공단이 발표한 통계 자료에 의하면 우리나라 50대가 2023년에 많이 취득한 국가기술 자격증으로 지게차 운전기능사, 한식조리기능사, 굴삭기 운전 기능사, 방수 기능사, 건축도장기능사, 전기기능사, 소방설비기사, 조경기능사, 산업안전기사, 버섯종균기능사 등이 베스트 10이라고 한다. 퇴직을 앞두고 인생 2막을 행복하게 살아가기 위해 끊임없이 배움을 이어가는 상황이라고 볼 수 있다.

나는 이 통계 자료를 살펴보면서 '내가 할 수 있는 일이 있을까?' 라는 생각을 잠시 해 봤다. 아내와 함께 저녁 식사하면서 물어봤더니 "평생 일했으면 됐지 뭐하러 또 일하려고 해, 퇴직하면 그냥 놀아요."라고 말했다. 정년퇴직까지는 시간이 조금 있지만 그래도 뭔가는 준비를 해야할 것 같은 압박을 받는 요즘이다. 오십 중반의 나이는 뭔가 새로운 것에 도전해볼 수 있는 최적의 단계라고 볼 수 있다. 새로운 사업이나 투자를 하는 것이 아니라 자기 계발을 통해 즐길 수 있는 여가 활동을 찾을 수 있는 시기라는 의미다. 오십에 즐길 수 있는 일에는 무엇이 있을까? 아이들이 성인이 되면서 늘어난 시간과 다양한 기회들이 있고, 비로소 '나' 자신을 돌아볼 수 있는 여유가 생겼다. 새로운 인간관계의 모임, 진실한 친구들, 돈에 구애를 덜 받고 할 수 있는 즐거운 일들이 주변에 많이 있다. 또한 사회 문제에 대해 적극적으로 참여할 수 있다.

영국의 소설가 길버트 키스 체스터튼(G.K.Chesterton)은 "모든 것을 관통하는 희망의 힘, 어떤 고난도 이겨 낼 수 있는 지식, 그리고 위대한 영감은 중년기에 찾아온다" 라는 말을 남겼다. 사십 대 까지는 직장 생활과 가정 그리고 자녀에게 집중하느라 내 자신을 돌아볼 기회가 많지 않았다. 둘째 아들이 G 대학교 토목학과에 합격하면서 나에게도 내 인생 2막을 생각해 볼 수 있는 기회가 찾아왔다. 처음에는 많이 늘어난 시간을 어떻게 효율적으로 사용해야 할지 고민도 많이 했다. 2017년부터 아내와 해외여행을 다니기 시작했고, 좀 더 나를 위해 즐길 일들을 찾기 시작했다. 미래를 설계할 수 있는 영감은 오십이 넘으면서 찾아왔다.

인생이라는 장기전에서 성공할 수 있는 유일한 방법은 의지력을 사용하지 않아도 되는 시스템을 만드는 것이다. 일상의 모든 부분에서 패턴을 찾아야 한다. 식습관에서 운동에 이르기까지 성공을 구성하는 모든 요소에서 패턴이 있는지 뒤져봐야 한다. 패턴이 과학적 근거가 있는지 찾아보고, 그 패턴이 자신이 할 수 있는 일인지 도전할 수 있는 일들인지를 살펴봐야 한다. 인생에서 유일하게 합당한 목표는 행복한 경험을 최대한 많이 누리는 것이다.

"김샘, 커리어에 도움 될 만한 조언 있어요?"
"건강이나 개인 생활이 망가질 정도로 열심히 일해야 해요"
"그러면 불행해지는거 아니어요?"
"커리어를 물어봤지 행복을 물어본 건 아니잖아요?"

행복은 인간이 역사를 통해 추구해 온 회피하기 어려운 매우 주관적인 것이다. 행복을 느끼는 것은 개인과 문화에 따라 크게 다를 수 있다. 행복은 보편적인 추구일지라도, 우리들의 경험만큼이나 다양하다. 학창시절 공부는 상급학교 진학이나 취업이 목적이었다면 오십 중반의 공부는 행복한 인생 2막을 설계하고 실천하기 위한 공부라고 할 수 있다. 평생학습으로 배움을 이어가는 사람들의 대부분은 행복한 삶을 살고 있다. 우선 우리가 갖추어야 할 심리적 조건은 마인드셋과 삶에 대한 태도이다. 낙관주의와 희망으로 특징지어지는 긍정적인 전망은 개인의 행복에 대한 인식을 크게 변화시킬 수 있다. 감사하는 마음을 유지하고 일상생활 속에서 긍정적인 생각과 행동을 하는 것은 개인이 삶의 행복과 만족도를 더 높이는 방법이다. 나는 항상 긍정적으로 생각하고 적극적으로 행동한다. 오늘 하루의 생활이 행복해야 내일도 행복하고 미래도 행복하기 때문이다.

감사하는 마음과 긍정적인 생각과 행동은 단순히 수동적인 상태가 아니라 훈련과 습관으로 길러줄 수 있는 적극적인 과정이다. 예를 들어, 감사한 것들을 정기적으로 기록하는 감사 일기를 작성함으로써 항상 그러한 마음을 유지할 수 있다. 새벽 3시에 일어나서 대학노트 한 페이지에 나의 삶에 대해 기록한다. 일기 형식으로 쓰기도 하고 미래의 삶에 대해 기록하기도 한다. 매일 글을 쓰면서 감사한 마음도 갖게 되고 미래를 설계하는데도 도움이 되고 있다.

오십 중년에게 정신 건강은 행복의 조건에서 중요한 역할을 할 것이다. 마음 챙김, 치료, 스트레스 관리와 같은 실천을 통해 정신 건강을 챙기는 것은 개인의 행복을 보장해준다. 행복과 정신 건강은 상호 연결되어 있다. 행복의 심리적 조건은 내적 상태와 태도의 중요성을 강조한다. 긍정적인 마인드셋을 채택하고, 감사를 실천하며, 정신 건강을 우선시함으로써, 나는 행복이 충만할 수 있는 비옥한 토양을 만들어가고 있다.

매슬로우의 욕구이론에 따르면, 자아실현은 인간 욕구의 최고점이라고 한다. 자신의 잠재력을 최대한 발휘하고, 자신만의 독특한 방식으로 성공을 이루려는 욕구는 근본적인 행복감에 기여한다. 내 삶의 목적은 평생 작가로 살아가는 것이다. 우리나라 전국 곳곳을 탐험하면서 세상을 배우고 세상의 지혜를 글로 작성해서 책을 출간하고 강연이 들어오면 즐겁게 강의하면서 퇴직 후의 삶 속에서 큰 만족감과 살아가야 할 의미를 찾을 예정이다.

공자는 50세를 지천명(知天命)이라고 했다. 천명이란 우주 만물을 지배하는 하늘의 명령이나 원리를 말한다. 천명을 안다는 것은 하늘의 뜻을 알아 그에 순응하거나, 하늘이 만물에 부여한 최선의 의미를 안다는 뜻이다. 공자는 마흔까지는 주관적 세계에 머물렀으나, 50세가 되면서 객관적이고 보편적인 세계의 성인(聖人)의 경지로 들어설 수 있다고 말한다. 50세가 넘으면서 세상을 살아가는데 자신감이 생기기 시작했다. 뭐든지 할 수 있는 용기가 스멀스멀 생긴 것이다. 1년에 책 한 권 출간이 목표였지만 서너 권씩을 계획하고 다른 영역의 글을 써내고 있다. 건강을 지키기 위해 용감하게 트레킹을 시작하기도 했다. 오십 이전에는 목적 없이 사람들을 만나고 술을 마셨다면 오십이 넘은 이후에는 목적 없는 만남은 갖지 않고 있다. 글도 써야 하고 책도 읽어야 하고, 골프에 트레킹까지 하려니 하루하루 시간이 부족한 것이 현실이다. 낮에는 학교 일에 집중하고 퇴근 이후의 시간들은 나를 위해 투자했다. 책 속에서도 배우지만 긍정적인 사람들을 만나면서 더 많은 삶에 대한 지혜를 배우기 시작했다. 내 주변에 어떤 성향의 사람들로 채워져 있는가가 내 삶의 방향을 결정하는 것 같다.

내 인생에서 오십 대인 지금이 가장 활기차게 관심 있는 분야에 적극적으로 도전하고 있는 시기이다. 수많은 연구에 따르면 새로운 학습 활동에 참여하면 인지 기능을 유지하고 나이를 먹으면서 인지 능력이 떨어지는 것을 지연시키는 데 도움이 된다고 한다. 학습은 뇌를 자극하여 신경 가소성과 회복력을 키워준다. 정서적으로는 자존감을 높이고 성취감을 얻을 수 있다. 오십 이후에 일과 배움 활동을 효과적으로 균형을 맞추기 위해서는 나름대로의 전략이 필요하다. 현실적으로 달성 가능한 목표를 설정하면 동기를 얻는데 도움이 된다. 직장인이라면 직장 내에서 이루어지는 교육프로그램, 워크숍 등에 적극적으로 참여하면서 새로운 분야의 기술과 정보를 습득해 둬야 한다. 내가 지금 하고 있는 업무와 연결할 수 있는 아이템을 구상하는 것이 중요하다. 평생동안 해 왔던 일을 하는 것이 가장 중요하고 평소 관심 있었지만 직장 생활 때문에 하지 못하고 있었던 것들 위주로 아이디어를 구상해본다. 무리한 영역 확장이 아니라 내가 정말 할 수 있고 주어진 일에 계획대로 성실하게 밀고 나갈 수 있는 것에 나의 오십 대를 투자해야 한다.

직장 생활과 자기 계발을 병행해서 하는 이유는 삶의 행복과 즐거움을 찾기 위해서다. 일과 여가 활동 그리고 배움 활동이 효과적으로 균형을 이루어야 한다. 진심으로 배움의 즐거움을 찾아야 한다. 외국어를 공부하든, 악기든, 정원 가꾸기든, 그림 같은 취미활동을 하더라도 그 활동 속에서 기쁨을 찾는 것이다. 나는 독서 활동과 글쓰기 활동 그리고 트레킹을 하면서 즐거움과 행복을 찾고 있다. 사실 새로운 것을 배울 때 잠재적인 기술 장벽, 시간 제약, 때로는 자신감 부족 등 여러 상황들이 장벽으로 다가오기도 한다. 이러한 장벽들을 극복하기 위해서는 할 수 있다는 자신감과 효과적인 시간 관리로 번 아웃이 발생하지 않도록 해야 한다. 또한 학습에 대한 긍정적인 태도를 유지하고 자신에 대한 인내심과 끈기를 가지고 배워나가야 한다. 어려운 부분은 주변 사람들에게 배움을 요청하면서 자신의 길을 갈고 닦아나가야 한다.

오십 이후의 삶은 일과 여가, 배움의 균형을 효과적으로 유지함으로써 스스로 계속 성장하고 번성해나가는 보람 있는 삶의 단계를 만들어 갈 수 있다. 도전을 받아들이고 배움의 성공을 상상하는 것은 노후에도 만족스럽고 활기찬 삶으로 이어질 수 있을 것이다.

"대부분의 사람이 자신이 설정한 목표를 결코 달성하지 못하는 이유는 목표를 명확히 정의하지 않았거나, 그 목표를 이룰 수 있을 것이라는 믿음을 갖지 않았기 때문이다. 승자들은 자신이 어디로 가고 있는지 그 길을 가면서 무엇을 할 계획인지, 그 모험을 누구와 함께 할 것인지 말할 수 있다.

– 데니스 웨이틀리

세상을 향해 당당히 걸어나올 수 있는
리더가 되기까지

- 박춘이

나는 언제나 집에서 시간을 보내는 것을 좋아하는 '집순이'였다. 사람들과의 만남은 나에게 불편하고 때로는 두려운 일이었다. 표현을 잘하지 못하는 성향 때문인지 사람들은 나를 오해하는 경우가 많았다. 내가 하지 않은 것에 대한 추측성 오해를 받고 싶지 않아서 점점 혼자 있는 시간이 늘어갔다. 그러나 어느 순간 변화의 필요성을 느꼈다. 세상은 넓고 나의 가능성도 무한하다는 것을 깨달았기 때문이다.

변화의 첫걸음은 자기 인식이었다. 나는 왜 사람들과의 만남을 회피하는지, 나의 두려움의 근원이 무엇인지 깊이 생각해 보았다. 어린 시절의 경험이 나를 부정적이고 폐쇄적인 사람으로 만들었다. 나는 타인에게 인정받고 싶어서 늘 잘 보이려 했고 그

내 인생의 플렉스는 지금부터

로 인해 타인의 눈치를 보며 행동했던 것이 나의 행동을 제약하고 있음을 깨달았다.

이를 바탕으로 나는 작은 목표를 설정하여 실천해 나가면서 실천한 나를 칭찬하기 시작했다. 처음에는 남의 눈을 의식해 목표를 높게 잡았고 때로는 잘 완수할 때도 있었지만 그렇지 못할 때가 더 많아서 자책하는 시간이 늘어났다. 이를 개선하기 위해 목표를 작게 설정했다. 다른 사람이 보면 하찮게 느껴질 것도 그냥 포기하지 않고 꾸준히 해 보자고 마음먹었다. 그 시작이 온라인 세상에 관한 공부와 새벽 기상 그리고 독서였다.

그동안 살면서 딱히 관심도 없었고 더군다나 기계치였던 나에게는 온라인 환경이 최고로 어려운 세상이었다. 해도 해도 새로 해야 할 일이 늘어났고 적응을 마쳤다고 말할 수가 없었다. 이 생활을 하기 전에 내가 얼마나 안일하고 편한 삶을 추구하며 살았는지 깨닫게 되었다. 강사로 생활하면서 교재 연구는 했지만 자기 계발에는 관심이 없었다. 늘 열심히 일했으니 보상받아야 한다는 생각으로 맛있는 것을 먹고 술도 마시며 유흥을 즐기는 것이 나 자신에게 주는 보상이라고 생각했다. 하지만 온라인 생활을 하면서 내가 보상이라고 생각했던 것들이 오히려 내 건강을 해치고 있었다는 것을 깨달았다. 그래서 이제부터는 나를 진정으로 위하는 것을 찾아 실천하고 성장하는 일을 해 보기로 마음먹었다.

책을 읽고 온라인 강의를 들으면서 새로운 지식을 쌓았다. 또한 사회적 관계들을 개선하기 위해 다양한 모임에도 참여하려고 노력했다. 노력은 했지만 바로 오프라인으로 직접 만나는 것은 어려운 일이었다. 온라인에서는 나를 꾸미지 않아도 되었고, 나만의 특화된 분야를 만들고 성장해 나가는 것을 보여줄 수 있어서 한결 마음이 편했다. 그러다 직접적인 만남을 제안받으면 우선 가슴부터 두근거리며 그 상황을 모면하고 싶은 마음만 가득했다. 그래서 온라인 생활 3년 차에 접어들었으나 오랫동안 함께한 분들과의 직접적인 만남은 손가락으로 꼽을 정도이다. 다행히 긴 시간 동안 서로에 대해 알아가는 기간이 있었기 때문에 오프라인에서 만나게 되었을 때, 처음에는 잠시 어색하고 불편해도 점차 오래 알고 지낸 친구처럼 편해지기 시작했다.

나에 대해 숨김없이 표현해도 기존에 나의 성향을 아는 분들이라 오해하지 않았다. 사람들과의 소통은 나에게 새로운 시야를 열어주었고 더 넓은 세계로 발돋음할 수 있게 해 주었다. 나는 자기 계발에 힘쓰면서 자신감도 조금씩 되찾게 되었다. 무엇보다 스스로에 대한 부정적인 생각들이 사라지고 점차 긍정적이고 유연한 사고를 하는 나를 발견하게 되었다.

변화의 과정에서 피드백은 중요한 역할을 했다. 주변 사람들에게 나의 행동에 대한 피드백을 구하고 그들의 조언을 받아들였다.

특히 가족들의 피드백이 나에게는 큰 도움이 되었다. 같은 일을 하는 사람들은 자신의 기준에서 맞다, 틀리다라는 피드백을 주는 경우가 많다. 수강생들은 앞에서는 좋다고 말하면서도 다른 곳에서는 별로라고 이야기하는 경우도 있었다. 우리 세대에는 얼굴을 마주 보고 개선점을 바로 표현하는 것이 아직은 어려운 일 같다.

우리 세대와 달리 MZ세대는 자신의 생각을 거침없이 이야기하고 감정을 빼고 이야기를 하기 때문에 매우 객관적이다. 그들은 다른 관점을 이해하는 순간 상대방의 의견을 쿨하게 존중하는 경향이 있어서 참 부러웠다.

나에게는 MZ세대까지는 아니나 더 어린 사춘기 아이들이 두 명 있다. 직업의 특성상 불특정 다수가 모이는 곳에 나를 드러낼 수밖에 없었고 SNS에 능한 아이들은 금방 그런 엄마를 찾아냈다. 처음에는 엄마의 색다른 모습이 어색했는지 "이런 것을 꼭 해야 해?"라는 식의 눈초리로 나를 바라봤다. 남편은 늘 호기심이 많은 내가 열정이 화르르 불타올랐다가 금방 꺼질 거라며 그냥 내버려 두었다.

이들에게 무언가를 보여주겠다고 결심한 것은 아니었지만 왠지 모르게 온라인 사업은 잘 해내고 싶었다. 처음이라 적응하는데 무척 힘들었지만 하면 잘할 수 있을 것도 같았다. 무엇보다 나이가 들어도 할 수 있다는 점과 부담스러운 직접적인 만남은 하지 않아도 된다는 점 그리고 집에서 편하게 일할 수 있다는 점들이 나에게는 매우 매력적으로 다가왔다.

처음에는 적응하느라 집안일도, 아이들 돌보는 것도 엉망이었다. 점점 불만이 쌓여가는 가족들에게 나의 미래와 꿈에 관해 이야기하며 기다려달라고, 이해해달라고 했다. 결과가 금방 나타나진 않았지만 금방 사그라지리라 예상했던 나의 행동이 꽤 오래 지속되자 가족들의 의심과 불만은 응원과 지지, 놀라움으로 변해갔다.

SNS에 능한 아이들은 처음과 지금의 나를 비교하며 대단하다고 말해 주곤 한다. 학교 선생님에게도, 친구들에게도 엄마를 자랑할 만큼 전폭적인 지지자가 되었다. 남편은 원래 말수가 적어서 아이들처럼 적극적인 응원을 해주진 않았지만 바쁜 것을 이해해 주었고, 스케줄을 공유하며 부탁하면 기꺼이 도와주었다.

가족들의 전폭적인 지지는 어려웠던 온라인 프로그램들을 겁없이 눌러보며 나만의 것으로 재해석할 수 있을 정도의 자신감을 만들어 주었다. 그 노력의 결과로 사회적 기술을 더욱 발전시킬 수 있었고 나의 성장을 도와줄 멘토도 찾을 수 있었다. 그들의 경험과 조언은 나에게 큰 영감을 주었고 더 성장할 수 있는 동기부여가 되었다. 무엇보다 자신의 분야에서 성공한 사람들과 함께 일할 기회가 생기다 보니 더 수준 높은 소통을 할 수 있었다. 그들과 대화를 통해 미처 깨닫지 못한 분야에 대해 더 폭넓은 시야로 세상을 바라 볼 수 있게 되었고 특히 사람들과의 관계를 유지하는 방법에 대한 해답을 얻을 수 있었다.

리더로 성장하기 위해 리더십 스킬을 개발하기 시작했다. 관련 책을 읽고 워크숍에 참여하며 리더로서의 자질을 키워나갔다. 나만의 온라인 카페를 개설하면서 정말 많은 챌린지와 모임을 운영했다. 내 것이기에 남의 눈치를 볼 필요 없이 다양한 도전을 해볼 수 있었다. 무려 2년간 프로그램 운영뿐만 아니라 수강생을 관리하는 방법, 그리고 더 업그레이드할 방법들을 스스로 터득해 나갔다. 이런 나의 모습은 점차 다른 리더들의 눈에도 띄기 시작했고 이제 협력이라는 이름으로 또 다른 형태의 일을 진행할 수 있게 되었다.

지금 나는 단순히 프로그램의 리더 역할을 넘어서 초보 리더들의 멘토로서 실전 경험을 쌓고 있는 중이다. 모임을 운영하면서 리더로서 중요한 긍정적인 마인드셋을 유지하려고 노력했다. 실패를 두려워하지 않고 실패로부터 배우는 자세를 가지려 힘썼다. 실패에서 항상 배울 점이 있다는 인식을 가진 뒤로는 실행에 있어 주저함이 없어졌고 이는 나의 성장을 가속화 하는 데 큰 도움이 되었다.

무엇보다 중요한 것은 꾸준함이었다. 변화를 만드는 데는 시간이 걸리기 때문에 나는 인내심을 가지고 지속적으로 노력했다. 목표를 달성했을 때는 스스로를 칭찬하고 보상했다. 다른 사람들에게는 칭찬과 동기부여의 말을 잘해 주면서도 정작 나 자신에게는 엄격했다. 그래서 그런 점을 고치기로 마음먹었다. 목표를 작게 쪼개어 실천하니 칭찬할 일도 많아졌다. 잘한 부분은 그냥 넘어가지 않고 꼭 거울을 보며 칭찬하거나 포옹하는 동작을 하며 격려했다. 이러한 작은 칭찬이 나에게 지속적인 동기부여가 되었다.

작은 칭찬이 주는 힘을 알기에 내가 운영하는 새벽 모임에 마지막 인사로 '셀프 칭찬'을 함께 하자고 제안했다. 새벽이라 화면을 잘 열지 않던 분들도 용기를 내어 셀프 칭찬에 참여해 주셨다. 처음에는 어색해했지만 지금은 모두가 큰 소리로 셀프 칭찬 타임을 갖는다. 셀프 칭찬 활동을 통해 가족들 앞에서도 부끄러워하지 않고 표현할 수 있게 되었다는 분들도 계셨다. 이렇게 작은 성공을 쌓아가며 나와 함께하는 분들도 더 큰 목표를 향해 나아가게 되었다.

이제 나는 더 이상 사람들과의 만남을 회피하지 않는다. 오히려 사람들과의 소통에서 기쁨과 배움을 찾고 있다. 나는 집순이에서 세상을 향해 당당히 걸어 나올 수 있는 리더로 성장했다. 이 과정은 쉽지 않았지만 나에게 많은 변화를 가져다주었다. 앞으로도 계속해서 도전하고 성장할 뿐만 아니라 나처럼 사회를 향해 목소리를 내지 못하는 분들, 자신 안에 숨겨진 재능을 발견하지 못하는 분들에게 세상을 향해 한 발짝 내딛는 용기를 주는 사람이 되고 싶다.

"자신을 믿어라.
당신 안에는 세상을 바꿀 힘이 있다."

– 조디 포스터

04

사십 이후의 삶이 내 인생의 명함이 된다

- 송숙영

유년 시절, 내 삶의 목표는 그저 어머니를 웃게 하는 것이었다. 혼자 삼남매를 키우는 어머니를 기쁘게 해 드려야 우리를 버리지 않을 것이라는 불안감에서 비롯된 생각이었다. 영민함이 돋보이던 오빠는 독보적으로 공부를 잘했고 어머니의 자랑이 되었다. 오빠를 자랑스러워하는 어머니의 모습을 보면서 막연하게 나도 어머니를 웃게 해 드리고 싶었다. 어머니께서 교사가 되고 싶었는데 아쉽게 도전하지 못했다는 이야기를 들으면서 자연스럽게 어머니의 꿈은 나의 꿈이 되었다. 교사가 되는 것이 그저 내가 당연하게 해야 할 의무라고 생각했고 어머니의 말처럼 교사는 '여자'가 하기에 좋은 직업이기에 그 좋은 직업을 가지기만 하면 평생 걱정 없이 살 수 있으리라 생각했다.

그런데 그렇게 원하던 교사가 되었음에도 허무했다. 교사라는 직업을 선택한 것에는 후회가 없지만, 어떤 삶을 사는 사람이 되어야겠다는 인생의 목표는 생각해 본 적이 없기에 어디로 가야 할지 몰라 방황하는 어린아이처럼 헤매기 시작했다. 그렇게 어느새 중년이 되었고, 새장 속의 새처럼 좁은 세상과 좁은 사고 안에 갇혀 살며, 일상을 무료하게 반복하며 살아갔다.

어느 날 은퇴를 앞둔 선생님과 이야기를 나눌 시간이 있었다.
"선생님, 이제 은퇴하시면 편하게 쉬시면서 여행도 다니고 여유롭게 지내시면 되겠네요"

은퇴를 하게 되면 당연히 '쉰다'라고 생각했던 질문에 선생님은 의외의 답을 하셨다.

"은퇴하면 새로운 세상으로 나가서 사는 방법을 배워야지. 지금까지 학교에만 있었으니 아무것도 모르잖아. 은퇴하기 10년 전부터 하고 싶은 일을 준비하라는 말을 흘려들었는데 그 말이 이제 와닿네. 당장 출근 안 하면 난 뭘 하고 살아야 할지 막막하네"

은퇴하면 매달 나오는 연금을 받으며 그저 쉬기만 하면 될 줄 알았는데, 적어도 20년 이상 남은 인생을 다른 모습으로 살아가야 한다는 생각은 해본 적이 없었다. 그저 인생에서 교사라는 직업 하나만을 성취하고 그것이 내 삶의 전부라 생각하고 그대로 멈춰 있었다. 어떤 삶을 살아가고 싶은지 삶의 목표와 긴 인생의 여정에 대해 진지하게 생각해 본 적이 없었기에 방황했던 것이다. 나의 진짜 인생은 직업의 성취가 아닌 삶의 목표 설정과 도전에서 시작한다는 것을 깨달았다.

'나는 어떤 인생의 목표를 세우고 살아야 할까?'에 대해 스스로 물음을 던져보았다. 도전하고 싶었지만 하지 못했던 것들, 나중에 하자고 미뤄왔던 것들이 떠올랐다. 머릿속에 떠오른 이 생각들을 실현시키지 않으면, 지금 은퇴를 앞두고 후회하는 선생님의 모습이 곧 나의 모습이 될 것이라는 생각이 들었다. 그래서 지금부터 내 인생을 다시 설계하겠다고 결심했다. 앞으로의 인생이 푸념과 후회로 가득하지 않도록, 사십 이후의 삶이 내 인생의 명함이 되도록 도전하며 살아가기로 다짐했다.

그렇다면 새로운 인생 설계를 위해 가장 필요한 것은 무엇일까? 변화하는 환경에 끊임없이 적응하며 기존의 나를 탈피해 새로운 모습으로 계속해서 발전시켜 나아가는 능력을 길러야 한다.

바닷가재는 탈피를 반복하며 죽지 않고 계속해서 살 수 있는 생물이다. 그것이 가능한 이유는 탈피를 할 때마다 노화된 세포와 조직을 제거하고 새로운 껍질로 갈아입으며 새로운 세포와 조직을 생성해 노화를 늦추고 수명을 연장하기 때문이다.

그렇다면 우리는 어떻게 기존의 나를 탈피하며 살아갈 수 있을까? 그것은 신체적, 정신적 탈피의 반복을 통해서 달성할 수 있다. 신체적 탈피는 건강에 해로운 습관에서 벗어나 운동을 통해 달성할 수 있지만 정신적 탈피는 사고의 탄력성을 기반으로 만들어 낼 수 있다. 탄력성이란 심각한 삶의 도전에 직면하고서도 다시 일어나 실패를 극복하여 성장하려는 의지를 의미한다. 내 인생의 명함을 채워나갈 사십 이후의 삶을 위해 몇 가지 원칙을 정해 탄력성을 기르는 노력을 하고 있다.

첫째, 변화를 선도하는 집단에 속하자.
혼자만의 생각이나 정보에는 한계가 있지만 주변인을 통해서라면 더 많은 정보와 생각의 지평을 넓힐 수 있다. 특히 변화를 선도하는 사람들과 의사 소통을 할 수 있는 창구가 있다면 그것을 통해 듣고 보는 것만으로도 많은 것을 배울 수 있다. 빠르게 변화하는 교육에 대응하기 위해 나는 '교사성장학교'라는 단체에 가입해 많은 선생님들이 공유하는 자료를 열심히 공부하고 있다. 그들의 대화를 통해 얻는 것은 정보 뿐만이 아니다. 능동적인 선생님들의 열정을 보며 새로운 자극과 에너지를 함께 얻고 있다.

둘째, 긍정적으로 사고하는 습관을 기르자.

모든 일의 시작에는 변화 속에서 노력을 통해 어떻게든 잘 될 것이라고 생각하는 긍정적 태도가 바탕이 되어야 한다. 변화한다는 것은 기존의 방법과 익숙함을 버리고 새롭게 도전해야하는 매우 불편하고 힘든 길이다. 이때 부정적인 생각으로 변화를 거부한다면 불평과 불만으로 가득차 어제와 같은 나로 남게 될 것이다. 따라서 변화 속에서 탄력성을 기르려면 변화를 감수하는 노력을 통해 좋은 결과를 얻게 될 것이라는 긍정적인 자기최면이 반드시 필요하다.

셋째, 끊임없이 배우자.

인간은 배움을 통해 성장하고 변화될 수 있다. 자신의 현재 모습에 안주하면 변화하는 세상에 적응하기 어려워진다. 무엇이든 배우려는 노력은 도전하려는 마음의 발판을 만들어 준다. 성장하기를 원한다면 배우기를 멈추지 말아야 한다. 나는 독서를 통해 배움을 이어가고 있다. 책은 다른 사람의 삶과 노력, 생각 등이 압축된 결과물이다. 그 결과물을 읽으며 삶에 적용하는 일을 습관화 한다면 좀 더 빠른 시간 내에 실패할 확률을 줄이면서도 목표를 달성할 수 있다. 또한 책을 통해 새로운 아이디어를 얻어 나만의 것으로 만드는 과정에서 사고를 유연하게 하고 더 넓은 시야를 가질 수 있기 때문에 독서는 삶에 꼭 필요한 요소이다.

새로운 도전과 변화를 받아들이며 끊임없이 노력하는 과정에서 한 가지 더 필요한 것이 있다. 그것은 바로 기록이다. 기록을 통해 나의 변화를 관찰하고 새로운 아이디어를 정리하며 성장을 경험할 수 있다. 이러한 기록은 단순한 메모를 의미하는 것이 아니다. 아카이빙을 통해 저장하고 새롭게 탄생시키는 과정을 반복해야 한다.

아카이브(archive)란 보관이라는 의미로, 개인 및 단체가 활동하며 남기는 수많은 기록물 중 가치가 있는 것을 선별하여 보관하는 기록보관 장소 또는 그 기록물 자체를 의미한다. 아카이브가 백업과 다른 점은 백업은 단순히 사본을 저장하지만, 아카이빙은 저장되고 모아진 자료들이 서로 다시 조합되기도 하고 새로운 것을 파생시키기도 하며, 다시 돌고 돌아 문화를 만들기도 한다는 것이다.

우리의 인생도 아카이빙의 과정과 유사하다. 인생을 정리하며 기록하는 사람과 그렇지 않은 사람은 큰 차이를 보인다. '나의 역사'를 아카이빙 하기 위해 지금 무엇을 해야할까?

첫째, 매일 매일을 기록해라.

글쓰기를 하지 않으면 삶의 찬란했던 순간들이 소멸되어 사라지게 된다. 오늘의 삶이 특별해 보이지 않을지라도 무엇이든 기록하고 남겨야 한다. 그 기록들이 모이고 모여 또 다른 의미를 만들어낼 수도 있다. 우리에게 매일은 모두 의미있는 날이다. 최악이라고 생각한 날들도 그것이 모여 지금의 우리를 만든 것이고, 이전에는 쓸모없는 경험이었다고 생각했던 것이 나중에 나를 성장시키는 발판이 될 수 있다. 이러한 과정들을 기록해야 나에게 주어진 하루 하루가 어떤 의미인지 다시 발견하고 오늘을 대하는 태도를 변화시킬 수 있다.

둘째, 경험을 재창조하라.
어떠한 사건이 발생했을 때 느꼈던 감정과 결과들이 당시에는 힘든 순간일 수 있다. 그러나 현재의 시점에서 그 사건과 경험을 다시 재평가하고 의미를 재창조 해보라. 당신에게 그 사건과 경험은 다른 의미로 다가올 수 있다.

대학 졸업 후 임용고사에 전념하기 위해 어머니에게 딱 일년만 공부에 집중할 수 있도록 지원해 달라고 부탁드렸다. 당시 없는 살림에 생활비와 학원비는 큰 부담이었기에 이제 막 사회인이된 오빠가 일 년 동안 모은 목돈을 나에게 주었다. 성인이 되어앞가림도 못하고 어머니와 오빠까지 고생시키며 공부를 하게 된상황이라 어떻게든 합격으로 보답하고 싶었다. 점점 공부하며 실력이 쌓인다는 느낌이 들었고 합격할 것이라 확신했지만 결과는불합격이었다. 가족들을 희생시킨 결과가 고작 불합격이라니 죽고만 싶었다. 당시에 나에게 불합격은 인생 최대의 오점이자 다시는 떠올리고 싶지 않은 기억이었다.

그러나 이제와 생각해보니 불합격은 당시에는 마음 아픈 일이었지만 새로운 지역과 학교에서 일할 수 있는 기회가 되었다. 그리고 이곳에서 남편을 만나 가정도 꾸리게 되었다. 늘 감사한 일이지만 지금 근무하는 학교에서 이렇게 착한 아이들을 만날 수 있었던 것은 불합격이 가져다준 최고의 행운이었다. 불행, 의미없음으로 흩어져 있던 내 삶의 기록을 하나씩 모아 다시 되돌아보니 오히려 행운이자 기쁨임을 알게 되었다. 오늘의 의미 없고 때로는 슬픈 삶의 조각들도 소중히 모아두자. 이 조각들이 나중에 모이고 모여 하나의 거대한 모자이크 작품으로 재탄생할 수 있다.

셋째, 역사의 마지막 페이지를 무엇으로 장식하고 싶은지 목표를 세워라.

정약용은 서학이라는 이름으로 조선에 소개된 서양 문물을 접하면서 천주교인이 되었다. 천주교인이라는 이력은 이후 배교를 한 후에도 탄핵의 빌미가 되어 결국 유배를 가게 되었다. 이러한 절망적인 상황 속에서도 정약용은 자신의 신세를 한탄하기보다 후세에 평가되어질 자신의 모습을 생각하며 유배지에서 목민심서, 흠흠신서, 경세유표 등 500권의 책을 저술하였다. 결국 그는 그가 바랐던 마지막 인생의 목표처럼 국가 경영에 필요한

법과 제도 개혁의 지침을 만든 위대한 선구자로 오늘날까지 기억되고 있다.

인생을 그저 늙어가기만 하는 과정이 아닌 어떻게 완성하며 살아갈지 목표를 세우는 것이 중요하다. 그 목표가 인생의 마지막을 아름답게 완성시켜줄 열쇠가 될 것이기 때문이다. 나는 삶의 마지막까지 도전을 멈추지 않는 사람으로 기억되고 싶다. 무엇이든 즐겁게 도전하며 살았고, 그 모든 것이 기쁨이었다고 기억되고 싶다. 오늘의 이 기록도 도전의 한 페이지로 남기를 소망한다.

지금까지의 인생에서 조금이라도 후회되는 것이 있는가? 절대로 후회하지 말아라. 진정한 당신을 찾고 그토록 원하던 일에 도전하며 자아실현을 할 수 있는 인생의 후반전이 당신을 기다리고 있다. 설령 당신의 도전이 실패하더라도 도전 조차하지 못하고 후회하는 것보다 도전을 통해 실패했지만 결단력 있게 도전한 당신을 칭찬하게 될 것이다. 사십 이후, 삶의 도전을 통해 내 인생의 명함을 매일, 매년 새롭게 갱신하며 살아갈 나를 응원한다.

"순간을 사랑하라, 그러면 그 순간의 에너지가
모든 경계를 넘어 퍼져나갈 것이다."

– 코리타 켄트

05

사랑밖엔 난 몰라

- 김수연

태어났을 때부터 동네 사람들에게 사랑을 많이 받았다고 했다. 함경남도 북청에서 잠깐 남한에 왔다가 전쟁으로 고향에 돌아갈 수 없었던 아버지는 나의 외할머니의 마음에 들어 데릴사위가 되었다. 엄마의 의사는 중요하지 않았다. 엄마는 아버지의 이상형이 아니었고, 엄마 또한 마을에 좋아하던 총각이 따로 있었다고 들었다. 아버지는 술만 드시면 '두만강 푸른 물에 노 젓는 뱃사공~~' 나그네 설움이라는 노래를 부르셨다. 늘 북으로 돌아갈 그 날만 손꼽아 기다리시다 환갑을 넘기신 이른 나이에 교통사고로 돌아가셨다. 그 아버지가 유일하게 사랑한 막내딸이 나였다. 아이 때부터 아버지의 손을 잡고 '이북5도민' 모임에 따라가 도시락을 먹었던 기억이 선명하다. 심지어 오빠 셋, 언니, 새언니들에게 사랑받은 기억만 있다.

사랑을 많이 받고 자라서인지 내 마음에 사랑이 가득하다. 난 일명 그야말로 '사랑밖엔 난 몰라'라는 심수봉의 노래 제목처럼 살고 있다. 물론 지극히 내 주관적 생각이다. 남이 인정한다고까지 말할 수는 없다. 돌아가신 김수환 추기경님은 머리에서 가슴으로 사랑이 내려오는 데 70년이 걸렸다고 말씀하셨다. 나는 아주 오래전부터 사랑이라는 하나의 끈을 잡고 사랑에 미쳐 사는 사람이라고 자부한다. "사랑해"를 만나는 사람에게 남발하는 부작용은 있으나 어떤가? 범죄도 아니고 돈이 드는 것도 아니니 저 좋은 대로 살밖에는 다른 수는 없다. 내가 좋아하는 낱말은 사랑, 별, 우주, 무지개, 솜사탕이다. 내 글에는 지겹도록 이 글자들이 들어가 이젠 그것들을 묘사하는 힘을 기르고 있다.

남편을 너무 사랑해서 남편이 죽을병에 걸린다면 내 장기를 주고 남편을 살게 하는 것이 사랑이라고 굳게 믿으며 살았다. 남편의 욱하는 성격 때문에 힘든 시간을 견뎌야 했기에 이젠 장기를 내어주는 일은 생략하기로 했다. 나에겐 무척 슬픈 이야기이다. 시집살이를 시킨 시어머니를 미워하는 대신 사랑하기로 했다. 괴팍하신 아버님에게 내 도리를 다해 외롭지 않은 노년을 선물하려고 한다. 돈이 없고 아픈 부모와 인연을 끊은 부자 아주버님 부부도 밉지 않다. 나는 누구를 미워할 시간이 없다. 나에게 집중하고 내 꿈을 향해 걷는 이 시간도 부족하기 때문이다. 사랑을 주기에도 부족한 이 시간이다. 나는 이 사랑을 아이들을 위해

내 인생의 플렉스는 지금부터

쓰기로 했다.

'꿈통령'이 나의 꿈이다. 학교에 수업을 가기 전부터 만날 아이들을 생각하며 기도한다.

"아이들이 저를 만나 지식과 함께 힐링을 챙겨가게 도와주세요"

아이들에게 잠시라도 쉼과 웃음과 힐링이 있는 시간이 되기를 바란다. 첫 시간에는 아이들의 이름을 외우는 것에 집중한다. 우리는 모두 저마다의 소중한 탁월함을 지닌 특별한 인간임을 강조한다. 교탁 앞에만 서면 방언이 쏟아져 나온다. 마치 선생이 되기 위해 태어난 것처럼. 늘 그런 내 모습에 나조차도 당황한다. 가장 행복한 순간이다. 아이들은 안다. 내가 그들을 사랑한다는 것을.

일명 말썽꾸러기가 있는 반을 더 선호한다. 나는 그런 아이들을 위해 학교로 간다. 그 아이들은 분명 무언가 해소되지 않은 불만이 일상에서 쌓인 채로 학교로 왔을 것이다. 배움을 즐겁게 주고받으며 자신이 얼마나 소중한 존재인지 일깨워주고 싶다. 물론 10차시나 그보다 더 짧은 수업에 가능한 일은 아니다. 하루 수업에도 학생들이 변화한다. 내 시간에 문제집을 풀거나 핸드폰으로 게임을 하거나 화장하던 친구들이 집중한다. 공부를 게임처럼 즐겁게 하려는 의도는 있으나 무엇보다 아이들의 이름을 불러

주었을 때 그 순간 꽃이 되지 않았을까 생각한다. 우리가 왜 배워야 하는지, 배움이 얼마나 즐거운 것인지, 왜 배운 것을 남에게 주는 사람이 되어야 하는지, '함께'가 얼마나 가치 있는 깨달음인지 그들에게 알려주고 싶다. 나 자신도 아직 알아가는 중이다. 우주의 별 먼지로 태어난 우리가 꿈을 꾸면 우주도 반기는 진실을 알고 있다. 신이 아닌 부족한 사람으로 태어났지만 채워가는 즐거움이 있어 어쩌면 신도 부러워할 재능이 아닐까 우겨본다.

〈그리스인 조르바〉의 작가 니코스 카잔자키스의 묘비명을 사랑한다.

바라지 않는다.
두렵지 않다.
자유다.

삶에게 바라지 않고, 두려움을 용기로 바꾸면 찾아오는 자유. 사람은 그 자유 한 줌을 만나기 위해 태어난 건 아닐까? 그 자유는 생을 몹시 사랑해야만 가능하다. 지금 이 순간을 저미도록 사랑하고, 내 꿈을 사랑하고, 필멸까지도 사랑해야 얻어지는 자유다.

숲 속에 작은 공부방을 만들어 책으로 가득 채워 넣고 싶다. 외롭고 지친 아이들이 나무와 바람과 구름과 꽃과 하늘과 이야기 나누는 사이 그들의 미소가 활짝 피어나길 꿈꾼다. 세상이 우리들 편이라는 것을 알려주고 싶다. 누구도 탓하지 않는 세상이면 좋겠다. 순수를 잃어가는 세상이 아니라 얻어가는 공간이면 좋겠다. 믿음과 사랑이 충만한 세상이길 날마다 기도한다.

사랑이 많다는 건 축복이다. 사는 일이 단순해진다. 그냥 사랑 만하면 되니까. 사랑은 가끔 시인을 꿈꾸게 한다. 사랑은 가끔 어린 아이의 천진난만함을 소환한다. 사랑은 작가가 되게 한다. 가슴 벅찬 이 행복을 누군가에게 전하고 싶기 때문이다. 나만 행복해서 미안하기 때문이다. 너도 행복하면 참 좋겠다 싶기 때문이다. '사랑전도사, 꿈통령'이라는 명함을 만들어 평생 사랑을 외치다 죽고 싶다. 세상에 사랑이 널리 퍼져서 전쟁과 미움 대신 사랑과 순수만 남으면 좋겠다. 마음 아픈 사람이 없도록 말이다.

나의 5년 후, 10년 후가 기대된다. 신은 내 소원을 다 들어주셨다. 나는 학교에서 아이들과 사랑을 나눈다. 꿈통령이 되었다. 수업은 나날이 늘어가고 우리는 쉼없이 성장하고 있다. 나의 가치는 돈으로 환산할 수 없다. 그것이 모아져 도서관을 짓고 학교를 만들어 몸과 마음이 지친 영혼들이 쉴 수 있는 공간을 숲속에 마련할 것이다. '사랑'이라고 이름 붙이고 '사랑'을 만들고 '사랑'을 써 내려갈 것이다.

　사랑은 늘 마법과 기적과 경이와 숭고를 선물했다. 인간이 모르쇠로 일관하지 않는다면 분명히 만나게 된다. 사랑이라는 뽀송뽀송한 향기를 온기로 담은 녀석을. 필연을 우연으로 가장해서 내 앞에 짠하고 나타나는 녀석은 허투루 살아서는 만나지 못한다. 때로는 나를 넘어서겠다는 결단과 용기가 필요하다. 내가 더 많이 주겠다는 너른 마음이면 수천만 배가 되어 돌아오는 사랑은 어떤 것도 이기는 천하장사다.

　오늘도 그 길을 묵묵히 걷는다. 불평불만을 늘어놓을 새도 없다. 남은 날들이 나를 벅차게 한다.
　내가 태어난 이유를 분명히 푸른 지구별에 새기고 대지의 어머니 품에 안길 것이다. 누가 알아주지 않아도 좋다. 나는 분명히 알 수 있으니까.

"사람을 있는 그대로 받아들이면 그를 타락시킨다.
그가 될 수 있는 가능성을 통해 보면 그를 발전시킨다."

－ 요한 볼프강 폰 괴테

새로운 삶은 도전하는 자의 것이다

− 이명희

"맹아, 너한테 딱 맞는 교육이 있어서 전화했는데, 한 번 신청해 봐."

"어? 뜬금없이 전화해서는 뭔 소리래?"

벌써 20년 가까이 지난 일이다.

막 마흔에 접어들 무렵 그동안 소원했던 중학교 친구에게서 전화가 왔다. 낯선 번호라 망설이다가 받은 전화였다.

"회사에서 직원 교육받는데 네 생각이 났어."

"너는 학생들을 가르치고 있으니 너한테 필요할 것 같은 생각이 들더라……."

"……."

"비전 리더십이라고 들어봤니?"

당황해서 망설이던 나에게 친구는 리더십 교육에 대한 정보를 자세히 알려주었다. 그렇게 해서 시작된 비전 리더십 교육은 내가 새로운 삶에 도전을 하는 계기가 되어주었다. 그동안 공부나 좀 더 해보자는 생각에 시작했던 석사과정을 막 마치고 난 뒤였다.

2005년 12월, 친구가 알려준 웹주소를 보고 당시 막 시작하던 영상강의를 신청해서 들었다. 교육을 받으며 나도 모르게 기대감에 설렜던 기억이 있다. 영상교육을 끝내고 영상 속에 나왔던 곳으로 전화를 걸었고, 무작정 찾아간 곳이 한국 비전스쿨의 창시자였던 강헌구 교수의 비전센터였다. 그 당시 강헌구 교수에 대해서는 이미 책으로 알고 있었다. 〈아들아 머뭇거리기에는 인생이 너무 짧다〉라는 책으로 학생들과 진로에 대해 토의하고 있을 때였기 때문이다. 그렇게 시작된 나의 비전 찾기가 구체화 되었고, 내가 무엇을 해야 하는지 재정비해가기 시작했다. 그때 만난 마법의 문장 쓰기가 대학원에 재진학하게 되는 계기가 되면서 오늘날의 내가 있게 된 것이다. 행복한 삶을 위해서는 자기가 할수 있는 것에 도전할 수 있어야 한다.

나는 어렸을 때부터 호기심이 많은 아이였다. 그런데 보수적인 집안 분위기에다 딸이 많은 집이어서 제약이 많았다. 1남 5녀 가운데 넷째딸인 나는 사고뭉치 가운데 하나였다. 다행히 내 밑에 남동생이 태어난 덕분에 할머니와 주위 친척들의 사랑을 많이 받고 자랐으나 어머니의 눈에는 늘 못마땅한 딸이었다. 내가 사는 곳은 온 집안이 모여 사는 집성촌에다 나와 동갑인 4촌과 6촌 중에 두 명을 빼곤 모두 아들이었다. 8명의 동갑 중에 아들은 여섯이었고, 그중에서 내 생일이 가장 빨랐는데 그것조차 어머니께는 나를 구박하는 빌미가 되었다. 거기다 행동까지 사내 녀석들보다 더 사내아이처럼 천방지축이니 어머니의 걱정이 오죽했으랴. 어디 그뿐인가? 어려운 가정형편에도 진학을 하겠다고 우겼으니 참 대책이 없었을 것이다. 어쨌든 자라면서부터 하고 싶은 일과 궁금한 일은 끝까지 해봐야 직성이 풀리는 성격이 지금까지 이어져 오고 있다.

가끔 내가 받는 질문 중에 마음에 드는 말이 무엇인지 물을 때가 있다. 그러면 주저없이 "해보지 않으면 알 수 없다."라고 대답했다. 나는 한동안 한비야 씨를 좋아했다. 그래서 그 사람의 책은 거의 빼놓지 않고 읽었다. 어느 날 한비야의 에세이를 읽다 보니 자기가 좋아하는 말이 "해보지도 않고 어떻게 알아?"였다고 했다. 그때부터 한때는 한비야의 삶이 내 인생의 롤모델이 되기도 했다.

이제부터는 자기 삶의 목표를 세우고, 그 목표를 실현해 성취의 즐거움을 맛본 내 이야기를 본격적으로 해 볼까 한다. 앞서

서술했듯이 내가 강헌구 교수의 비전 리더십 과정을 마치면서 내 삶에는 변화가 일어났다. 부산에서 서울까지 다니며 열심히 리더십 과정을 익힌 덕분에 2010년부터는 대학 신입생 오리엔테이션에 참여하여 강연도 하고, 한국 비전스쿨 센터에서 특강에도 참여하게 되었다. 그 무렵에 나는 마법의 문장으로 썼던 대로 박사 논문에 통과하는 마법을 경험했고, 학위를 받는 버킷리스트도 완성했다.

세상에는 아직도 내가 해야 할 일과 하고 싶은 일들이 지천이다. 자아실현을 위해 끊임없이 도전하는 사람은 아름답다. 최근에 나는 그동안 하고 싶었으나 못했던 일에 도전하며 새로운 삶의 여정을 이어가고 있다.

첫째, 한국방송통신대학교 문화 교양학과에 편입하여 다시 대학생으로 공부했다.

내가 학교에 다니는 것을 뒤늦게 알게 된 일가친척들이 나를 이상한 눈으로 쳐다봤다.

처음에는 '박사학위에 대학 강의까지 해가면서 또 무슨 공부냐?' 하는 따가운 눈초리가 느껴졌다. 그렇지만 그곳에서 내가 다시 배우는 삶은 무궁무진했다. 이제 문화 교양학과는 마쳤지만 다양한 사람들을 만나면서 많은 사람이 참 열심히 살고 있다는 것을 알게 되었다. 거기다 대면 내 삶은 어디 내밀만한 것이 못 된다는 것을 그때 알았다. 지금은 다시 경제학과에 등록하여 세상 돌아가는 이치를 배워볼까 생각 중이다. 요즘은 동료 선생님 한 분이 예술 인문분야 박사학위에 같이 도전하자고 나를 설득 중인데 그 말에도 솔깃한 생각이 들긴 마찬가지다.

둘째, 경주 박물관 대학에 등록하여 2년째 부산에서 경주로 열심히 다니는 중이다.

신라에 대한 것은 역사책을 통해 배워왔다. 그런데 박물관 대학에서 직접 그 시대를 살다간 신라인과 그 문화에 대해 알아가다 보니 그들이 살았던 1300여 년 전이나 지금이나 별반 다를 게 없다는 것을 깨닫고 있다. 또 책에서는 배우지 못했던 것을 그들이 살았던 삶의 현장으로 직접 찾아다니면서 만나는 흔적들은 돈으로도 살 수 없는 것이라 소중했다. 아마 아직도 '거리가 멀다, 시간이 없다' 갖은 핑계로 등록을 망설였다면 신라인들의 치열했던 생활과 삶을 제대로 알지 못했을 것이다. 지금 경주는 세계문화유산지구에 등록되어 경주 지역 전체가 문화유산의 보고임을 자랑하고 있다.

셋째, 조선궁궐 문화유산해설사 과정에 도전장을 낸 것이다.

2023년 4월 어느 날, 서울에 다녀올 일이 있어 KTX를 타게 되었다. 막 코로나 19가 끝나고 얼마 지나지 않은 시간이었다. 열차 안에 놓여 있는 잡지를 보다가 궁궐문화유산해설사 모집 광고를 보았다. 오래전부터 조선의 5대 궁궐에 관심이 있었던지라

메모했다. 그리고 8월, 궁궐문화원의 사이트가 열리는 순간 문화유산해설사 과정에 등록을 했다. 그동안 늘 마음속으로 생각하던 일을 실행에 옮기고 나니 그 날짜가 걱정 반, 기대 반으로 다가왔다.

드디어 개강하는 9월, 늦지 않기 위해 김해공항에서 비행기를 탔다. 김포공항에 도착한 뒤 경복궁 앞에 있는 궁궐문화원으로 향할 때의 그 설렘이 지금도 느껴지는 것 같아서 행복하다.

처음에는 부산에서 서울까지 매주 궁궐을 만나기 위해 다니는 내가 가장 멀리서 갔을 거라 생각을 했다. 물론 우리 동기 12명 가운데는 내가 가장 멀리서 다니는 사람이었다. 그렇게 치열한 나와의 싸움이 끝나고 문화유산해설사 자격검정 시험에 합격한 뒤 자격증을 손에 들었을 때의 기쁨은 말로 표현할 수가 없었다. 그런데 이미 그 과정을 마친 사람들을 보니 부산에서 서울까지의 거리는 명함도 못 내밀 처지였다. 제주에서도 다녔으나 타국인 일본에서도 자기가 하고 싶은 공부를 위해 그 과정을 듣고 자격을 취득한 사람이 있었기 때문이다. 정말 간절히 원하는 일이라면 어떻게든 그 꿈을 이루게 된다는 생각을 또 하게 되었다. 물리적인 거리는 결코 한계가 되지 못한다.

넷째, 어릴 때부터 꿈꾸던 책 출판 과정에 참여하게 된 것이다.
초등학교와 중학교를 내리 문예반에서 활동한 나는 가끔 농담으로, 나중 어른이 되면 책 한 권 출판하는 것이 꿈이라고 말하던 시절이 있었다. 그러나 시간이 지나가고 나이가 들수록 글을 쓰는 일이 두려워져서 엄두를 내지 못하고 있었다. 그러던 차에 만난 글쓰기 모임 덕분에 어쩌면 꿈을 이룰 수 있는 길목에까지 도달했다. 지금 도전하지 않으면 늘 망설이다가 나중에 후회할 것 같아서 용기를 낸 것이었다.

요즘도 나는 버킷리스트를 적는다. 비전스쿨에서 만났던 사람들은 지금 어디서 무엇을 하고 있을까 생각하면서 그때 적었던 나의 사명과 미션(mission)을 떠올려 본다.

강헌구 교수는 자기가 진정으로 가슴 뛰는 일이 무엇인지 생각하고 그 일에 미쳐야 한다고 말씀하셨다. 그냥 미치지 말고 꿈에 미치라고도 하셨다.

지금도 나는 만나는 사람들에게 강헌구 교수의 말씀을 들려준다. 꿈을 이루기 위해서는 늘 도전하는 사람이 되어야 한다고. 실패하지 않은 사람은 성공하지도 못한다는 말처럼 도전 해보지 않고는 그 어떤 것도 만날 수 없는 법이기 때문이다.

경제활동 일선에서 물러나 조금 떨어진 곳에서 세상을 바라보니 정말 알아야 할 것들이 무궁무진하다. 요즘은 새롭게 알아가는 재미가 소중한 시간이라고 느낀다. 앞으로도 나는 늘 내가 하고 싶은 일에 주저하지 않을 것이다. 그리고 가슴 뛰는 열정이 사그라지지 않는 한 새로운 도전을 계속해 나갈 것이다.

멀리 보기 위해 높이 나는 갈매기가 되어야 하듯이, 오늘도 최선을 다하고 그 일을 즐기는 사람이 되고 싶다. 내가 좋아하는 그 말처럼.

"Carpe Diem. 현재를 즐기자."

07

인생은 언제나 지금부터

- 이시현

"즐기며 살자"

요즘 어느 모임에서나 자주 듣는 이야기다.

지인들이 60대에 접어드니 삶에 대한 애착과 건강을 보장받지 못하는 미래에 대한 불안으로 건강한 지금, 재미나게 살아보자고 절실하게 이야기한다.

황금 같은 10대, 20대에는 공부라는 틀에 갇혀 보고 싶은 것, 하고 싶은 것이 무엇인지도 모르고 인생의 고정된 패턴을 따라 남들이 다 가는 학교를 오고 가며 오직 취업을 목적으로 살았다.

그리고 30대에서 50대는 가정을 이룬 책임과 의무로 내 이름도, 내 삶도 잊은 채 오직 가족만을 바라보며 살아왔다.

60대, 드디어 찾은 '나'는 남은 1/3의 인생을 그동안 억누르며 살아왔던 자신만의 욕구를 채우고자 하루하루를 분주하게 산다. 비록 예전 같지 않은 몸과 정신이지만 마음만은 어느 때보다 더 뜨거운 것은 아마 건강한 날들이 그리 많지 않다고 생각하기 때문일 것이다.

나와 같이 은퇴를 맞이하는 또래의 친구들은 자신의 은퇴 후의 계획으로 많은 생각에 잠겨있다. 특히 남자 동창들은 경제활동을 더 해야 하지 않을까? 라는 가장으로서의 책임감 때문에 정년과 상관없는 일자리를 찾고자 애쓰지만 쉽지 않은 결과에 실망하고 있다. 우리나라 가부장적 관습에서 내려오는 가장의 무게가 그들을 더욱 얽매이고 있는 것에 대해 나 역시 누구보다 그 무게를 알기에 동창들이 가여웠다.

일과 가정의 생계라는 굴레에서 벗어나게 된 우리는 쫓기던 시간과의 싸움에서 풀려나 갑자기 불어난 여유로운 시간을 어떻게 보낼 것인가를 고민하며 이를 대비하기 위해 여러 가지 배울거리와 취미활동을 찾고 있다. 그동안 이루지 못한 일들에 대한 자아 성취 욕구를 채울 수 있는 좋은 기회가 온 것이다.

노후의 자아실현은 자신의 관심사를 탐색하고 열정을 발휘하여 삶의 만족도를 높일 수 있다. 그동안 도전하지 못한 꿈이나 이루지 못한 결실, 바쁜 일과로 즐기지 못한 취미와 여가 활동 등을 함으로써 은퇴 후의 삶을 더욱 의미 있는 삶으로 변화시킬 수 있다.

또한, 이를 실천하는 과정에서 만난 인연들로 인해 새로운 행복을 얻을 수 있으며 우리 나이에 시들어져 가는 삶에 의욕을 주고 활기를 불어넣는 계기가 되어줄 것이다.

나 또한 은퇴 후의 생활을 위해 많은 계획을 세우고 있다. 건강 유지를 위해 해야 할 일들과 후회 없는 죽음을 맞이하기 위한 버킷리스트도 만들고 취미와 봉사활동을 위해 공부도 짬짬이 하고 있다.

즐기면서 살되, 결코 즐겁기만 한 삶이 아닌 의미와 가치가 곁들여진 삶에 중점을 두고 비슷한 뜻이 있는 분들과 좋은 관계를 맺고 있다. 그동안 일만 하며 살아온 나에게 멋진 보상을 하고자 한다. 그리고 마지막으로 여러 여건으로 시도하지 못한 꿈과 함께 뜻깊고 보람된 미래를 그려 볼 계획이다.

나는 살면서 늘 가슴에 품고 있던 꿈이 하나 있다. 그것은 바로 '작가'가 되고픈 소망이다.

글쓰기 연습을 계속하는 이유도 그 꿈에서 파생되어 나온 갈증을 해소하고자 하는 부분도 있다.

누가 알면 얼토당토 않은 소리라고 비웃겠지만 사실 내 이름으로 된 책 한 권을 갖는 것이 오랜 꿈이다. 나는 그 꿈을 위해 나의 마지막 열정을 쏟고자 도전장을 내민다.

꿈이란 소질이 없어도 누구나 꿀 수 있는 공평한 것이므로 재능 없는 사람은 하지 말라는 법은 없을 것이다.

프랑스의 소설가 앙드레 말로는 '오랫동안 꿈을 그리는 사람은 마침내 그 꿈을 닮아 간다'고 하였다. 꿈을 향한 열망과 노력이 있다면 결국에는 꿈을 이루게 된다는 이야기이다. 우리의 바람이 목표가 되고 그 목표가 우리에게 열정과 꾸준한 노력을 요구하는 것이다.

나는 지금껏 놓아 본 적도 시도해 본 적도 없는 희망을 위해 마지막 열정과 노력으로 작가로서의 미래를 살고 싶다. 주변 친구들은 즐겁게 살다 가면 될 것을 나이 먹어 골치 아프게 살려는 나를 이해하지 못하겠지만 사람의 나이는 숫자에 불과한 것이지 열정이 사그라드는 한계의 수를 의미하는 것은 아닐 것이다.

100세 시인으로 유명한 일본 시바타 도요 할머니를 떠올려 보자.

시바타 도요 시인은 1911년생이다. 92세의 나이에 아들의 권유로 시를 쓰기 시작하여 98세에 세계 최고령의 나이로 시인으로 등단하였다. 일본 산케이 신문에 높은 경쟁률을 뚫고 실리면서 그녀의 시가 세상에 알려졌으며 2009년에는 자신의 장례비로 모아둔 100만엔으로 첫 시집 '약해지지 마'를 출간하여 더 많은 사랑을 받게 됐다. 그리고 2011년에 시집 '100세'를 출간하였다.

시인은 생전에 자신의 책이 번역되어 전 세계 사람들에게 읽히는 것이 꿈이라고 말했다.

90대에 그런 멋진 꿈을 꾸리라고는 누구도 상상하지 못할 것이다. 결국 그녀의 꿈대로 시집은 한국을 비롯해 대만, 네덜란드, 이탈리아, 독일에서 출판되는 쾌거를 올렸으며 지금도 수많은 사람의 사랑을 받고 있다. 그리고 향년 102세, 2013년 1월 세상과 아름다운 이별을 하셨다.

누구도 꿈꾸려 하지 않는 나이에 인생 시집을 통해 살아온 날들에서 느낀 경험과 회한 그리고 감사와 지혜를 순수한 시적 감각으로 표현하여 존경과 사랑을 받은 것이다.

그녀의 시는 짤막하고 간결하며 읽기 쉽다. 하지만 사람의 마음을 충분히 위로하고 희망을 주는 힘이 있는 시로 탄생할 수 있었던 것은 그녀의 멋진 도전이 있었기 때문이다. 시바타 도요의 삶 또한 한 편의 시가 되어 세상 사람들에게 큰 감동을 주었으며 나이의 한계를 넘는 용기와 도전의 가치를 우리에게 알려주었다.

이처럼 할머니 시인을 보더라도 100세를 지나 140세 시대의 말이 나오는 이 시대에 나이가 많아 못하겠다고 고개를 돌리는 것은 정말 부끄러운 일이다.

꿈은 이루고자 하는 자에게 있는 것이지 젊은이에게만 주어지는 것이 아님을 깨닫게 해준 사례가 내게 과감하게 도전장을 낼 수 있는 출발점이 되었다.

작가는 문학 작품이나 그림, 조각 등의 예술품을 창작하는 일에 종사하는 사람들을 말한다. 그중 책을 쓰는 작가를 꿈꾸는 사람은 다른 분야보다 많은 것 같다. 공감과 지지를 얻고 자신의 이름이 담긴 책을 탄생시키는 일은 참으로 매력적인 일이기 때문이다.

나는 역사와 문학이 담긴 여행 이야기를 쓰고 싶다. 글을 쓰기 위해 어떤 준비를 해야 하는지 또 어떻게 시작해야 할지 걱정은 많다. 그래서 관련 책들을 읽고 작가님들의 강연 동영상을 꾸준히 보고 배운다.

책을 쓰는 작가가 되기 위한 첫걸음은 풍부한 독서와 글쓰기 연습이다. 다양한 장르와 문장들을 경험하는 최고의 방법으로 독서를 강조하고 있다. 또한 매일 정해진 시간에 글쓰기 연습을 통하여 글을 쓰는 자세와 몸의 습관을 키워가며 자신만의 스타일을 연구해야 한다. 그리고 선배 작가의 피드백을 받으며 잘못된 부분을 고쳐나가는 연습을 꾸준히 해야 한다.

특히, 여행작가가 되기 위해서는 여러 지역을 여행하며 그 지역의 다양한 역사문화와 전통을 체험하고 여행지의 팁과 정보를 독자에게 제공되어야 하며 그 안에 사람 냄새가 물씬 풍기는 스토리가 포함되어야 할 것이다. 나는 이 작업을 위해 블로그에 짤막한 여행기를 담고 있다. 책을 내기 위한 좋은 연습이 될 것이라 믿기 때문이다.

여행 에세이를 통해 내가 쓰고 싶은 이야기는 바쁜 일상으로 쉽게 떠나지 못하거나 용기가 나지 않아 선뜻 나서기 어려운 사람이 간접 체험을 할 수 있는 책을 만들고자 한다. 각 지역의 유적과 그 만의 특색을 여행기에 담아 독자들로부터 공감을 얻고자 한다.

나는 오랫동안 바쁜 일과로 어디를 여행한다는 것은 생각조차 하지 못하고 살았다. 다람쥐 쳇바퀴 돌 듯 되풀이 되는 일상생활에서 여러 가지 스트레스와 정신적 피로를 억누른 채 지냈다.

갈수록 관대해지지 않는 마음과 배려하지 못하는 좁은 마음도 이 때문이지 않을까 싶다. 그러다가 시간적 여유가 조금씩 생기기 시작하면서 떠나게 된 여행은 나에게 마음의 여유를 주었다.

산과 바다가 어우러져 있는 아름다운 곳과 조상의 얼이 듬뿍 담긴 유적지를 여행하다 보면 새로운 인생관을 찾게 된다. 그동안 틀에 박힌 도시에서 느끼지 못했던 자연의 소리를 들으며 그곳의 향토 음식을 맛보는 시간은 행복이 되었다. 마음과 몸이 건강해지는 순간이었다.

"인생은 언제나 지금부터다."

시바타 도요 시인이 평소 자주 사용한 말이다.

그 말의 의미를 깊이 생각해 보자. 그리고 서서히 가슴이 뜨거워지는 것을 느끼자.

지난 일들의 후회와 아쉬워했던 일들에 매달려 소중한 지금을 과거의 일로 사용해 버리는 어리석은 일은 다시는 하지 말자. 언제나 새롭게 새 마음으로 시작할 수 있는 이 순간이 희망임을 알자. 그리고 여러 요인으로 하지 못했던 일들을 시작해 보자. 하고 싶은 일에는 어떠한 조건이 따르지 않는다는 것을 명심하자. 시간이 없어서도, 나이가 많아서도, 돈이 없어서도, 재능이 없어서 못하는 것이 아닌, 오직 열정만 있으면 시작할 수 있는 '지금'이 있다는 것을 잊지 말자.

시바타 도요 할머니를 통해 나는 많은 것을 느꼈다. 그 일이 시인처럼 성공적인 결과가 될 수도, 그렇지 않을 수도 있다. 하지만 꼭 성공만을 바라는 것은 아니다. 자아실현, 자아 성취감만으로도 얼마든지 우리는 멋진 사람이 될 것이다.

'인생은 언제나 지금부터다.'

내 인생의 플렉스는 지금부터

약해지지 마

시바타 도요 지음 / 채숙향 옮김

있잖아, 불행하다고
한숨짓지 마

햇살과 산들바람은
한쪽 편만 들지 않아

꿈은
평등하게 꿀 수 있는 거야

나도 괴로운 일
많았지만
살아 있어 좋았어

너도 약해지지 마

359
제6장 자아실현 성취와 삶의 여정

오랫동안 생각에만 그쳤던 글쓰기 작업을 좋은 인연 덕분에
시작할 수 있었습니다. 다시 한번 만남의 소중함을 느끼며 기회
를 주시고 이끌어주신 공저 작가님들께 감사드립니다. 글을 쓰는
동안 느꼈던 색다른 설렘과 긴장감은 밋밋한 삶에 활기를 더해
주었으며 지난날을 회고할 수 있는 감동의 시간이 되었습니다.
삶에는 언제나 새롭게 시작할 수 있는 '지금'이라는 선물이 있습
니다. 여러분의 행복한 인생을 응원합니다. 감사합니다.

– 이시현

자기계발을 시작하며 많은 작가들을 만났고, 그들의 영향을
받아 전자책도 출간했지만 여전히 마음 한구석이 답답했습니다.
내 이야기를 세상에 전하고 싶었지만, 막연한 두려움이 있었습니
다. 그러다 원배 쌤의 추천으로 공저 에세이 모임에 참여하게 되
었습니다. 함께 글을 쓰면서 서로에게 힘이 되었고, 나의 경험을
정리하며 스스로와 마주할 수 있었습니다. 이 경험 덕분에 내 자

신과 깊이 대화할 수 있었고, 앞으로의 삶도 더욱 재미있게 보낼 수 있을 것 같습니다. 이 첫 경험으로 한층 성장한 내가 되어 행복합니다.

– 박춘이

아이들의 성장은 물론 교사로서의 성장도 함께 고민하는 역사교사입니다. 그간 중학교와 고등학교, 특성화고와 인문계, 상업정보, 일반사회, 역사 과목을 지도하며 얻은 다양한 경험을 '진로'분야로 압축해 아이들이 행복한 삶을 살 수 있도록 도움을 주고자 진로진학상담교사를 준비하고 있습니다.

에세이 공저를 통해 '나'라는 존재에 대해 고민하며 교사, 엄마로서의 방황을 끝내고, 나를 더 잘 이해하고 부족한 부분까지도 안아줄 수 있는 마음의 평안을 선물로 받았습니다. 도전하기를 머뭇거리는 당신에게 이 책과 함께 용기를 선물해 주고자 합니다.

– 송숙영

학교와 평생교육원 등에서 강의만 해 오던 백면서생이었습니다. 그러던 저에게도 행운이 찾아왔습니다. 2024년은 저에게 특별한 해입니다. 2월에 만난 '글쓰기 챌린지'는 제가 이 자리에까지 오게 하는 밑거름이 되었고, 김원배선생님 덕분에 글을 쓰는 두려움에서 한발짝 나오게 되었습니다. 글쓰기 챌린지에서 함께

한 선생님들과 공동저작을 통해 '책 출간'이라는 꿈을 이루게 되었지요. 함께 교정작업을 하며 울고 웃던 때가 그리워집니다. 늘 꿈만 꾸던 '출판'이라는 기회를 주신 김원배선생님께 감사드리며, 함께한 소중한 선생님들께도 감사드립니다. 이 글을 읽는 여러분의 꿈을 응원하며, "꿈은 이루어진다"는 말을 선물로 드리고 싶은 오늘입니다.

– 이명희

꿈을 꾸고 꿈으로 익어가는 하루들이 정말 행복한 꿈통령입니다. 초중고등학교에서 학생들과 토론으로 함께 성장하며 행복을 그립니다. 삶은 기적이고 마법이고 경이로운 선물입니다.

– 김수연

어린 시절부터 책 속에서 상상하고, 놀고, 꿈꾸었습니다. 그리고 어느 날 다짐했습니다.

'언젠가 나도 멋진 글을 쓰고 싶다.' '모두에게 도움이 되는 글을 써야지.' 당시의 저에게는 참 부끄럽고 비현실적인 소망이었습니다. 제 얘기를 들은 사람들은 "네 형편에 무슨 책이야" 라고 말하며 이루어질 수 없는 공상은 빨리 포기해야 이롭다고 했습니다.

수십 년이 흐른 지금, 그 작은 소녀의 검은 머리에는 희끗희끗 새치가 늘었지만 꿈은 조금도 바래지 않고 더욱 선명해졌습니

에필로그

다. 공저 작업은 삶의 곳곳에 숨어 있던 나를 들여다보고 성찰할 수 있는 계기가 되었습니다. 글을 쓰는 과정이 생각보다 지루하고 힘들고, 나는 예상보다 더 글을 못 쓴다는 걸 깨달았습니다. 한편으로는 내 생각보다 더 글 쓰는 것을 좋아하고, 퇴고하는 과정을 즐긴다는 것도 알게 되었습니다. 나의 한계를 깨닫고, 나의 또 다른 가능성을 보게 해주었으며 마침내 나는 꿈을 이루고야 마는 사람이라는 것을 증명할 수 있게 해준 공저를 마칠 수 있게 되어 정말 쑥스럽고 기쁩니다. 이 책이 출판되는 날, 저는 모두가 안 된다고 했던 불투명한 꿈을 선명하게 잡을 수 있을 것입니다. 좋아하는 것을 잘하는 것으로 바꾸어 가며 아름다운 꿈을 꾸고, 마침내 이루는 어른이 되겠습니다.

– 김은미